應用叢書

階梯作文 2

邱燮友
陳滿銘
范宜如
石曉楓
譚潤生
嚴紀華
顏瑞芳
陳慧英

合　撰

三民書局

國家圖書館出版品預行編目資料

階梯作文2／邱燮友等著.－－二版二刷.－－臺北市：
三民，2016
面；　公分.－－(應用叢書)

ISBN 978-957-14-5154-1　(第1冊:平裝)
ISBN 978-957-14-4663-9　(第2冊:平裝)

1.漢語教學 2.作文 3.寫作法 4.中等教育

524.313　　98002156

著作人　邱燮友等
發行人　劉振強
著作財產權人　三民書局股份有限公司
發行所　三民書局股份有限公司
地址　臺北市復興北路386號
電話　(02)25006600
郵撥帳號　0009998-5
門市部　(復北店) 臺北市復興北路386號
(重南店) 臺北市重慶南路一段61號

出版日期　初版一刷　1999年10月
二版一刷　2011年10月
二版二刷　2016年5月
編號　S 803010
行政院新聞局登記證局版臺業字第〇二〇〇號

ISBN　978-957-14-4663-9　(第1冊：平裝)
http://www.sanmin.com.tw　三民網路書店

再版序

民國八十八年由邱燮友教授主編並邀集對作文教學深具經驗的先進，合作編寫適合中學生閱讀的作文參考書。

經過主編與作者群幾次討論，終於擬定全書架構、內容，將此書定名為《階梯作文》，意即希望引導讀者拾級而登，循序漸進，以領略寫作要領，提升寫作能力。

此書又依讀者對象不同，分為《階梯作文1》、《階梯作文2》二冊。《階梯作文1》從作文最基本的訓練逐步導引，深入淺出，適合國中生閱讀；《階梯作文2》則針對有學思基礎的高中生加以編撰，著重寫作技巧更進一步的訓練與要求。

而作文的基本方法和陶養過程，固有不變的準則；但十多年來，社會環境與教育制度已有不小的改變。因此《階梯作文2》利用再版機會進行了內容的修訂。

書末附錄的「升大學應考作文攻略」，便是這次再版推出的新作，也是陳慧英老師積卅二年高中教學的經驗，縱觀歷屆大考作文的趨勢演變，橫披今年命題範例的最新資訊，為全國高中生所撰寫的實戰秘笈。

內容主要分為三大部分：

第一部份是考古題，將歷屆學科能力測驗及指定科目考試的非選擇題整理成表後，有關題目的形式和趨勢一目瞭然；不僅可以鑑往知來，藉以推估命題方向；亦可溫故知新，當作平時演練各種題型的參考。

第二部份是今年最新的題目，由於三道非選擇題：語譯、意見闡述、引導寫作，分別切合語文表達的三大測驗目標——基本的語文應用、知性的統整判斷、情意的感受抒發，正好用來說明寫作三大題型的技巧準則。而大考中心今年首度公布的十二篇優秀範文，究竟有何特出之處，亦加鑑賞評析，觀之學之，亦可攻錯。

第三部份是臨陣的提示叮嚀，從審題、謀篇、佈局到遣詞、用字、書法、時間的掌控，都一一提綱挈領；考前審視一遍，必有助益。

至於最後的「兩字題舉隅」，乃順應近年的命題趨勢，廣蒐各種可能題材製成。若能逐題思考、習作，則萬變不離其宗，自能得心應手，勝券在握。

編者謹識

中華民國九十八年五月

序

邱燮友

一、打電腦就不要作文嗎

如果有一天，每個人都坐在電腦前打字寫文章，那時是否會改變作文的內容？如果有一天，冬天的來到而枯楊生華，是否冬天也會變成春天？儘管人類在科技上的成就，改變了人們的生活環境，但還是需要文情並茂的文章來表達情意，那只是在寫作過程中方式的改變罷了。

二、三則寫文章的故事

寫文章要靠頭髮下的智慧，才能寫得靈活，好文章光靠智慧還是不夠的，生活的歷練，情境的變遷，平日的實學等，都是構成文章內容的充實。歷代有關佳文佳篇的完成，都有它的佳話和背景，例如：

1. 王羲之的〈蘭亭集序〉

東晉穆帝永和九年（西元三五三年）春，王羲之和族人在蘭亭修禊事時，由於遊宴之樂，而興死生之悲，寫下〈蘭亭集序〉。

2.王勃的〈滕王閣序〉

王勃在唐高宗上元二年（西元六七五年），往交趾去會見父親，九月至洪州，即今江西省南昌縣，當時都督閻氏在重九日宴集賓客，本預先讓女婿作好序文，誇耀一番，然而王勃不知情，卻當場寫下〈滕王閣序〉，成為千古佳篇。

3.劉禹錫的〈金陵五題〉

《古今詩話》所載：唐代元稹、劉禹錫、韋楚老三人，在白居易的家中，以〈金陵懷古詩〉為題，撰寫詩篇。不久，劉禹錫詩稿已完成，題作〈金陵五題〉，即〈石頭城〉、〈烏衣巷〉、〈臺城〉、〈生公講堂〉、〈江令宅〉五首，白居易讀罷，便說：「四人同時探驪龍，而禹錫先潛獲驪珠，其餘所得，僅是一鱗半爪而已，又有何用？」因此〈金陵五題〉，至今傳為美談，如〈石頭城〉一首：

山圍故國周遭在，潮打空城寂寞回；
淮水東邊舊時月，夜深還過女牆來。

如今讀來，使人低徊不已。前兩則類似今日的情境作文，後一則卻類似今日的命題作文。

三、作文應有方法可循

早年國文老師教學生寫文章、作作文，只是在黑板上出一則或數則作文題目，從來不教學生怎樣作作文，而且所出的題目也很呆板，廣泛而無特色。例如秋天來了，出個「秋夜」為題；母親節時，出個「偉大的媽媽」；或讀過司馬光的〈訓儉示康〉後，出個「論節儉與奢侈」之類的題目，似乎作文沒有方法可以指引，學生自己體會摸索，就如同野草一樣隨興生長。

其實，作文是有方法可循的，我們繼《階梯作文1》之後，再出版《階梯作文2》，這是進階式的指引初學者怎樣寫作文。在《階梯作文1》中，我們介紹的內容，是著重在作文的基本訓練，從遣詞造句到謀篇，是基本的認識。進而談速寫、改寫、短文、日記等，是進階訓練。並分別介紹記敘、抒情、論說等各類文體的作法，並討論綜合作法和大考作文，由淺入深，引領初學者窺究作文的奧祕。

《階梯作文2》這本書的內容，首先著重作者基本的素養，譬如個人閱讀能力的培養，生活的觀察和體驗，想像力的訓練與練習，都是能夠增加作文的能力。其次作文內容的構思，在於心靈的巧思，包括宇宙，總覽人物，人間的事事物物，皆可入篇。例如自我的探索，情愛的體悟，四時的感興，空間的漫步，人情的觀照，物趣的描摹，哲思的光華等，皆可作為文章的內容。題材的處理，主題的把握，是文章的關鍵所在。其次遣詞造句的技巧，運用各種修辭的技巧，可謂合纂組以成文，列錦繡而為質，使文章具有華采，可讀性提高。最後，論及謀篇布局的方法，要合乎三論的原則：文章開頭，是緒論；文章鋪陳，是討論；文章結尾，是結論。古人說：「首尾圓合。」且中間的銜接與照應完備，做到處處不離題，又能一語中的的點題，達到畫龍點睛的效果。

四、把作文當興趣來培養

如果《階梯作文1》是初級作文，那麼《階梯作文2》便是中級作文，一階一階的進級，有如《老殘遊記》中的〈明湖居聽書〉，形容白妞的說書好比登泰山一樣，節節高起，不斷的提升。不要把作文視為畏途，那寫作文便太苦了，把它當做一種興趣來培養，每當你完成一篇作文後，就如同你完成一樁事情，那種成就和滿足，是無法用言語來形容的。

有人認為用「階梯作文」來作書名，似乎太嚴肅，不夠美，但它卻很實用。古人說：「開卷有益。」當你打開書頁時，那顯著的標題是：「為伊消得人憔悴」、「落花水面皆文章」、「摛錦錯繡有妙方」、「首尾前後巧安排」，這決不是繡花枕頭，裡面的華采，有如山陰道上，應接不暇。

五、結語

要想文章寫得好，只有多讀多寫，印度詩人泰戈爾說：「好的東西是跟壞的東西一起來。」意思是說：如果你寫十篇文章，其中有一篇好文章，便可告慰；不可能寫十篇文章，篇篇都精彩。有一次，美國作家馬克吐溫在演講「如何寫作」，有一位聽眾問他：「寫作有沒有捷徑？」他回答道：「那你不要聽演講，馬上回去寫文章吧！這便是惟一的捷徑。」的確，只有不停的寫作，才是進步的要訣。

一九九九年八月於元智大學 中語系研究室

目次

卷參

摛錦錯繡有妙方——遣詞造句技巧　171

卷壹

為伊消得人憔悴——作者基本素養

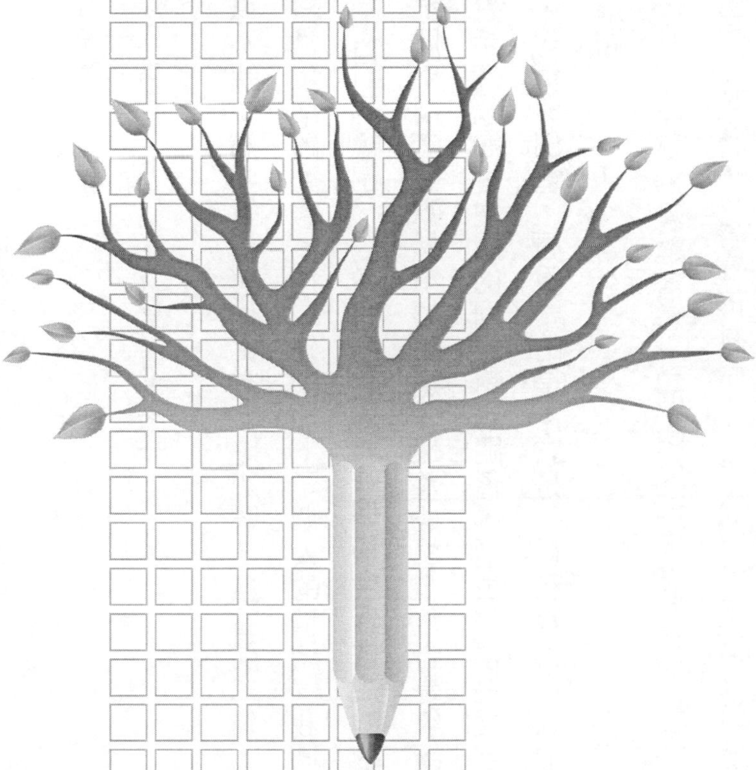

「你要去哪裡？」「我要去圖書館。」

「今天心情很差。」「難道你又想起早上被老師責罵的事？」

看了以上的對話，你或許百思不解：這些對話與作文有什麼關聯？且看前二句，雖是簡單的直述句，也清楚表達了日常生活的動態。後二句則加上了個人的情緒，我們彷彿看見一個垂頭喪氣的學生正懊惱自己的過失，又可以看見另一個學生好言規勸的模樣；更可以想像兩人對話之後的進展：前者是默然不語，還是惱羞成怒？後者是繼續這個話題，還是拂袖而去？短短的對話卻蘊涵著空間的回饋對應關係，這或許便是文字的魅力吧。而作文便是文字的組合、建構與創造，更重要的是，它是一種和眾人溝通的形式，也是詮釋自我、安頓生命的進路。

《說文解字》稱：「文，錯畫也。」《周易．繫辭》稱：「仰觀於天文，俯察於地理。」宇宙間萬事萬物無不井然有序，眼目所及都是可書寫的材料，一個人物的側影（杜光庭〈虬髯客〉），一隻蒼蠅的擾人（林文月〈蒼蠅與我〉），一種思維的開啟（張秀亞〈談靜〉）皆可嘗造生命的理趣與生活的藝術。

小提琴家帕格尼尼曾有個故事：他有只拉了好多年的心愛的小提琴，他了解這把琴的特性，那把琴似乎也了解他的手指。當他拉動琴絃，彷彿就聞見了天籟，妙音逸響從他的指下絃上流瀉而出。一天，在演奏會的現場，走到臺上打開琴匣的一剎那，他驚詫的發現：琴匣中的好琴被人調換過了，只有一把蹩腳的琴放在裡面，他焦灼萬狀，遍尋後臺而不得。面對全場的聽眾，他強自鎮定的向他們說：「先生女士們，音樂不在樂器上，而在靈魂中。」說完，他拿起那只對他全然陌生的、蹩腳的琴來演奏，結果，奏得竟比平常出色，掌聲如雷久久不息。

琴絃只是形式上的，實際奏出的是靈魂流瀉出的音樂，那內在的心絃。那麼，文字也是另一種形式的音樂，如何讓我們的內在時時鳴響著叩動靈魂的心絃？南朝劉勰曾於夢中獲得一枝五彩筆，於是完成了《文心雕龍》的巨著；唐朝詩人李賀則是騎在驢背上，帶著背負錦囊小奴，一有靈思，便用小紙條寫下來放入古錦囊中。至於自稱「江南第一風流才子」的唐伯虎，也曾乞夢於九鯉山，夢贈墨一擔，從此才思益進。我們沒有古錦囊，沒有九鯉山的墨，更無從獲得五彩筆，然而，藉由生活的體驗、多元的閱讀、豐富的想像、深入的觀察，我們仍可有一枝如椽之筆，可以傳寫靈魂中的音樂。

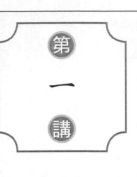

第一講 閱讀

暢銷書作家張曼娟的個人網站稱做心靈航海圖，這名字倒也可說明閱讀正是泅游於心靈的海洋，每一個不同的座標皆可以到達任一國度。美國女詩人狄瑾蓀（Emily Dickinson）也有一首詩：

沒有一艘船能像一本書
也沒有一匹駿馬能像
一頁跳躍著的詩行那樣——
把人帶往遠方

這裡的遠方不只是時間與空間的國度，更是心靈與智慧的國度。在這個聲光交會、影音多元的時代，閱讀還能給人怎樣的觸發？當大家津津樂道於網路上的傳播訊息，網際網路上的聲色媒介，E-mail 代替了魚雁往返，上網查資料成了全民運動，文字被擠壓到世界的角落，我們還要談閱讀嗎？我們還是不能不談閱讀。你看琦君，若不是童年愛讀文學類的書籍，哪能以柔婉之筆鋪寫這麼些懷舊中自成雋永筆調的感性散文？再看金庸，人讚其筆下人物面貌多元，寫食物、居處、武功蔚為奇觀。他也自稱，自認字始，從小至今，沒有一天不讀書。對他而言，讀書分兩個脈絡：一是做功課的，書房展卷，包括各種資料與筆記本，遇有旁支知識，隨時查閱，務求明白，該做筆記的無一遺漏。一是讀閒雜書，在另一個作家創造的想像世界裡做短暫釋放，透視他人心靈的角落。小野也以為閱讀像陽光、空氣、水一樣無所不在。作家們多從遨遊書海之中，領略文字的樂趣與美感，進而運用閱讀中的材料，成為自己作品中的血脈。

或許你會以為，我又不是要當作家，只是想訓練自己的寫作能力罷了。那尚可再看看兩個例子。臺積電董事長張忠謀在他的自傳中寫他最值得記憶的學生時代，不是電機博士的時期，而是在哈佛大學領略自由的學風，讀文學、歷史以及聆賞古典音樂，他以為閱讀文學作品使他對人文有更敏銳的觸動，對他一生的事業極有影響。已故的樂評家張繼高先生，也曾評論旅美音樂家林昭亮與馬友友。他認為馬友友的父親極為聰明，要馬友友在哈佛讀書，不以琴技為重，藉此深化個人文化素養，因為不只要懂音樂的「形」，還有「神」；在民國七十六年他預計馬友友當成世界級音樂大家，因為他肯讀書。以今日見之，似乎也印證了張繼高的判斷。我們並不可能成為第二個馬友友或張忠謀，卻可以領會不論是科技或藝術，閱讀都是一扇窗，讓我們可以無邊的馳騁。

閱讀需要恆長積累的功夫才能內化書中的文字，使它成為個人的智慧。劉勰說：「積學以儲寶，酌理以富才。」電腦固然可以儲存資料，但只有人才有創造知識的智慧。閱讀能開拓既定的生活視野，也可以提升個人生命的質量，擺脫面目可憎言語無味的平庸，讓胸次自有丘壑，養一泓智慧的活水。宋儒有言：「舊學商量加邃密，新知培養轉深沉。」適可說明閱讀的觀念：舊學指的是經典作品，如哲學、詩詞、古典散文等。新知則泛指當代的出版品，文學、科普書、新聞雜誌等均包含在內。詳參細察前代的經典作品，心性得以涵容，思想更見遼闊與深刻。一個「加」字道出虛無的心靈豐厚的學習歷程；博覽新知，可以呼應時代的脈動，對生活有更多元的體察。一個「轉」字陳述了轉化的意涵，讓閱讀不只是知識或材料的堆砌，而是以創造性的角度，內化成個人生命的觀照。

(一)內在風景的凝塑——經典的閱讀

1. 潛入詩詞的流域

古典韻文的聲情與意象之美，可以提升文字質地，寫作之際，靈動的詩句與典麗的詞境，會自然地流至筆端。曾永義有一篇散文〈人間愉快〉寫個人在俯仰視息之中，油油然、汩汩然由胸中生發的欣然之感：

> 為了這種「人間愉快」我們會使自己養成擔荷人生義務和責任的能力，能挑　百斤的，只挑八九十斤，總要給自己留些餘裕；我們也會使自己養成化解人生困頓和禍難的能力，最好知慧能見於未萌，以便超越而化解於無形；否則也要了解「微冷，山頭斜照卻相迎」和「行到水窮處，坐看雲起時」的道理，轉移境遇，別開生面；萬一不得已，也要懂得突破的最佳方法。而我們更會使自己養成觀賞宇宙人生與大自然的能力，我們會不吝惜的將心靈流播於人物草木之間，而人物草木也會不期然的迴映於我們心湖之中。這期間只是欣欣然，欣欣然於相賞相顧相成。

藉王維的詩句「行到水窮處，坐看雲起時」，東坡的〈定風波〉「微冷，山頭斜照卻相迎」寫出生活的態度，既引用詩句使人感應到古典詩文的雋永，又重新闡釋詩意，談生活的趣味與個人的修養，正是揉合古典與現代的閱讀體驗。

閱讀名家作品，我們自可發現作家的閱讀習慣與範疇，古典詩詞幾乎是他們的啟蒙經驗。小野的父親在他小學時，規定他每天背一首《唐詩三百首》，蔣勳的童年，每天被要求背誦唐詩、宋詞、《古文觀止》，琦君更有深厚的詩詞閱讀基礎，即如通俗作家瓊瑤，在她的書中也可發覺詩詞的軌跡。以「左手寫散文，右手寫詩」著稱的余光中在〈日不落家〉寫親情，也使用了《詩經》的名句：

母親的辛勤照顧，從抱到揹，從扶到推，從拉拔到提掖，字典上凡是手字部的操勞，那一樣沒有做過？〈蓼莪〉篇說：「哀哀父母，生我劬勞。」其實肌膚之親、操勞之勤，母親遠多於父親。所以〈蓼莪〉又說：「母兮鞠我，拊我畜我，長我育我，顧我復我，出入腹我。欲報之德，昊天罔極？」其中所言，多為母恩。「出入腹我」一句形容母不離子，最為傳神，動物之中恐怕只有袋鼠家庭勝過人倫了。

又說：

所謂恩情，是愛再加上辛苦再乘以時間，所以是有增無減，且因累積而變得深厚。所以《詩經》嘆曰：「欲報之德，昊天罔極？」

關於親情的書寫，早期朱自清的〈背影〉已成現代文學的經典影像，但對父母養育之情鋪寫之真摯者，莫過於《詩經》。行文中，從抱、揩、扶、推等手部動作的聯想衍至〈蓼莪〉，呼應其對人倫之情的分析，同時也加深了文字的厚度。

豐子愷的〈漸〉則是由時間的推移體察生命的真相，以中外詩句做結，有戛然而止之感，亦有空谷跫音的悲憫情懷：

> 然人類中也有幾個能勝任百年的或千古的壽命的人。那是「大人格」，「大人生」。他們不為「漸」所迷，不為造物所欺，而收縮無限的時間並空間於方寸地心中。故佛家能納須彌於芥子。中國古詩人（白居易）說：「蝸牛角上爭何事？石火光中寄此身。」英國詩人(Blake)也說：「一粒沙中見世界，一朵花裡見天國；手掌裡盛住無限，一剎那便是永劫。」

白居易的詩句可以和英詩並置，閱讀正需要這種創意思維，讓古詩與英詩握手，讓傳統有新的當代解讀方式。

2. 探索哲學的星圖

文章本是內在思維的醞釀，也是作者靈魂與心智的映象。閱讀哲學作品，自能拓展文章的深度，同時也可以沉潛個人的心智，追尋獨特的生命質感。

如余秋雨在〈何處大寧靜〉：

回想起來，我們每天總是那樣慌亂。就像一潭水，老是在攪動，水質無法清純，水底無以沉澱。只能是一片渾濁。要結束這種渾濁，唯一的辦法就是寧靜，誠如《老子》十五章所說：「孰能濁以止？靜之徐清。」

生活往往是匆忙而不定的，不是有一首歌〈忙與盲〉嗎？現代人的生活總是如此，即使是學生，在無數次的考試與課程中，似乎也是在忙碌與盲目中打轉，如余秋雨所言，無法清純、無以沉澱，只有寧靜。而這種寧靜，又非悠然見南山的寧靜，而是在煩擾的生活中，以靜來自我寧定，是修養的功夫，而非生活的閒適，所以老子的哲學思維正可以詮說這種觀念。

傅佩榮先生曾說：「古典智慧的永恆光芒，宛如東昇旭日；圓融周至的人生哲理，猶勝清華滿天。」他在《四書小品》中，以古典智慧去詮說人生哲理：

知識與智慧的區別關鍵，在於「真誠」。孔子曾經教誨子路說：「知之為知之，不知為不知，是知也。」這句話明白指出：人的知識有其限度，因此不宜強不知以為知，如此才能虛心受教，繼續走在正確的求知之途上。

現代人智慧貧乏的原因何在？因為許多知識已經淪為使人眼花撩亂的資訊或新聞，連客觀性與正確性都成了問題，更不必談知行合一的可能性了。久而久之，真知與假知的界限模糊了，人們也無法分辨自己是知還是不知了。於是，落實在行動上時，往往只是一窩蜂與趕時髦，根本不曾考慮到主體的真誠與體驗。如此一來，智慧自然顯得陌生疏遠了。

從看似淺易實則理路深遠暢達的《論語》中，細細分辨知識與智慧的差異；知識往往只是使人眼花撩亂的資訊，而智慧卻是經過時間的淘洗，並加入自我的真誠與體驗。點出人必須勇敢面對自我的限制，才能開闊生命的廣度。

3. 穿越歷史的經緯

面對歷史，我們時有悠悠之思。有時是對史頁疏漏誤讀之慼，「荷人、鄭氏之事，闕而弗錄，竟以島夷海寇視之。烏乎！此非舊史氏之罪歟？」（連橫〈臺灣通史序〉）；有時是面對史事興發的當代感受，如歐陽脩〈縱囚論〉重新反省唐太宗貞觀六年將死刑犯假釋的事件，對君主加以臧否；有時則是懷緬追昔之情，如東坡〈念奴嬌・赤壁懷古〉：

大江東去，浪淘盡，千古風流人物。故壘西邊，人道是，三國周郎赤壁。亂石崩雲，

驚濤裂岸，捲起千堆雪。江山如畫，一時多少豪傑。　遙想公瑾當年，小喬初嫁了，
雄姿英發。羽扇綸巾，談笑間，檣櫓灰飛煙滅。故國神遊，多情應笑我，早生華髮。
人生如夢，一尊還酹江月。

昔日的英雄豪傑，今日的斷壁殘垣；遙想英雄當年盛景，不免讓人唏噓，面對歷史總讓人有渺小之感，在時間的洪流裡，除了詠嘆「滾滾長江東逝水，浪花淘盡英雄，是非成敗轉頭空，青山依舊在，幾度夕陽紅」外，除了自笑多情，感嘆華髮早生，其實更有「把握當下」的寓意。

閱讀歷史，詞人興發感嘆，文士摹寫史觀，今人說「我們正在寫歷史」，其實並無二致，只是各以不同角度切入罷了。從事件發展了解事物的規律，由人物盛衰體會生命的哲學，表面上是穩定不變的定理，經由不同人的閱讀反而有新的意義。如〈留侯論〉就《史記．留侯世家》記述的張良圯上受書一事重新加以思辨，他並不由《史記》的觀點，將此事蒙上神話色彩，而指出「安知非秦之世，有隱君子者出而試之？……世人不察，以為鬼物，亦已過矣」，在楚漢相爭這樣複雜的情境中，張良有所忍且能提醒劉邦「高祖忍之，養其全鋒，以待其弊，此子房教之也」，再對照於「太史公疑子房以為魁梧奇偉，而其狀貌乃如婦人女子，不稱其志氣。」提供我們對張良性情與形貌另一種思考。

無論是詩詞作品、哲學思考、歷史知識，都是經典提供給我們的養料。雕刻家朱銘先生曾說：「藝術不是學習，藝術要修行。學習是技巧，知識或觀念的傳承；修行是生命全面的投入和轉化。」這種觀念不只限於藝術，閱讀本身也是一種修行的功夫，才能將所關注的事物「化」成文句，而不只是單純的引用前人的說法，徒成掉書袋、賣弄典故的作者罷了。如龔鵬程所言：「讀中國傳統經典，不是只要知道古人的名字，或者古人說過哪句話，主要是哪經由閱讀經典而開拓我們的思考，並且強化了我們內在的感受。」

(二)創意的萌發——新知的汲取

我們對「新」一字的概念，往往與「舊」作為對比。如果舊學指的是古典詩詞、散文，那新知勢必為現代散文、新詩吧。如果僅就時間的歷程來說明新與舊的差別，似乎也忽略了閱讀活動中自己（讀者）所扮演的角色。劉若愚先生在《中國文學理論》書中曾畫出一個圖，說明創作活動中作品、作家和讀者的關係：

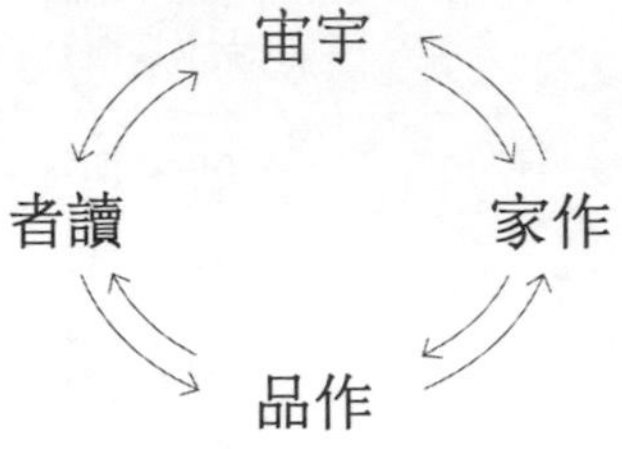

從這個圖我們可以了解，宇宙萬物影響作家心靈，作家再創作作品，作品完成之後，讀者閱讀後收納成自己的思想，表現在所處社會的各領域中，又形成了宇宙萬物、社會現象與觀念，這些皆成了作家創作的素材。這圖所談的雖然是創作活動，從另一角度來看不也是閱讀的歷程？無論是作家也好，或是讀者，都不免對社會現象、時代觀念有所關注。或者是被影響的角色，或者是影響者的關鍵人物，總不能忽略時代的身影，當代社會的步履。

承此，我們對新字的定義，就不僅限於時間性的差異（固然這是重點），主要還在於觀念的新，不偏頗於單一學門的閱讀。理組的學生可走出數理的藩籬，文組的學生不妨多接觸科普書；作家簡媜近年的閱讀偏向科普書，無論是生態、經營理念、心理學等皆大量讀取。她說：「過去成長過程中吸收的知識較為偏狹，好比肉吃太多而菜吃太少，營養不均衡，所以現在喜歡看這方面的書籍。」「這方面的閱讀真的可以讓我們準備好如何做一個『現代人』」。是的，我們經常被設定該看什麼書，我們也經常活在「這個會不會考？」的陰霾裡。長此以往，我們閱讀習慣極為偏狹，即使接觸「新知」，也沒有「發現」的驚喜，仍是無知的新人類！

書報雜誌的讀取，有時是一種資訊氾濫，但李瑞騰先生則以為每日的報紙蘊涵深刻的學問。他說「報紙是一本本看不完的大書」，他每天要翻閱十多份報紙，在文化版面與副刊享受發現好文章的樂趣。「有空就去書店，一次翻二、三十本書」。誠然，將逛書店當成自己固定的興趣，將會拓展自己的視野。或翻覽當期雜誌，或順著書店設置的主題閱覽區去閱讀；讀暢銷書可以了解現代人流行的話題，由有關EQ、腦內革命等書可見現代人欠缺的是情緒管理、心靈安頓的方向；星座書的流行從另一角度來看，不也是人們企圖了解自我而不得，只有靠未知的神祕力量來解析自我？去書店即使只是翻翻流行的資訊，只要抱著「發現」的觀念，依然可以有所得。

曾主持過「縱橫書海」、「談笑書聲」的張大春，曾締造一週讀十二公斤書的紀錄。他提出了「快速讀、反覆讀、大量讀、多樣讀」的要訣。他以為好奇是閱讀活動中相當重要的一環，「唯有激發好奇，以及持續的好奇，才有可能大量、多樣的閱讀」，但是「必須是無目的的好奇」。如果純然以功利角度去閱讀，學子們的目的但求大考作文分數高，於是遍覽作文範本，反而未能吸收其內蘊，未能產生屬於個人的見解，即使是「快速讀、反覆讀、大量讀、多樣讀」也是徒然。抱持著好奇的角度，即使是讀日本的漫畫《家栽之人》、《將太的壽司》，或是成人童話，如幾米的《向左走．向右走》等仍可有新的見解。「梁啟超從不白讀一本書」，張大春在《小說稗類》裡提到「解答並非目的，像幼兒一樣滿懷好奇的認識一整個世界才是目的。」是的，保持心靈的柔軟度，向四面八方籠罩而來的資訊加以彙整，報紙、漫畫、期刊雜誌、廣告文宣，甚至網路，都可收納成自己的文化地圖。

國劇名伶魏海敏曾這樣談閱讀：

閱讀，是用心去看，看人、看事、看書，我常常看到不只是文字，不只是語言，而且是符號。這些符號並隨著年齡和閱歷的增長而擴大、清晰、不斷產生驚喜。

呼應前面所提到的多元角度，在這個聲光紛華的時代裡，「新」的閱讀，不再侷限於書本。方念萱先生曾由汽車廣告聯想到無國界的網路閱讀，他說：「有一則以女性為訴求的廣告，它找一個很刻板的老師在教幼稚園小朋友畫畫，有個小女孩握著粉蠟筆在白色畫紙上，眼珠一轉，不聽老師指揮，就把蠟筆橫過畫面，鏡頭上老師的臉氣得扭曲。鏡頭淡出，小娃娃長大了，開著吉普車從原野上飛馳而過。這則廣告使我聯想到我在網路上的閱讀經驗，即：原來的閱讀是在文字引導眼睛一路看下去，但在網路上我擁有自己的方向盤，我開始『越界』——超越邊界，或者說根本沒有邊界。」網路的世界極其寬廣，但一般學生只是用來「玩BBS」，卻不大利用它找資料或者進行閱讀，形成了「電腦耽溺症」，徒然浪費青春時光。由方念萱所舉的例子也可知視覺影像與今日生活的關聯，大考中心曾經出現過的作文題，或為廣告、或為歌詞，不也注意到大眾文化的影響力？宏碁電腦的廣告，運用義大利作家卡爾維諾的話：「一個人在荒野生活一段時間以後，他會渴望一座城市」，凸顯城市空間與現代人的不即不離。門諾醫院的公益廣告「大部分的老人，只有三餐被餵飽而已」不也觸動了我們對老人問題的關懷？再如城市的藝文活動，雲門舞集的「薪傳」、「流浪者之歌」在舞者的身影中，有著深刻的人文感；繪畫作品的線條，也叩動了人們的心靈，余光中觀梵谷的畫，寫下了〈莫驚醒金黃的鼾聲〉；藉音符的靈動，莊裕安寫下了《寄居在莫札特的壁爐》，呂正惠從購買CD、收藏CD、賞鑑CD寫下了《CD流浪記》，生活真是一本大書，無處不可閱讀。

從影像、網路、到舞蹈、繪畫，皆是閱讀的材料。還有一種融入生活的閱讀，例如蔣勳：「春天的時候，他會閱讀窗外飄墜如雨的杏花，想起『落花人獨立，微雨燕雙飛』的句子，然後就著窗邊的小硯臺，用毛筆在宣紙上寫下這兩行詩句。剛好朋友寄了信來，一時不知該如何描述自己的近況，就把寫好的毛筆字附在信封裡，寄給朋友，等於也回了信。朋友讀到之後，自然就會感受到他的心境。」（羅任玲〈獨與天地往來〉）他以為這是無所不在的閱讀。陳幸蕙也提及她和女兒閱讀自然山水的經驗：

記得有一回，初春時節，在山裡，你指著遠處坡地上新萌芽的茶樹對我說：「媽，你看那些稀稀落落，還沒怎麼成型的小碧團團，簡直就像盲人的點字書籍嘛！」如詩的比喻——後來，我特別注意了一下，嘿，那坡度奇緩的山地，可不真就是春日大剌剌攤開在那兒的一冊手卷嗎？天地出版、歲月批註的期刊啊，四季各有不同的內容和主題，就等著人去閱讀。（《人生溫柔論．玩大石頭去》）

這樣的閱讀是遊戲、是想像，也正是生活！

朱光潛在《談美》一書中提到：「只有藝術作品真正是不朽的。數千年前的〈采采卷耳〉和〈孔雀東南飛〉的作者還能在我們心裡點燃很強烈的火焰，雖然在當時他們不過是大皇帝腳下的不知名的小百姓。秦始皇併吞六國、統一車書，曹孟德帶八十萬人馬下江東，舳艫千里，旌旗蔽空，這些驚心動魄的成敗對於你有什麼意義？對於我有什麼意義？但是長城和〈短歌行〉對於我們還是很親切的，還可以使我們心領神會這些骸骨不存的精神氣魄。這幾段牆在，這幾句詩在，它們永遠對於人是親切的。」是呵！混亂的社會裡，一切都無意義化了。只表面上是眾聲喧嘩，個人有自己的見解；其實在商業化的腳步中，每個人的心靈都被同質化了。如果沒有這些生動的文字，我們無法體認精神原鄉的奧義！只有保持一顆活潑的心靈，新知的汲取才能轉化成個人的創意；否則我們永遠要追趕著新的資訊，如莊子所言「以有涯追無涯，殆矣！」

香港作家西西曾說，喜愛看書的人，不斷在狩獵與垂釣；狩獵是搜索，垂釣則是等待，都是使人終生孜孜不倦的事。你是否也在等待與搜索，閱讀宇宙之奇奧、人寰之真象？

第二講

觀察

曾有一個故事，俄國三個作家高爾基、安德列耶夫、布寧在那不勒斯的飯館舉行比賽。看見一個人進來，他們限定各人在三分鐘內對這個人進行觀察和分析。然後把各自觀察到的一切說出來。高爾基所看見的是：「臉色蒼白、灰西服、細長發紅的手。」安德列耶夫則是：「看不清楚，西服顏色都不知。」最後是布寧，他說：「他結著小花點領帶，領帶上有塊油斑，小指上的指甲有些不正常，左耳有顆小痣。」同一個人，描寫起來，卻是形貌各異，仿如三人。

小野近年來致力於親子關係的創作，有一篇〈孩子的眼睛〉寫他極興奮地帶女兒看巷子裡一棵「每根枝都冒出了嫩嫩的青色葉子」的樹。女兒沒有反應，只好更仔細的說：「你從我手指的方向看出去，不是有一幢日本式的矮房子嗎？房子的後面不是停了一輛摩托車嗎？摩托車旁邊的那一棵就是啦。」女兒還是看不見，於是一個生氣，另一個洩氣；驀然，小野懂了，他蹲下去，讓他的角度和女兒完全一樣，才發現真的什麼都沒看見；他將女兒抱起來，和他一樣高，女兒才笑出來：「我看見了。」從以上這兩個例子，我們不難理解，觀察，需要各種不同的角度，小野的女兒和他高度不同，看見的事物也不一樣；我國三個作家注意的人物細節不同，描寫出來的人物也就迴然有別。

東坡的詩，不也說明這種現象：「橫看成嶺側成峰，遠近高低各不同。」遠望這山，是蒼然凝重、巍然矗立，近看此山，則又是「我見青山多嫵媚，料青山見我亦如是」；一樣寫水天相連，王勃是「秋水共長天一色」，有柔美的詩意；孟浩然是「八月湖水平，涵虛渾太清」，有壯闊的氣勢；杜甫是「江間波浪兼天湧，塞上風雲接地陰」，一種蒼茫與奔騰的生命感躍然於紙上；就如天上的雲，也有不一樣的姿態，作家陳列在〈八通關種種〉就有：

好幾次躺在草原上，才認識到雲的確有很多種：像晶瑩的羽毛在天空最高處靜靜飄浮的卷雲；午後的西天山頂間像一大堆白色花椰菜簇擁堆疊的雲；有時，濃黑色的陰雲底部平整地籠罩在四周那些三千公尺以上的高山上，底下卻另有一層輕快飛行的白雲；雲流動的方向有時並不一致，橫逆交錯翻滾襲捲，難以規範。最常見的，則是午後從陳有蘭溪一直飄飛上來的霧，灰白色的，或輕或濃，經常沿著八通關東北側稜線而上，在密鬱的鐵杉林間浮騰然後逐漸擴散，會合了來自東南方的雨霧，使整個草原煙霧濛濛，並下起細細的雨。

但也許隔不久，雨又停了，陽光出現，蔭綠色的雲影在微雨後的嫩綠草原上緩緩移動，一如山中時光無聲的流淌。

從形狀觀察，有卷雲、疊雲，他以巧妙的形容：「像晶瑩的羽毛」、「像一大堆白色花椰菜」來鋪寫，再由動態觀察有流動的雲、飛行的雲等；從「橫逆交錯翻滾襲捲，難以規範」又將雲擬人化，加入了「移情」的觀察；此外，還有顏色的層次，更可發現作家敏銳的雙眼。卷雲是銀白色的（像晶瑩的羽毛），堆疊的雲是純白色的（像一大堆白色花椰菜），陰雲是漆黑色的，輕快飛行的雲是淡白的；還有灰白色的霧，以及微雨之後蔭綠色的雲影。即使是顏色，他也用心加以對比，蔭綠色的雲影與嫩綠的草原；灰白色的霧與飛行的白雲，黑色的陰雨；在這幅圖畫中，黑與白；綠與藍是主要的色調，何時，我們也能這麼用心的「看」我們身旁的事物？或許真要像劉姥姥進大觀園一樣，懷抱著一種未知、興奮、好奇心，才能開放自己的眼睛與心靈吧。如沈從文所說：「我永遠不厭倦的是『看』一切。宇宙萬彙在動作中，在靜止中，我皆能抓定它的最美麗與最調和的風度。」羅丹也說：「我們的眼睛不是缺少美，而是缺少發現」，讓我們也釋放自己每個感官，發現宇宙萬物每個獨特的舞姿。

(一)釋放自己——從視覺到味覺的觀察

《水滸傳》裡有一段人物的描寫：

只見前遮後擁，明晃晃的都是器械旗槍，盡把紅綠絹帛縛著。小嘍囉頭上亂插著野花。前面擺著四、五對紅紗燈籠，照著馬上那個大王：頭戴撮尖乾紅凹面巾，鬢旁邊插一枝羅帛像生花，上穿一領圍虎體挽羢金繡綠羅袍，腰繫一條稱狼身銷金包肚紅搭膊，著一雙掩雲跟牛皮靴，騎一匹高頭捲毛大白馬。（《水滸傳》第五回）

從頭至腳，從衣飾到座騎，從顏色的主調，金與紅的襯托來述寫山寨大王的特徵。這是靜態的觀察；還有動態的如《儒林外史》中的范進，當他得知中舉時突然樂瘋了的形象：「他爬將起來，又拍著手大笑道：『噫！好了！我中了！』笑著，不由分說，就往門外飛跑，把報錄人和鄰居都嚇了一跳。走出大門不多路，一腳踹在塘裡，掙起來，頭髮都跌散了，兩手黃泥，淋淋漓漓一身的水。眾人拉他不住，拍著笑著，一路走到集上去了。」從聲音、動作（拍手大笑、腳踹到塘裡、頭髮跌散、眾人拉而不止、又拍又笑），而且是連續動作來觀察與摹寫，的確是精彩生動。

還有一種對人物的觀察，是心理的觀察，人物外形的書寫只是為了烘托內心的感受：「金發伯站在稍遠的地方，木然地看著他們，他抽著菸，始終不發一語。天漸自黯了，僅剩的那一點餘光照在他佝僂的身上，竟意外地顯出他的單薄來。秀潔從人與人之間的縫隙裡望過去，看見紙菸上那一點火光在他臉上一閃一滅，一閃一滅，那蒼老憂鬱而頹喪的神情便一下子鮮明起來，不由得想起以前教戲給她時的威嚴自信的臉色，兩相對照之下，使她內心悸動不已，便噤聲了。」（洪醒夫〈散戲〉）

這篇文章的體裁是小說，由第三人稱觀點加以鋪陳，對金發伯的觀察，集中在「抽菸」這個動作，因為抽菸，所以不發一語；就著紙菸淡淡的火光，秀潔從縫隙（但這縫隙也有意味的，因為金發伯並非人群的焦點，適可旁襯群與獨的人我關係）看過去是一閃一滅，寫出老人的蒼老憂鬱而頹喪的神情；相較於天色昏暗下的餘光，更顯出老人的單薄進而暗喻歌仔戲的沒落。

除了人物的觀察，身旁的動植物不也是另一座大千世界？我們都看過蠶吐絲，也看過蜘蛛結網，詩人郝經就有：「做繭才成便棄捐，可憐辛苦為誰寒？不如蛛絲長且滿，連結朱簾與書欄。」黃永武曾仔細比較二者之不同：蠶吐絲成繭，身子幻化其中，是「能入能出」；蜘蛛則是身子監臨其外，「能進能退」。雖然郝經以為蠶不如蜘蛛，黃永武倒不認為，他覺得至少蠶有夢，牠可以化成飛蛾；而蜘蛛不過是誘騙罷了。

自然觀察家，被稱為「鳥人」的劉克襄不僅多識於鳥獸草木之名，更深入牠們的習性、叫聲與情態，在《小綠山之歌》，他提供我們聽覺的觀察：「在西峰頂遇見黑枕藍鶲的家長，雄鳥輝輝。牠站在旁邊不到三公尺處，先發出『叮叮叮』之後，開始連續的『吉歪歪』或『吉歪』。叫了一陣，雌鳥吉吉也現身，發出『吉吉』之聲。」粟耘則是發現「樹的聲音」，他說：「風兒一旦有聲，一定急速猛暴，咻咻颯颯，不是驚駭恐怖，便是空添愁懷。但是，如果物體應風發音，則可能變化萬千，不一而足。」他提到自家園門外空地上的兩棵大樹「只要有風，便颯颯不斷；若是強風，你且放眼看它，但見群葉如浪，大力翻滾，風聲頓成海濤聲，如果將一旁竹叢的莖幹相互敲擊聲一齊聽進去，則疑有人對海擊鼓，浪聲與鼓聲爭勝，教人聽得無法或已。」（〈樹香〉）

大自然的聲響常令人有所觸發，王家祥寫〈秋天的聲音〉：「西南海岸的秋天，光是鷗科的鳥類便如此繁複交錯，來來去去飛翔的聲音，捕食的聲音，聚集棲息的聲音，在經常無雲的天空，銀青色的水域，伴隨著海潮亙常的律動。」張秀亞曾提及貝多芬「諦聽微語的落葉，藉以感知大自然的脈息，用以形成樂曲中的神奇旋律」，但人聲往往也有最撼人的力量。蒲松齡寫〈口技〉，一個人的聲音可扮演不同角色；劉鶚聽王小玉說書「如一條飛蛇，在黃山三十六峰半中腰裡盤旋穿插」，「忽又揚起，像放那東洋煙火，一個彈子上天，隨化作千百道五色火光」。我們是否也曾聽見四周的聲音？冬天的夜裡，吆喝著：「燒——肉粽」的賣聲，夏天的午後「ㄅㄚˇ ㄅㄨ」的喇叭聲，是小販叫賣冰淇淋，還有呢？林間的鳥鳴啁啾、熱水沸騰的聲音、手指在電腦鍵盤上敲擊的聲音，獨處時一隻蚊子的嗡嗡聲、鄰居上下階梯的腳步聲……且讓自己更細膩、更敏銳些，讓「聽」也成為觀察的一部分，化聲音為視覺，讓它成為具象的文字，記錄自己生活的音符。

《心經》有語：「無受想行識，無眼耳鼻舌身意」，佛家要我們將一切感官「無」掉，在觀察的視界裡卻要喚醒所有的知覺，譬如觸覺。人在黑夜中，感覺總是特別敏銳，林文月就曾描述她踩在地板上的感覺：

> 夜有些涼而溫柔，赤足踩在地板上的感覺很純淨；純淨的感覺，也許因為地板上有月光投射的玲瓏花紋。這花紋組構成浮動的虛幻的世界。輕輕的、輕輕的、不敢踩破那虛幻浮動的光影。（〈夜談〉）

還有味覺。琦君在〈髻〉裡寫著：「母親年輕的時候，一把青絲梳一條又粗又長的辮子，白天盤成了一個螺絲似的尖髻兒，高高的翹起在後腦，晚上就放下來掛在背後。我睡覺時挨著母親的肩膀，手指頭繞著她的長髮梢玩兒，雙妹牌生髮油的香氣混和著油垢味直薰我的鼻子。有點兒難聞，卻有一分母親陪伴著我的安全感，我就呼呼的睡著了。」雖然香氣混和油垢味煞是難聞，但在孩童的嗅覺裡，卻是屬於母親的味道。琦君讓我們「聞」見了傳統的母親，席慕蓉則在花香中尋得生命的頓悟：「人生也許就是這樣了，只要是自然的，只要是順著天意的，就算是花落了也不一定要覺得悲傷，甚至也可以有一種淡淡的喜悅，就像這風裡若有若無的清香。」(〈花事〉)

深入的觀察需融入了個人的情懷、記憶與知識。如果劉克襄全然不懂得自然生態，他怎能聽懂鳥聲的對話？如果不是對季節變化以及時間的敏銳，王家祥也無法聽見「四百年前秋天臺灣原野典型的聲音；鹿群踏動大地，獵人放火燎原。野火吞沒枯黃草木的猛暴巨響，已經驅趕驚惶奔走的鹿群從草原深處竄出，迎面撞上狂呼吶喊，手持鏢槍的獵人。」如果不是對故園的情感，王鼎鈞又怎能聽見「磚與磚之間的縫隙處石灰多半裂開，樓上的樑木被蟲蛀壞，夜間隱隱然有像是破壞又像是摩擦的咀嚼之聲。」(〈失樓臺〉)如果不是對母親深切的追憶，琦君兒時的味道哪能停留數十年之遙？林文月藉觀察一隻蒼蠅而體會人的渺小與自我的孤寂，我們也當釋放自己的感官，善用我們的各種知覺，看、聽、觸、嗅這個人文世界，觀、聆、撫、聞這個自然大地。

(二)出入群我——人文與心靈的觀察

故宮博物院所展出的「三星堆傳奇——古蜀文明巡禮」有一座青銅人形立像，「不論是閱世甚深的老丈還是知識初開的孩童，是博雅學者還是市井小民，是看盡世界古蹟的旅行家還是足不出國門的鄉曲」，無不為其吸引，歷史學者杜正勝寫下了他的觀察：

他俯瞰眾生，濃眉橫掃，巨目瞪睜，鼻頭隆起，大嘴緊閉而拉成一條線。眉邊、目眶、眼珠、鼻樑、唇沿和顴骨都以強勁的線條勾勒輪廓，配合近乎桶狀的下顎和腮部，左右兩隻上揚的耳朵，傳達莊嚴肅穆的神情。對世人，他是呵護還是威嚇？憐憫還是不屑？（〈人間神國〉）

雖然他仍是從形象觀察，卻融入了情感。（是呵護還是威嚇？憐憫還是不屑？）他接著說：「這樣的觀察並不能解決青銅立像帶給我們的問題。……但這尊銅像神祕構圖所透露的寧謐，詭異造型透露的和諧，纖細體態透露的氣勢，簡明線條透露的剛毅，已清楚的揭示這個國家文明的特質。」此處，他加入了歷史學家的眼光，造型與線條不再只為了「說明」這青銅立像的外型，更重要的是，他想藉此去考索一個古文明的特質；所以一切的神祕、詭異帶出的是寧謐與和諧，纖細與簡明開展的是氣勢與剛毅；對於缺乏歷史知識的我們，這樣的人文觀察著實有其深度，提供我們看古物時可抱持的態度。

還有一種深刻的人文觀察，揉合了社會關懷，關注的不只是自我的心靈世界，還有對人生的體會、對各種族群的悲憫，他所「看見」的不只是外在形象，而是各種事物的內涵。如陳之藩的〈哲學家皇帝〉：

今天下工後，已近黃昏，我坐在湖邊對著遠天遐想。這個環境美得像首詩，也像幅畫。大匠畫成這個「靜湖」，用的全是藍色。第一筆用淡藍畫出湖水；第二筆加了一些顏色，用深藍畫出山峰；第三筆又減去一些顏色，用淺藍畫出天空來。三筆的靜靜畫幅中，斜躺著一個下工後疲倦不堪的動物。我想整個美國的山水人物畫，都可以此為代表。

身居美國，陳之藩關注的不只是湖水的清澈、天空的湛藍，當然，他也用各種層次的藍去說明天、水、雲的差異，然則，他所關懷的仍是：何以學生送報而不看報？何以每個人如此忙碌，感覺上是一片生機，卻彷彿少了點什麼？他說：「然而，我在湖邊凝想了半天，我總覺得，這個美國青年畫幅裡面還缺少一些東西。什麼東西，我不太能指出，大概是人文的素養吧！」最後才提出「專家還不是訓練有素的狗」，回歸他所提出的人文觀察：少了閱讀，在看似規律實則空洞的機械化形式中，人將失去人的質性，成為空洞的符號。

陳之藩看見的是美國的文化，而臺灣的人文觀察更需要知識與情懷。因為有生態知識，你才明瞭珊瑚白化的原因「沉積物對珊瑚造成的威脅，已經凌駕熱廢水。海洋是萬流聚匯之所，海域沉積物當然源自陸地，綠地山林的濫墾濫伐，間接對珊瑚造成了嚴重的傷害。」（杜虹〈珊瑚戀〉）生態的破壞，不只是傾入海洋的廢熱，綠地山林的濫墾濫伐都是珊瑚日漸稀少的原因。因為對自然的關懷，你才聽得見「海岸倒退，地層陷落，嘈雜的抽沙機正在偷偷搗毀魚貝類繁殖的海床，喧囂的推土機正瘋狂填高海底沼澤，愚癡地想和大海爭地。可是海岸陷落，漁民捕不到魚的聲音很微弱，在秋天裡幾乎聽不到，那些忙碌的企業家與政府官員聽不到。」（王家祥〈秋天的聲音〉）

因為有歷史知識，你才明瞭傍臨虎頭山的桃園神社，原來在許多文化人從歷史和人文的角度下堅持它存留的價值，成為臺灣僅存的日式神社（現名忠烈祠）（黃秋芳〈在我們的桃花園〉）。因為「多識於鳥獸草木之名」，你的觀察就不限於「溪與山之間，有許多房屋；平原上長滿了各種顏色不知名的樹木花草」，而能寫下「溪與西面山脈，包夾著切割成方方塊塊的平疇與櫛比鱗次的房屋。平疇，宏觀之，大綠鋪底，偶間以紅、黃、白、紫諸色；細辨之，則有檳榔、麵包樹、羊蹄甲、銀合歡、橘柚、木瓜、甘蔗、花生、水稻、玉蜀黍、馬櫻丹、非洲鳳仙以及許許多多不知名的花草樹木。房屋，樓高不過三層，其型凡俗，色多淺灰、土褐、赭紅、淡青。常見舊式農村平房於樹叢間，或水泥為牆，其頂覆以黑瓦；或杉板為壁，其頂披以柏油紙。」（顏崑陽〈因死亡事件被記取的小鎮〉）這種揉合自然與人文的觀察。

因為有情懷，你才能觀察到每塊泥土的脈動，才能去觀察這塊土地上的每一張臉譜：在山谷裡的阿眉族人（楊牧〈山谷記載〉）、那個「看你這小小的開封府尹，又怎麼奈何得了本宮？」的秀潔（洪醒夫〈散戲〉）、手抱幼兒、與小春話家常的阿月（琦君〈一對金手鐲〉），以及滿臉油彩、逗弄幼子的坤樹（黃春明〈兒子的大玩偶〉）。更多的時候，你可以從自己生長的地方開始，城市的公園、或者鄰近的夜市，無不值得深入觀察。

城市的周遭，往往有綠意盎然的公園，我們或在此地歇息，或在這裡等待，還有盪鞦韆、溜滑梯的童年記憶。吳鈞堯在〈公園的誕生〉一文，則重新思索「公園對城市、對住民的意義究竟是什麼」：

公園像一條變色龍，隨著時段改變；公園也是符號，於你是無用的閒散地、老人是一塊清淨的庭院、於幼童是晃動的鞦韆、於婦人是放開身心的土風舞特區、於狗是隨意拉撒的地方、於流浪漢是一張沒有框架的床、於青年是個噴吐憂鬱的處所、於夜歸的女人變成猙獰的鬼爪、於公園跟城市之間形成點綴，為視野、為想像中光合作用製造氣氛。

我們經常只看見自己關心的事物，對於「非我族類」總無暇去理會，以公園為例，對你而言可能是等待的場所，你看不見還有其他人在使用這個空間，所以當你必須寫下公園與你的關聯，就無法開展新的線索與脈絡。再如夜市，我們對它的嚮往來自於吃，李清志卻也觀察出〈夜市的活力哲學〉：

「夜市」成為臺北城市生活的焦點印象並非沒有道理的，一方面，「夜市」本身存在於黑夜時間裡的特質，使得整個空間瀰漫著輕鬆與悠閒的氣氛；再加上夜幕遮醜下的臺北市容，增添些許浪漫與唯美。

「夜市」從另一角度觀察，似乎也具體而微的呈現出臺北城市的多元面貌與活力哲學。在夜市的擺攤內容上，舉凡南北小吃、異國珍玩，甚至貓、狗、蛇、兔等十二生肖生物都可能出現在此處，更有趣的是夜市中的來往顧客有西裝筆挺地上班族，嬌嬈美豔、噴著濃郁香水的女子，也有著汗衫短褲、拖鞋木屐的草根小民，或是身上綴著金屬亮片，黑皮衣皮褲，一副重金屬酷樣的新人類，夜市的多元性及包容性就在此展現。

他寫的是臺北的夜市，藉著各種類型的人物，與各式的擺攤內容，說明臺北城的多元性格。城市的性格可以從夜市一窺究竟，徐望雲則藉著觀看NBA職籃，觀察出球隊和商業城的關係。他指出，美國二十九支籃球隊的風格，正反映出二十八個都市的工商藝文風貌！像紐約充滿藝術氣息與城市暴力，所以尼克隊展現的是暴力美學；底特律充滿鋼骨與廢氣，所以活塞隊展現的是壞孩子調調；芝加哥有高學術水平與霸氣，所以公牛隊的隊風富有藝術美而帶著霸氣；西雅圖有先進科技與優雅景色，所以超音速隊以快攻凌厲著名，令人暢快；鹽湖城充滿著清教徒苦行的況味，所以爵士隊有不多計較的知足感；洛杉磯有環球影城與迪士尼，所以湖人隊隱隱然具有明星般氣息……。

無論你是不是NBA球迷，看了上面的敘述是不是也能揣讀這些城市的風貌？如果不是同時對球隊與城市有深入的觀察與理解，又如何能將球隊與城市的關係描繪得如此淋漓盡致？可見人文觀察是需要時間的累積、獨特的角度以及生活的印證。

《小王子》書中有幾句話：「星星真美，因為有一朵看不見的花」，「沙漠美，是因為沙漠的某一個地方藏有水泉……」，「更重要的東西是看不見的……」。除了視覺、聽覺與人文的觀察，還有一種事物是無法用肉眼觀察的，它看不見，但無所不在，是心靈的觀察，如張秀亞的〈談靜〉：

唯有在寧靜中，你才能保持冷靜和理智，看清楚真理的面目，看明白是之為是，非之為非，而保持你那不偏不倚的判斷力，如此，你才能保持精神上的獨立自由。去靜察你自己的內心，並靜觀萬物吧。

唯有在寂寥清靜的環境中，寧靜的情緒中，你才有暇使心靈臨流自照，更清楚的認識了自己，悟知「今是而昨非」，或者「今非而昨亦非」，面對做人治事的態度憬然有所改變，以完成自己的人格，完成自己的使命。

在靜中體察個人的內心，看見自己心靈的活動。林文月不也是在靜謐、孤獨的環境中才發現蒼蠅，並且看見自己的懼怕，從而感受莫以言詮的生命孤寂之感？

張曉風在〈描容〉裡有一段描寫：

馬來西亞有個古舊的小城叫麻六甲，我在那城裡轉來轉去，為五百年來中國人走過的腳步驚喜嘆服，正午的時候，我來到一座小廟。

然而我不見神明。

「這裡供奉什麼神？」

「你自己看。」帶我去的人笑而不答。

小巧明亮的正堂裡，四面都是明鏡，我瞻顧，卻只看見我自己。

「這廟不設神明——你想來找神，你只能找到自身。」

只有一個自身，只有一個一空依傍的自我，沒有蓮花座，沒有祥雲，只有一雙踏遍紅塵的鞋子，載著一個長途役役的旅人走來，繼續向大地扣問人間的路徑。

讓我們沉澱自己，也開放自己，可以縱橫宇宙看這些形形色色的人事物，以聲以形；同時也有一種寬廣的視野，可以看得見每一個獨特的心靈，包括自己。

第三講 想像

愛因斯坦說：「想像比知識重要。」劉勰也曾說明想像的活動：「寂然遠慮，思接千載，悄焉動容，視通萬里。」藉由想像，我們可以穿越時間與空間的限制，或者成為一頭睥睨天涯的蒼鷹，或者成為江南溪畔的浣衣女，想像有如靈魂的冒險，可以「上窮碧落下黃泉」，也可以讓自己成為「不繫之舟」，那麼，什麼是想像？李喬先生說：

創作，是一種舊經驗的重組，就像兒童把一隻家裡的鬧鐘（直接經驗）拆成一堆零件，又把朋友送的一座使用發條的老式留聲機（間接經驗）完全拆下來。創作，就是這兩堆零件重新組合一件新東西。既是新東西，自然是前所未有的；在重組過程中，他依據已有的常識、知識、需要、願望、感情、思想等，朝著組成一件新東西的方向進行；

這種受知識、常識、需要、願望、感情、思想所引導、所限制、所推動而追求新東西的心理狀態，或歷程，就可以稱之為想像。

想像並不是幻想，幻想是漫無目標的胡思亂想，是片斷而離奇荒誕的；想像不是無中生有，是根據舊經驗，順著人情、事態、物理，對於現實有所取捨，重新組合成為新的事物。把零亂的經驗，重組成全新的秩序。超越時空，突破常識的限制，化平常為不尋常，做更自由巧妙的安排；就像李喬先生說的「依據已有的常識、知識、需要、願望、感情、思想等，朝著組成一件新東西的方向進行」，材料或許是舊有的，藉由想像，跳出現實的秩序，成為全新的意象。

莊子該是最具想像力了，他在〈逍遙遊〉裡有鯤化為鵬的比喻：「北冥有魚，其名為鯤。鯤之大，不知其幾千里也。化而為鳥，其名為鵬。鵬之背，不知其幾千里也；怒而飛，其翼若垂天之雲。」這是一隻多大的魚啊！由魚化鳥、由水升空、翱翔天際的過程都呈現了一種神話式的想像，還有神人境地的想像：「藐姑射之山，有神人居焉，肌膚若冰雪，綽約如處子。不食五穀，吸風飲露。乘雲氣，御飛龍，而游於四海之外。」神人的修養能力與身體超越能力都是凡人不可想像的，即使洪水氾濫、礦石鎔化、山土焦黑也不會遭溺或灼傷，這種境界是道家追尋的人生至高境地。

我們無法像莊子一樣藉大鵬、神人的想像來呈現人生哲學；也不能像超現實畫家達利一樣，把鐘錶畫得像煎餅，把錶面一一像搭毛巾似的搭在樹枝上，固然也有它的深意，卻是我們無法企及的想像符號。怎樣馳騁想像的翅膀，帶著靈魂去探險呢？何妨就從我們使用的中國文字開始。

(一)為文字造象——從象形到諧音

中國文字以獨體、單音、合義形成特色。世上所有文字都是既能表音，又能表意的。不過中國文字卻有生動直觀的象形表意法，以簡單的線條描摹事物的形狀，使人一看就能把字形與具體事物聯繫起來，又有察而見意的指事表意法、耐人尋味的會意表意法、標類注音的形聲注音法以及文字孳衍的過程之中產生的轉注與假借。對身旁使用的文字多一層凝視與想像，將可以改造既有的實存現象，產生驚喜與趣味。

南宋詞人吳文英有一闋詞〈唐多令〉：「何處合成愁，離人心上秋。」離別的人心上泛起淡淡的秋意，這是多美的想像！再細看第一句，從何處生起這個愁字？原來他將愁字拆解，心上有一個秋字，就是愁了。李煜不也有「是離愁，別是一番滋味在心頭」，這愁，果然是天下人心頭上的滋味，如人飲水，冷暖自知了。

香港作家西西本名叫張彥，據她自稱筆名的由來，「西」，是方向，是太陽沉落的地方，是地球的那一邊。想像西這個字，像一幅畫，一個象形文字，像一個穿著裙子的女孩子兩隻腳站在地上的一個四方格子裡。西西兩個字連在一起，是一幅簡單的動畫：一個穿裙子的女孩子在地面上玩「跳飛機」（又名「造房子」）的遊戲，從第一個格子跳到第二個格子。從象形到方向到一幅畫，從女孩到跳格子，一個簡單的西字，竟可以有這麼多的可能，只有中國文字才能創造出這種想像！

一樣是文字的想像，張曉風則直探其義，將尋常的地名，產生新的解釋，在〈常常，我想起那座山〉有一段關於拉拉山這名字的對話：

「拉拉是什麼意思？」「我也不知道」，他抓了一陣頭，忽然又高興地說：「哦，大概是因為這裡也是山，那裡也是山，山和山都拉起手來了，所以就叫拉拉山啦。」他怎麼會想起來用國語的字來解釋泰雅的發音？但我不得不喜歡這種詩人式的解釋。

如果不是對文字的敏感，也不會對「拉拉山」這個地名產生興趣，更不會問出這種詩人式的答案了。這篇文章中還有「通往巴陵的路上，無邊的煙繚霧繞中猛然跳出一個路牌讓我驚訝，那名字是——雲霧鬧。……何竟在山疊山，水錯水的高絕之處，有一個這樣的名字。是一句沉實緊密的詩啊，那名字。」身旁的村家巷弄有哪些地名會使我們

「歡喜讚嘆」？花蓮如楊牧的詩：「翡翠色的一方手帕／帶著白色的花邊／手帕繡幾朵白雲，再繡六條捕魚船……」，楊照則將花蓮化作「一方繡有蓮花的手帕」，文字的想像空間真是寬闊無邊，到後來作家索性自己命名了，「我想送梯田一個名字——層層香，說得更清楚些，是層層稻香，層層汗水的芬芳」。張愛玲說過，命名就是一種小規模的創造，用層層香衍出稻香（現實的情境）進而為汗水的芬芳（想像的氣味）。汗水的味道該是鹹的，作家卻加入了想像，若不是耕者的汗水淋漓，又哪能有稻香？這樣一想，汗水也就有了芬芳。

除了字形與字義的想像外，還有諧音的想像，往往可以增添逸趣。如蓮子，諧音則為憐子，絲帕的絲，諧音為相思的思；晴則擬為情；《紅樓夢》中的人物元春、迎春、探春、惜春名字諧音為「原應嘆息」，都使得文義多了一層想像的空間。簡媜也善用文字中的「諧音」，將月桃花想像成月逃，使尋常的花卉，多了一種無理而妙的趣味。

向月偷一條銀繩，我悄悄墜落在深山……我猜那是你，來自於合歡的原鄉。卻被夜舞的精靈逮捕了，他們終於找出月光減少的原因，罰我變成一株草木，我只要求：對生的羽葉，孤挺的長莖，二十口花鐘，半白半鮮紅。

他們開一場小小的辯論會，該喚我月桃或月逃。　（簡媜〈月逃〉）

經由她的想像，月桃花也變得極有人性；夜的精靈（擬人、童話式的想像）找出「月光減少的原因」（反常合道的想像），原來有人「向月偷一條銀繩」（將月光比喻成銀繩，銀色是形容亮光，繩子又有游移、攀扶的想像）墜落在山中，於是變成了一株草木（人變成了植物，也是童話故事或神話的想像），這就是月桃花的由來。除了桃與逃二字諧音造成的意象外，也別有神話的意味。

(二)同情的理解——移情的想像

余光中說：「想像，可以視為藝術的特權，真理的捷徑。詩藝之中，諸如明喻、隱喻、換喻、誇張、擬人、象徵等手法，皆可視為創造性想像的鍛鍊，因為綜而觀之，這些手法都使用『同情的摹仿』(sympathetic initation)，使兩件原不相涉的東西發生關係。」余光中固然專就詩歌的創作技巧談想像，但「同情的摹仿」的確是想像的主要元素，朱光潛先生在《文藝心理學》也談到聯想作用，使兩件原不相關的事物產生關聯：

> 聯想是一種最普遍的作用，通常分兩種。一種是類似聯想，例如看到菊花想起向日葵，因為它們都是花，都是黃色，在性質上有類似點。一種是接近聯想，例如看菊花想起

中山公園，又想起陶淵明的詩，因為我在中山公園看過菊花，在陶淵明的詩裡也常遇到提起菊花的句子，兩種對象雖不同，而在經驗上卻曾相接近。這兩種聯想有時混在一起，例如看見菊花會想起陶淵明，一方面是一種接近聯想，因為陶淵明常作菊花詩；一方面也是一種類似聯想，因為菊花有高人節士的氣概，和陶淵明很類似。

《世說新語》裡就有一段關於下雪的想像：

謝太傅寒雪日內集，與兒女講論文義。俄而雪驟，公欣然曰：白雪紛紛何所似？兄子胡兒曰：撒鹽空中差可擬。兄女曰：未若柳絮因風起。公大笑樂。

一人說下雪猶如「空中撒鹽」，另一人則是「未若柳絮因風起」。以鹽比擬雪可說是類似聯想，但相較於柳絮在空中飛舞（同情的摹仿），則少了一種美感的體會。這種美感的想像，多見於古典詩詞「三月春風似剪刀」、「離恨恰如春草，更行更遠還生」、「砌下落梅如雪亂，拂了一身還滿」等，除了類似聯想的處理，更有情感的內蘊。再如明朝人養貓所取的別名，白貓叫做「一塊玉」，「金鉤掛玉瓶」則是黃尾白身的貓，身黑腰白的貓則是「烏雲罩雪」，這種想像除了顏色的聯想之外，白色與玉色相近，烏雲為黑色，黃尾擬作金鉤，亦有美感的觸發。

柳宗元在〈鈷鉧潭西小丘記〉說：「其石之突怒偃蹇，負土而出，爭為奇狀者，殆不可數。其嶔然相累而下者，若牛馬之飲於溪；其衝然角列而上者，若熊羆之登於山。」開頭寫山「突怒偃蹇」也是擬人的想像，但仍是寫實的層次，接著以「若牛馬之飲於溪」、「若熊羆之登於山」則跳躍現實的限制，發揮想像的作用，使石頭有新的生命。

以物擬人是移情的想像，但「等在季節裡的容顏如蓮花的開落」雖是將人（容顏）想像成物（蓮花的開落），卻不掩人自身獨特的姿態。林文義讀小說時也將自己想像成鮭魚：「小說家的筆觸帶我上溯大甲溪旅行，慢慢的，我泅泳的雙手變成鰭，雙腿蛻化成魚尾，呼吸的肺竟轉變為鰓……從一次驚訝的眠夢，溺水般的醒轉。」（林文義〈在鮭魚的路上〉）因為加入想像，更能理解鮭魚何以拼死返回牠初誕的原點，了解牠們的宿命，另一則生命的奧義。

張愛玲《傾城之戀》有一段描寫，則是以物擬物的想像，玻璃杯裡的綠色茶葉變成了馬來西亞的叢林，黏在玻璃上的成了芭蕉，積在杯底的像蔓草和蓬蒿：

吃完了飯，柳原舉起玻璃杯來將裡面剩下的茶一飲而盡，高高的擎著那玻璃杯，只管向裡看著。流蘇道：有什麼可看的，也讓我看看。柳原道：你迎著亮瞧瞧，裡頭的景致使我想起馬來的森林。杯裡的殘茶向一邊傾過來，綠色的茶葉黏在玻璃上，橫斜有致，迎著光，看上去像一棵生生的芭蕉。底下堆積著的茶葉，蟠結錯雜，就像沒膝的蔓草和蓬蒿。

類似這種以物擬物、移情的想像，幾乎是作家──文字魔術師的當行本色。像「群山，好一塊沉實的紙鎮。」（張曉風〈常常，我想起那座山〉）「黑色的磚，黑色的石板，一層一層堆起來，高出一切屋脊，露出四面鋸齒形的避彈牆，像戴了皇冠一般高貴。」「樓頂不再見人影，垛口上經常堆滿了這種灰色的鳥，在金黃色的夕陽照射下，閃閃發光，好像是皇冠上鑲滿了寶石。」（王鼎鈞〈失樓臺〉）山成了紙鎮，牆上的黑磚成了皇冠，夕陽中的鳥成了皇冠上鑲嵌的寶石，在作家眼中似乎萬物都存有生命；透過想像，每件事物都可以移轉成另一種傳奇與神話。

簡媜看軟枝黃蟬，將它想成后羿射落的九個太陽，「殞落到地面上，觸土成花」：

走過一條小巷，有家人的圍牆上翻掛了油綠綠的一叢枝葉，開了半面牆的大黃花。我楞住了，前看後看一番，愈看愈像是一樹小太陽。墊著腳想數數到底圍牆內還有多少朵太陽？

朵朵鮮黃欲滴的小太陽躺在膄葉鋪成的綠絨上，還猜得出當年的落姿。是合當落在如此軟柔的葉毯上，否則豈能免於高墜的摔碎？后羿的箭刺，早被陽光用金線細細地縫合了。這該是后羿萬萬沒想到的；真愛，畢竟沒有距離，那天上唯一的太陽，亙古以來，仍舊溫暖著它地面上的弟兄。黃蟬總是綻得那麼大方，那麼笑顏逐開，用愉快的表情和它天上的兄弟招呼話舊。（〈花之三疊〉）

經過小巷，看見圍牆上的黃花，將它想像成「一樹小太陽」；因為長在高處，向著陽光開放，又有綠葉襯著，所以葉子變成了綠毯，黃蟬總是「笑顏逐開」，因為那是一則神話：「太古時候射下的九個太陽，千百年來，在豐沃的土地上一朵朵地日出。」透過簡媜的靈思與想像，尋常的一株植物也浸潤射日的神話光彩，草木無言卻更為有情。

自然世界真的需要我們以有情之眼去想像，簡媜也自言在臺大讀書時，有一次誤將窗外的景色看成一幅壁畫，從此她就常常將每一個窗口外的景色想像成一幅幅不同的壁畫：「那幅圖不大，因為窗子是半開的。遠處，帶著黑的樹蔭葉影，像潑墨的畫法，三兩隻窗前瘦瘦的枝條，不著葉，隨意地曲斜，一朵初綻的花在雨中淋成淡淡的粉紅。水珠祕密的在畫布上渲染著，整幅畫有著柔柔的意境，像是國畫大師張大千剛揮灑的一幅未乾的國畫，看了整個人就像浴過仙泉，覺得超離塵俗了。」（〈壁畫〉）用國畫的眼光想像落雨午後的樹蔭，或是從窗口望去看上課、下課的人走動，好似畢卡索的抽象畫，這種想像都將生活藝術化了，如果沒有打開心中的門窗，或不曾關注窗外的事物，又怎能有夢想的國度？

這種想像力並不限於古人，白居易聽琵琶的音律或為雨聲（大絃嘈嘈如急雨），或為人語（小絃切切如私語），或如鳥鳴（間關鶯語花底滑）、如水流（幽咽泉流水下灘）、如銀瓶乍破（銀瓶乍破水漿迸）、如鐵騎刀槍殺伐之聲（鐵騎突出刀槍鳴）、如絲帛斷裂（四絃一聲如裂帛），將琵琶的聲響與其他事物相組合，把聽覺的想像帶領至各種生活的情境。情境的想像可以使人脫離時空的限制，即使身體禁錮在書桌之前，也能優遊於自己建構的各式場景。

㈢夢的終點——情境的想像

林央敏閱讀地圖，會讓自己投身於不知名的地點，神遊於每個名川大澤，只要「一紙在手，便有萬里江山，展現在全開的紙上，迤邐於他四閉的胸中」：

國中的課堂上，地理老師每講到一個地方，都叫他們展開一張夾在地理課本裡的圖案，要他們按圖索地，就像尋寶一樣，跟著老師在上面尋找一些山川城鎮，彷彿自己就是一個流浪者，在一廣垠迷宮中尋找出路。綠色的平原、藍色的水澤、黃色的高地、紅色的城市和公路，而鐵路，如一張由粗繩結成的黑網，正好網住中國的東半壁。他拿著筆，一步一步圈下自己的足跡，「把蘭州圈起來，這是我國地理上的中心點」，老師說：「向西，就是聞名古代的絲路。」向西，啊！難道就是通往西方極樂世界的路嗎？他那幼稚的心曾經這樣想。於是，不出三年全中國都在他的掌握之中，不費一兵一卒，彈未出膛，劍未出鞘，用墨水代替血水，就這麼征服了中國。（〈在地圖上〉）

地圖雖然只是標示方位、提供對所處世界的認知，你知道「那裡是中央山脈，把嘉南平原阻斷，沒有鳥、沒有雲、沒有飛機可以飛越這道藍青色的高牆」，但藉由想像，你可以成為流浪者，在每個地理符號中找尋出口；也可以成為出征的戰士，在瞬間完成使命。帶著自己家鄉的地圖，就好像「把整個故鄉搬過來，收藏在自己的小小房間裡」。

有「詩壇祭酒」美譽的余光中當是最能神馳於地圖的文人了。中學時，他是班上公認的「地圖精」(mapamaniac)，他說：「週末從寄宿的學校走十里的山路回家，到了嘉陵江邊，總愛坐在淺黃而柔軟的沙岸，在喧囂卻又寂寞的江水聲中，展圖神遊。……我展圖縱目，最神往的是海岸曲折、尤其多島的國家，少年的遠志簡直可以飲洋解渴，嚼島充饑。我望著滔滔南去的江水，不知道何年何月滾滾的浪頭能帶我出峽、出海，把掌中這地圖還原為異國異鄉。」（〈天方魔毯原來是地圖〉）他又說：「地圖的功用雖在知性，卻最能激發想像的感性。」「臨圖神遊是一種超越」，也能保持自己奔馳的心境，雖然《詩經》有言：「誰謂河廣？一葦航之。」在地圖上真正遠航的卻是不可範限的心靈。

再如余秋雨的〈道士塔〉，面對這麼一件已成定局的敦煌寶藏被盜運至異國，眼見今日「敦煌研究院的專家們只得一次次屈辱地從外國博物館買取敦煌文獻的微縮膠卷」，深刻的歷史感轉化成文學的角度，他想像自己回到當年的敦煌洞窟，回到當年的絲路上攔住車隊，想阻止一項歷史的事實卻又矛盾的心境：

今天我走進這幾個洞窟，對著慘白的牆壁、慘白的怪像，腦中也是一片慘白。我幾乎不會言動，眼前直晃動著那些刷把和鐵錘。「住手！」我在心底痛苦地呼喊，只見王道士轉過臉來，滿眼困惑不解。是啊，他在整理他的宅院，閒人何必喧嘩？我甚至想向他跪下，低聲求他：「請等一等，等一等……」但是等什麼呢？我腦中依然一片慘白。

人不可能走回歷史的場景，即使回到過去，也不可能改變歷史的現狀；在文學的想像世界中，余秋雨可以走回敦煌洞窟試圖去改變王圓籙的無知——「他吩咐幫手去借幾個鐵錘，讓原先幾座塑雕委屈一下。事情幹得不賴，才幾下，婀娜的體態變成碎片，柔美的淺笑變成泥巴。」——敦煌藝術在一個「穿著土布棉衣，目光呆滯，畏畏縮縮，是那個時代到處可以遇見的一個中國平民」手中被刷成慘白，被敲成碎片。在想像中，余秋雨回到了洞窟，阻止他，求他，同樣地，在想像中，他也看見王道士疑惑不解的表情，就如同他文中的描述，「王道士只是這齣悲劇中錯步向前的小丑」，因為滲入了情境的想像，才加深了歷史感，以及人在時間江流中的渺小與無奈。

這種歷史情境的想像或許太沉重，那就走入睡眠中，沒有「黏身的現實」的夢境吧。鍾怡雯在〈垂釣睡眠〉（睡眠竟是用釣的？這題目就很有想像力了）有關於安眠藥的想像：「小小的一顆化學藥丸變成高明的鎖匠，既然睡眠之鑰可以打造，以後是否連夢境也能夠一併複製，譬如想要回味初戀酸酸甜甜的滋味，就可以買一瓶青蘋果口味的夢幻之水；那瓶紅豔如火的液體可以讓夢飛到非洲大草原看日落；淡黃色的是月光下的約會；藍色的呢！是重回少年那段歲月，嘗嘗早已遺忘的憂鬱少年那種浪漫情懷吧！」各種顏色的安眠藥丸竟然可以帶人回到青澀的初戀歲月、年少時光，在月光下漫步、更可以飛到非洲莽原，這種超現實的想像，著實不讓達利專美於前呢！

生活情境的想像也不僅於夢境，在現實生活中，單單洗手一事，也有多重的想像：

陽光下，正在洗手的我忽地停住，饒富興味地觀看浸在水盆裡的右手掌，即使水溫微涼，我仍能感覺在手心奔竄的那股熱氣，接著指尖微脹，眨眼間，我恍惚看見五根指頭冒出綠芽。

簡媜形容那是一種「種植之慾」，會趁著酣睡之際潛入夢境。她又寫著：「我的右手愈來愈像有主見的貓咪或幼狼或牛犢，在我規律、平淡的生活中每每要離臂而去，浮飛一段路，去攀折新枝或挖掘奇卉。」這種欲念無時無刻不在，所以五指恍惚冒出綠芽，右手又像貓咪、幼狼等想衝破既定的藩籬，去挖掘或攀折。末了，在心願未成，種籽散落一地，指甲縫裡滿是泥垢，在她看來是泥手，更像「十把無用武之地的黑鐮刀」：

箕坐的我面對兩盆土，欲哭無淚。散於地上的各色種籽經雨淋溼更像嚥了氣的傷兵，這局面怎麼收拾才好？我搓著一雙泥手，汙泥已滲入指甲縫，伸手一看，像十把無用武之地的黑鐮刀。或許，我該這麼想：上天沒給我土地，但賜給我想像綠茵的能力。

〈泥手〉

想像，需要創意。創意也來自如何轉化現存的材料。泥手跟黑鐮刀有什麼關係？窗景跟圖畫有什麼關係？在作文的元素裡，強調「我看了什麼」、「我想了什麼」，並沒有固定的「標準答案」，個人想法的獨特性是受到尊重的，所以我們更要培養自己敏銳的感覺與鮮活的想像，以培養一個「獨特的我」。獨特並非標新立異，創意也非慶典煙火，只有剎那的、瞬間的美，失卻人文的深度，也失去了創意的本質。

小野說，「當生活的步調放慢，一些創意就這放慢的縫隙間掉了出來」。這「掉」字，表示無意而為，創意往往在不經意的剎那中流出。當我們的生活總守著固定的節奏，往往就壓抑了想像的幼苗。每個人的心中都活著一個孩童，每個人都有一方想像的夢土。只要保持那顆活潑的心靈，對萬事萬物都充滿著興味，你仍然可以乘著想像的翅膀，帶著靈魂去探險。

第四講

經驗

生活原本就是一本大書，《邊城》的作者沈從文在他的自傳裡便有「我讀一本小書同時又讀一本大書」，他說：「我的心總得為一種新鮮聲音，新鮮顏色，新鮮氣味而跳。我得認識本人生活以外的生活。我的智慧當從直接生活上來。」生活的本質，就是讓我們去體會各式的經驗，並且儲存成為自己內在獨特的智慧。但一個人生活的經驗畢竟有限，如果取材的對象只能限於個人直接介入的時空，創作的天地勢必無法寬廣。我們對作家常有種誤解，總認為他們生活多彩多姿，或冒險探奇、或詩意盎然，殊不知除了親身經歷外，他們也透過他人之眼，去探索每種生活的內涵。這便是直接經驗與間接經驗之別。

(一)「身」歷其境與「神」歷其境——直接與間接經驗

直接經驗的天地縱然真實，但也有其限制。徐志摩去了康橋，可以寫下浪漫生動的自然場景；今人臥遊紙上，也可以體會徐志摩「尋夢？撐一支長篙，／向青草更青處漫溯」的況味。當然，如果不是親身去了塞維爾，孫瑋芒也不能如實傳寫「鬥牛的三幕舞劇」，描寫鬥牛競技場上，主角的殞滅：

有一頭毛色偏棕的公牛，在酣鬥中一度陷入短路。前方十公尺的鬥牛士在陰影下大喝：「呀！」牠站在陽光下，不想鬥人，不理會紅披肩舞動，呆立了一泡茶的時間，無視噓聲四起。這種結果總歸一死的表演，牠真的厭倦了。

還有一頭公牛，背脊已經被投槍手扎了四隻有倒鉤的短矛，突然起了鄉愁，轉身把鬥牛士撇在身後，以略帶蹣跚的小跑步奔向牠的來處：場邊放牠進來又封死生路的重重柵門。鉤住肌肉的四隻彩色短矛，呈花瓣狀下垂擺動，活像牠無法逃遁的命運，這要在牠死後才由工人用雙手操作長柄鉗子拔出來；牛背上淒豔的鮮血浸溼了一大塊毛皮，像汗水失溼透工人的一大片汗衫。牠尋找來時路，方向感是那麼正確，構成重圍、

揮著摺扇觀戰的人類，不禁發出一陣鬨笑。　（〈死之舞——塞維爾觀鬥牛印象〉）

在他的筆下，寫出各種公牛在場上「最後的影像」。他說：「操刀的屠牛士，本質上是比屠夫更為殘忍的謀殺者，反而被捧為英雄，這是何其顛倒的價值觀！透過現代傳播科技，鬥牛更有現場轉播和錄影帶流傳重播，每一場鬥牛的觀眾，千百倍於海明威寫《午後之死》的年代。鬥牛的劍、公牛的血也就銘印在更多人的記憶裡。」從這個角度來看，在塞維爾觀鬥牛士是直接經驗，透過聲光科技所看到的是間接經驗，但我們藉孫瑋芒之眼所看見的鬥牛印象，雖間接，不也體悟到人性的荒謬與面對死亡時近乎怖懼的悲憫？

當然，我們無意顛覆親身經驗的重要性。在這個以按鈕去發現世界的時代，藉由電腦就可以「虛擬實境」，許多人已忘卻什麼是「風息是溫馴的，而且往往因為他是從繁花的山林吹渡過來，他帶來一股優遠的澹香，連著一息滋潤的水氣，摩挲著你的顏面，輕繞著你的呼吸」（徐志摩〈翡冷翠山居閒話〉），自也無感於「樹葉光彩，太陽像珍珠一樣透過相思林灑滿山坡，乾燥的綠草地上吹落了幾瓣遲萎的桃花，不遠矮樹叢裡傳來數聲鵪鴝低呼，再無人語，周圍是安寧靜謐」（楊牧《一首詩的完成．閒適》），此時，親身經歷的每一個當下經驗，更彌足珍貴。

廖鴻基在三十五歲離開原有的工作，成為「討海人」，他的海洋經驗從獵捕丁挽到尋訪鯨豚，更以眼目所見告訴我們，海洋是一座「漂流監獄」，他一一陳述這些海洋圖像：

在一次迴轉後，船隻順風逼前了一大步。丁挽巨大的身子整個浮現在標魚臺下方。看著腳下的丁挽，那碩大美麗的身軀毫無遮掩的浮現在我眼裡，像掀開美女面紗或破蛹而出的蝴蝶，那突破遮掩後的唐突美麗震撼顫動了我的心。海洋給我若隱若現的驚奇感覺，如今毫無隱晦完整而現實的呈現在我眼裡。持鏢的手微微顫抖，我感覺眼下一片白霧茫茫。

引擎聲戛然止住，腳下一陣翻騰浪花，鏨入丁挽身軀的魚叉溢流著鮮血，丁挽旋身躍出水面。牠斜身凌空顫擺著；牠尖嘴似一把武士的劍凌空砍殺；牠斜眼向我瞟視——那仇惡的眼神激爆出星藍火花狠狠鏨入我的心底。

這是一場「在岸上或風平浪靜的港內無法抒述和解釋的過程」，只有自己走上甲板才能領略初次看見如此龐大的哺乳動物——虎鯨的驚喜，看見漁人侷促在比囚室狹窄的漂游甲板上，「原始的人性得以在這裡掙脫束縛無遮無藏」；這般獨特的海洋經驗，是靠著長期的生活經歷萌生與激盪，而不是單由聯想或閱讀所點化。這種直接經驗是素樸的，充滿著原始生命力的美。

身而為人，自然會受到時空的限制，我們無法像廖鴻基一樣全然割捨身旁的雜務，投身海洋的召喚，像夏曼・藍波安一樣潛泳於蘭嶼的海域，尋回原住民的本質；或像「老頑童」劉其偉一樣，有著各式冒險的經歷，卻可以經由探訪、考察或借助他人的直接經驗，將它轉化成自己的感受。

陳列不是礦工，卻能寫下「礦坑垂直深度平均約四百公尺，某些更達九百，以長度計則可以長到三千。地熱溫度四十，大氣壓力增強，瓦斯充斥。無邊的漆黑，無援的深淵，接近閻羅殿府。坑道矮窄，跪伏屈伸爬行、探勘、掘進和挖採。黑灰揚撲，沾在熱紅的皮膚和臉上，汗水滴在看不見的溼悶的炭渣裡。」（〈礦村行〉）對社會底層聚落的深入探訪，雖不是新聞記者，也能看見災變現場「搜救者進坑又出來，出來又進去，心事重重，雙手廢然抱攏胸口，憤怒和悲傷。……披麻戴孝，坑口燒冥紙，呼叫丈夫兒子兄弟的名字，頓足搥胸。死了的心。紙灰在人的頭上翻飛。白衣護士掩面疾走。然後，還得陪探望的舉步沉穩的官員四處巡視，做簡報，恭聽一次又一次的指示。」藉由他敏銳的觸角，將求生於地底的礦工生活的無奈以及面臨巨變的無助做深入的詮釋，即便他沒有礦工的親身經歷，藉由「另一隻眼」也能揭露弱勢族群的生命情境。

奚淞沒有老榮民的經歷，卻在一次旅途中，聆聽太魯閣老榮民的「各說各話」，似乎也懂得他們開路的艱辛與戰火的流離：

「四十七年大地震，山上石頭滾下來，我們開路那隊就死了十幾個」

「你說，我死嘍，果樹歸誰？恨起來，我拿斧頭把樹都砍砍掉。又捨不得呀……」

「當年開路錢是賺了，可沒人願存在銀行裡，做了今天沒明天，到時候提不出來……」

「那年我病得快死，用吊車把我送下山去住院。嗳，我又活了。回來吃我自己種的桃子，又吃到一次，真不錯。看穿了，自己高興就好……」

在寂寞的深山裡，記憶即使是歷經苦辛，也彌足珍貴。無論戰火流離，開路艱辛，親友死亡……傾吐本身便是生命的樂趣，老榮民在說話間，黧黑多皺的臉膛，漸漸舒坦光潤了。（〈三月的札記〉）

從這些對話，可以看見老榮民的生命史；每一個驚心動魄的場景，在回憶中，也只是輕描淡寫的幾句；因為慎重、仔細的聆聽，便能捕捉人世間種種美的與痛楚的體驗。誠如簡媜所說：「創作裡所謂的生活並非僅指親身經歷，也指透過自身經驗所看到的普遍性。人都會有所追求，或許輕重不一，但是內涵的探索卻是類似的。創作者比較擅長的是透過自身經驗所看到的普遍性，甚至不用親身體驗，『另一隻眼睛』便看到了人類共同的歡喜、共同的追求，甚至是共同的痛苦。」

(二)記憶的收藏——經驗的百寶盒

老榮民的回憶成為奚淞對太魯閣的記憶，桂花雨的恬美、桂花糕的香甜是琦君的童年記憶，一對金手鐲牽繫著她的親情與友情；記憶，讓我們走進時光長廊，和作家們一同吞吐著每個時代的脈動。楊牧曾說：記憶是充滿力量的，充滿著使文章發生、形成、擴大、感動，變成普遍甚至永久的力量。對於記憶，楊牧給予兩層意義，第一：對往事的回想、把握和詮釋。第二：集中地觀察外界，學習並牢記一切過眼的事物，使它不至於消失瓦解，並能精確的馭用、反覆練習，以達到創作的目的。他更以為：只要我們不輕易淡忘過去，過去的感覺和風景會主動的以具體的形象進入我們的關懷；「我們可以要它快速通過，也可以要它停止」。當我們主動擴充渲染，加以咀嚼反芻，「體驗一分近乎夢幻，甜的又似乎帶著酸與苦的味道」；而且「一切特定的形象都可以頻頻出現，但每次一個形象出現的時候，它所揭發的並不完全和上一次相同，甚至可以是極端不同的。」這或許是作家創作題材豐沛的原因吧，他們可以將許多時代的記憶納入，成為自己的經驗；將他人的記憶成為自己的回憶，更可以凝視自己每段歲月的身影，收藏記憶，成為經驗的百寶盒。

余光中說：「記憶像鐵軌一樣長」，作家們是如何收藏記憶？又如何將記憶轉化成寫作的經驗？林文月以卡片記錄每回宴客的日期、菜單以及朋友的名字，當初只是避免讓客人吃到同樣的菜餚；另一方面也想從舊菜單中得到新靈感，累積一久，分量與內容大有可觀。她自言：「回想自己從不辨蔥蒜鹽糖到稍解烹調趣旨，也著實花費了一些時間與精力，而每一道菜餚之製作過程則又累積了一些心得，今若不記錄，將來或有可能遺忘；而關乎每一種菜餚的瑣碎往事記憶，對我個人而言，亦復值得珍惜，所以一併記述，以為來日之存念。」從紀錄到記憶，從回想往事到歲月感懷，林文月的《飲膳札記》將她對飲食，更重要的是和她相關的師長、友人收藏成文字，我們讀到她的生活經驗，更讀出屬於那個時代溫煦真摯的情感。

雷驤說：「只要你願意，即使室內小小一角，回憶也將帶給你人生的全部。」他從室內一角的立燈、沙發椅及一隻黑匣子的小提琴，就彷若看見以前經歷過的場景；楊牧則從舊時閱讀的書中憶起少年的時光：「我記憶裡有些舊日的書，在中年以後，偶然會向我浮現，是一種奇異的感覺。有時閒坐藤椅窗前，眼睛好像注視著庭除裡的秋草，可是什麼都沒看見；有時或者行走於人群當中，斑斕的色彩到處跳躍，可是我正在思想一些別的；有時更可能獨處斗室，外面下雨，我將音樂打開抵抗那雨聲，彷彿聽見天籟和人籟在淒切悠揚地交談，可是又好像什麼都不曾聽見，因為正有些舊日書籍裡的景色和動作在我心頭浮現。」楊牧緩緩地道出記憶如何由過去走進現在的姿態，你無法刻意去尋獲它的蹤影，總是憑藉著一些實存的事物或現象（譬如林文月的菜單或者楊牧的舊書），來重組昔時的記憶。簡媜由空間去感知童年的記憶：「電梯內空無一人。在遲緩的上升途中，一陣不確實的空晃感襲進心頭，於是記憶滲透著。彷彿這空間曾經是熟悉的，在很遠很遠的那個年紀。想起有一次捉迷藏，巧生地躲進母親的衣櫥裡讓他們找不到。聽著他們就在門外搜索，覺得好笑又得意。櫥裡的黑暗替我保護著，就算他們開櫥，也看不見的。漸漸，人聲遠了，只聽見老時鐘滴答地擺著。」（〈陽光不到的國度〉）童年的記憶何時才會顯影？在電梯裡，簡媜想起童稚藏在衣櫥裡的往事；從一張老照片，簡媜也想起小學的時光：

你看到迷濛的雨野上，四十七頂黃布帽亂飛，終於還是被雨捉住了，紛紛搗著頭一面喊「痛啊！」一面朝樹林子聚集。他們決定將窗子打橫擋雨，雙手撐直，一張張潮濕而興奮的小臉在手掌縫、雨豆跳動間繼續向天空鬼叫……。你看到遼闊的雨野上，一扇窗戶起伏著，軟軟地暈著，漸漸靜止，在時光中凝固，終於變成妳手上這張泛著雨斑的照片，妳已看了許久，在春雨紛飛的早晨。（〈小同窗〉）

記憶像河流一般徐緩的流著，是潛意識的一部分；雖然再也回不去每一個用心經驗的歷程，再一次回想與敘述的同時，記憶也有了不同的意象，因為時空的轉換，記憶不再只是舊事的重播，而有了時間的深度。

我們習於忙亂而粗糙的生活著，也就忘卻了屬於自己的諸多記憶。除了可由空間、照片、書籍、他人的言談開啟個人的記憶，也可學習美國作家安泡特 (Ms. Katherine Anne Porter) 的方式：「想起一些事，感觸到有意思地想法，就隨手記下；瑣碎的記憶一多，筆記也多了；這種過程發展到某一階段，所有細節逐漸合而為一，彷彿有了一個格局。」用心而真誠的過生活，即使記憶重現之際是悵然的，也成為另一則記憶了。如林文月與她童年友伴會面的場景：

我忽然發現，我們所珍惜的記憶，與其後各自成長的背景相比，實在是分量太少；我們共同擁有的記憶，遂變得並不是那麼珍貴無比了。斷了線的風箏在遠空中飄浮，努力尋覓回來，卻發現那上面的彩色其實已經消褪，而且破敝不堪了。（〈再會〉）

兩人再會之後，已過了三十餘年，共同的記憶談完了，再也無法應對，彷彿是兒時熟悉的友人，卻是陌生而疏離的過客了。寫來雖是微微的失望與倦怠，卻也是人生的另一種體驗，每種經驗不都值得細細反芻與體會？相對於生活粗糙而慣性的我們，沒有了記憶，也就失卻了和過去的自己對話的可能。

回憶是召喚自我靈魂的一種儀式，讓自己的感受更敏銳，才能召喚昔日行走的屐痕，讓記憶的浮木從你的生命之河一段段漂出來，再形塑成文字，成為自己傾吐的方式。

(三)旅行——異質空間的對話

我們分別從親身經歷、間接感受與記憶的醞釀及轉化來說明如何成為一個具有旺盛創作體驗的作者，此外，豐富的旅行經驗自是不可或缺。這幾年旅遊風氣的盛行，使得旅遊成為一種感染力極強的集體「度假儀式」，以旅行為主軸的文學獎形成風潮，在「作文」材料中加入旅遊的元素似乎也成為一種趨勢。簡媜在《八十七年散文選・輯三——旅途》的前言便指出：

> 短短幾年間，我們的社會已建構、完成強悍有力的「旅行體系」，它包括：旅遊雜誌、專出旅行相關書籍的出版社、每日放送的電臺／電視節目、以旅行為職業的人、旅行文學獎、研討會、販賣各式旅行商品及紀念品的商店和不斷開闢新路線的旅行業者。旅行，似乎已像每年應做一次健康檢查般成為現代生活的必備概念。

這種概念的發酵，使得「讀萬卷書，行萬里路」不只是書面的格言，它是自我探索的過程、追尋的執著。旅行可以拓寬個人的生命經驗，對世間萬物擁有新的視野與觀點；旅行也是對個人想像的安頓，在書中所見的歷史古蹟成為眼前可碰觸的實景；「五嶽尋仙不辭遠」的旅遊更有「我來、我看、我征服」自我挑戰與追尋的意義。以第二屆華航旅行文學獎首獎〈魔鬼．上帝．印地安〉為例，它描述距離阿根廷的首都布宜諾斯艾利斯有一千一百多公里遠的伊瓜蘇瀑布，「整個瀑布區是一個馬蹄形的斷崖，綿延有四公里長，大大小小有二百七十五個瀑布，高度自六十到八十二公尺不等。事實上，瀑布的數目無法確定，隨著雨季旱季的不同，水量有多寡，瀑布的數目也跟著有變化」。這個令人讚嘆的瀑布群最主要的景點是魔鬼咽喉，當地的印地安人形容它「那就像一場革命！」作者湯世鑄則如此描述：

走在陸橋上，一眼望去，水面淼淼，頗為寬廣，流速並不快，但愈走向咽喉處，水流愈煩躁，到了缺口，水性變得瘋狂起來，你推我擠爭湍在小小喉頭，就像是一個縱切後又橫擺著的大漏斗，所有的水都由缺口一傾而下，其音如千軍萬馬雷霆萬鈞。崖高七十二公尺，下望不見底，只能看到一團白色水霧氣，有如「一個大海瀉入地獄深淵」。

相對於國人熟知的尼加拉大瀑布（文中印地安人稱它是「水做的簾子」），此處的伊瓜蘇則帶給我們不同的旅行經驗：其一是地點的陌生感。楊澤以為，對今天的臺灣人，在文明與文明邊緣流浪的途徑大抵有三種，歐美地區，大陸、臺灣及第三世界（如印尼、尼泊爾），蠻荒原始之地。〈在文明的邊緣流浪〉作者來到的伊瓜蘇瀑布是在二十世紀初才由阿根廷、巴西兩國開發成國家公園，並非國人熟知的旅遊景點。伊瓜蘇本是瓜拉尼語，原意是大水。無論是瓜拉尼、印地安或伊瓜蘇，對於我們都是異國的奇景，兼有對異文化的想像空間。異國情調本是遙遠、陌生、神祕、浪漫等聯想的產物。現今各城市的面貌越來越相近，小說家卡爾維諾在《看不見的城市》便提到：「有人不斷由一個機場換到另一個機場，過的他在任何城市所過雷同的生活。」「獵奇」的嚮往仍是人們脫離既有生活軌道的途徑之一。

其二是旅遊形式的新奇感。詹宏志先生對西方旅行傳統有深刻的體會，他指出，作為個人心智鍛鍊的旅行，他的前提是受苦與遺棄，一個人須在陌生之地獨自感受並解決問題，因此“travel”一字，本具困難(trouble)、苦勞(work)、折磨(torment)之意。在文中作者自言「李白有他的輕舟，陸游有他的毛驢，而我只有拇指車。拇指車是阿根廷人說法，其實就是搭別人的便車。在公路上伸出個大拇指，朝著要去方向横著晃動，願者停車。」以搭便車的方式，前後旅行九天，夜裡或於樹下紮營，或者就躺在休息站停放的大卡車底下；同行的旅人是阿根廷人，一路尚可遇見形形色色的人物，而且完全不在預期的旅行計畫之中，這樣的旅遊形式充滿著未知的驚喜，當然也寓含著旅行者對人生的態度。作者如是說：「由於你只有拇指沒有車，所以不知道會在何處上車，也無法確定在哪裡下車，更不知道一趟旅程中要換多少部車。我常笑言，這就像人的一生，方向很明確，就是不知道何時會抵達終點。」在旅行中領略生活本質的況味，並且藉由與異文化的對話，思考人類與大自然的關係：「想想，伊瓜蘇河源自於巴西境內靠大西洋不遠處，他沒有直接入海，反而在奔跑了好一陣子後，匯入巴拉那河，再經由阿根廷流入大西洋。如此繞了一個大圈子，為的不正是要在進入巴拉那河之前演出那壯闊的奇景嗎？大自然不正是要把這個毫不起眼的河流，化為魔鬼以警惕世人嗎？」從單純的觀看到人生思考，完整的闡述個人以「背包旅行」的方式親身踐履的歷程。

這世界畢竟只有一個伊瓜蘇，地點的新異與異文化的衝擊也會隨著「地球村」觀念的普及而褪色。知堂老人（周作人）曾說久住一處後，對那個所在難免「因釣於斯游於斯的關係，朝夕會面，遂成相識」，旅行之中所見的名山大川會立即滌盪心靈，但若不曾對一地的城市文化有深入的觀察與探索，旅者只能成為旁觀者，很難進入當地的生活核心。如果不能保持對事物高度的敏感與好奇，出遊不過是重複既有的生活模式，無法從異地街景汲取新的靈感與創意。與其讚嘆旅遊者移動在地球的軌跡，何不返身以旅行的心情看待周遭的環境？當我們進入每個「陌生的地點」，也許是一座第一次進入的校園，或者是熟知的街道，我們身處的地點便是一處小宇宙，當你想像自己正在旅行，所有的事物便有了新的意義。以〈咖啡館裡沒有女人〉獲得長榮寰宇旅行文學獎的鍾文音也有這樣的體會，因為平常對周遭環境就保持很高的敏感度，因此走入突尼西亞首都突尼斯的咖啡館裡，立即感覺到咖啡館裡竟然沒有女子的蹤影，她便藉此書寫突尼西亞的柏柏女人，進而思索女性的處境；有趣的是，當她告訴同行的朋友時，她的朋友竟然沒有察覺這種情境，可見即使是相同的旅程，每個人並非有同質的感受與體會。

我們所關懷的並非是否真的去了異地旅遊，而是，即使在熟知的城市，是否能保有旅行的心情？這種旅行的心情是景物與人文的深入的觀察與體驗，更是一種另類閱讀；每一條街道都是一場「流動的盛宴」，每一次的經歷都是重新組合的想像。譬如國立藝術學院院長邱坤良曾寫過〈南方澳大戲院興亡史〉一文，便以童年的生活空間作為素材，他說：「整個南方澳漁港就像個大舞臺，由於這個港口都是外來人口，因此每天不是有電影、廟會、扮戲，不然就是跑江湖的賣藥藝人，人與人之間沒有新舊移民的排擠」、「我經常從南方澳爬上蘇花公路，俯瞰腳底下的大舞臺，作為布景的海灣、港口、山巒，若即若離。學校、廟宇、漁民之家、漁市場、造船場、天主堂……都是共同建構大舞臺的小舞臺，流動的船舶、車輛、人群，交插穿梭，變化著不同的場景。」這何嘗不是以一種新奇的眼光去注視我們生長的土地？在每個地理風貌的背後，都隱藏著生命巨大的能量；邱坤良寫就臺灣基層社會的浮世繪（林懷民語），瓦歷斯．諾幹則在北橫公路行走間探尋族人昔日的歷史：

當我驅車行駛於北橫路上已非止於想像了，道路沿著溪谷腰部切劃而過，遠看像一條創意十足的現代皮帶，這條路百年以前是族人姻親或是物物交換或者是羊腸獵徑，過了不久，隆隆的砲聲使它成為一條方便管理族人地理蕃戰備道，今天，它已經鋪上石油煉製的柏油，我們聽不到昔日砲聲或是迎接子彈的哀嚎，也聞不到獵人肩上獵物淌下的血水乃至於人世間的血腥氣息，它們都隱藏在焦黑色澤的瀝青路面之下。（〈人啊！人〉）

當想像與歷史交揉，我們所觸摸的每一則經驗都是異質空間裡的對話；北橫公路見證泰雅族的生活史，相對於顏忠賢所描述的「人們被隔離在汽車、公車、地鐵內，或隔離於移動穿越空間的速度中，有時則困在無法移動所引發的焦慮裡頭，只能讓眼神和鼻息不再溫和地停頓著，在後視鏡與儀表板的反光裡，端詳著自己無奈而仍無法移動的臉」（〈無深度旅遊指南・愁城〉），著實可以反映現代人城市生活的無奈。然而「住商空間合併的都會景觀，從群樓間躍起的泥灰橋樑如蛇似蟒，遮蔽城市有限的視覺空間」（蔡素芬〈文學，無所不在〉），面對城市空間的塵埃與凌亂、冷漠與疏離，蔡素芬卻以為「閱讀城市既為一件例行的事，每日經過的地方都留下印象，不管是繁華的刺激還是失序的凌亂、城郊的悠適，都可以觸發文學的想像，儲積文學書寫的內容。」誠然，簡媜寫〈陽光不到的國度〉便細密地鋪寫走進臺大醫院的多重感受：「乳與白之間的牆壁，從天花板一直刷下。我仰望著，感覺，有陰冷之氣不斷地滲出。細碎的花色地板，拼著莫名的圖案，像一方亂了陣法的棋盤，深奧卻也荒謬。中間橫著大理石詢問臺，他們盡他們所能地指點，卻仍然有許多人走不出這座城堡。」醫院是一座會攔截陽光的城堡，外頭的石牆將守護它如攻不破的城，這種獨特的空間感便來自於城市閱讀。作家白先勇形容城市是一座迷人的「彩色森林」，是呵。

在城市裡探勘人世風景，你會看見「大馬路邊上像玻璃小屋那樣的檳榔攤頭，嶄新裝扮的小姐低著頭，全神貫注在剖開檳榔的夾心之中，裝填什麼祕方的配料」（雷驤〈西施新妝〉）。當然也有「不寬的路面，紅磚砌造的高牆下面，撐著遮陽棚底，一個阿婆擺著的水果攤子」（雷驤〈市街演化〉），市郊的悠適則如孫瑋芒所述「我的窗口剛好有一株瘦楞的老梨樹，風起時，枯瘦的枝椏搔扒著窗櫺，好像傾訴著什麼，往往挑起我的感受與之應和。在夜裡，木柵盆地上空盤旋的風聲、山上湧動的樹濤、林中夜梟的嘀咕，或者夜間出巡的蒼鷺的灰影，都很容易激發我的創作衝動」（〈遠離人群看人生〉），或如林清玄也從臺北仁愛路上菩提樹的變化得到創作的靈感：「由於昨夜的殘葉已凋謝乾淨，今晨的新芽更凸顯出晶瑩、透明、翠綠、鮮嫩。那菩提樹的葉芽，每天都帶給我非常新的歡喜，而且每天都有新的葉芽繁茂出來，日日帶給我驚喜」（〈情如無憾情補天〉）。無論是市廛之外的心靈映象或者是紅塵身影中的禪意，不都是這個城市給予我們的想像與體悟？

如果說旅行是跟距離有關的遊戲，那麼，我們一直在旅行；在距離的移動中，我們所見的空荒與奇景將一一收納成為人生旅途中的智慧地圖。這麼一想，生活中俯拾皆是寫作的材料，不必定要穿越太平洋去追尋異域的街景，且用心去探訪這座島嶼賜與我們的城市圖象，這些真切的生活剪影。

不只是作文：生命光譜的另一端

活在「庸俗無罪、膚淺有理」的時代裡，追逐流星雨如杜虹所描述：

摩托車隊送來一大群年輕人，停在海崖另一邊，笑鬧聲很快趕走了原來立在那兒的一輛車，不久，大聲的流行音樂激盪在海崖上，浪聲蟲鳴隨即被驅逐。

又來幾輛車，一時車燈與喧嘩聲齊罩崖頂，大概是一個大家族吧？攜老扶幼彼此大聲或交談，接著，竟把臥墊緊靠著我一字排開！崖頂腹地不算窄，不知他們為何不拉開一點距離以減低彼此的干擾？原以為喧騰一陣之後總會安靜下來，無奈他們似乎並不

做如此打算，光只招呼傳遞食物，便使靜夜不住翻攪……　　〈水天一夜飛星雨〉

一大群人浩浩蕩蕩的追逐世紀末最盛大的獅子座流星雨，所到之處，除了造成光害、「驅逐浪聲蟲鳴」，是否也能體會蒼穹的祕密？是否能感覺天域的神奇：「流星炸亮夜空，五彩火球大如碗口，亮度由小而大，橫過獵戶天狼之間，當光芒達極致時彷彿帶著爆炸聲。」此刻，喻麗清的〈造形〉，似乎可以提醒我們，找回自己的感覺，讓感覺甦醒，不再只是停留在都市叢林，也不再對身旁的綠野平疇視而不見：

我多麼嚮往野地啊——是吉普車也不能到達的地方；是電臺的流行歌曲亦不能刺穿的地方；是可以讓自己成為樹、成為鳥、成為無痕的風與自由……的地方——那樣子的野地。因為在那兒，我才能找回我「充分」的感覺。

文明並不是罪惡，我想。可是它的的確確寵壞了我們。它使我們發懶，事事要推給金錢和機器代勞。我們已懶到分不清人和機器間的主奴關係。我們亦懶到不願思考得失，並且懶到懶得去可惜那許許多多失去的感覺：「感覺是叫我們的官能起來去工作呢！」

那雪片飄飄停在衣襟上揮去如花的感覺
那雨點打在臉上冰涼如洗的感覺
一朵單寒孤弱的血根花在林深深處驀地撞入眼瞳裡來的感覺

那銀練垂懸的瀑布擂鼓喧嘩的敲打耳膜的感覺
枝頭一隻「是」曾相識的鳥兒帶來的老友之情的感覺
走在紅杉林中，陽光如霧，空氣似水。樹頂在亮處，人在陰暗裡，彷彿潛入海底的感覺
針尖的感覺；靜止的感覺；死而復生的感覺……
我願能像蛇一樣蛻皮，熊一樣的冬眠，好有一次看得見的全新與清醒；泥土一樣日日有它不可見的「生之精力」；花一樣於朝陽中感到露珠來呵癢……草葉之上，太初的鮮活。

你將發現，所有的感覺是綜合的，如果沒有對身旁事物深入的觀察，如果沒有移情的想像，沒有馳騁你那禁錮已久的童心，你又怎能描摹這些生活經驗？如果缺乏創意，沒有帶著閱讀城市的想像去旅行，你不過在另一個城市複製你原有的生活步調，或者，也只是在一般人熟知的名勝古蹟之前拍照留影，無法探索這些異質的空間對你的意義。

就如顏崑陽先生的感嘆：

山水，並非人人都看得懂。懂不懂，和動植物學、地質學、民俗學等知識並沒有關係。李白的「相看兩不厭，只有敬亭山」，辛棄疾的「我見青山多嫵媚，料青山見我應如是」，

蘇東坡的「有情風萬里捲潮來，無情送潮歸」，他們都真正懂了山水。然而，許許多多人都不懂，只是視而不見的旁觀，甚至從家裡換到郊外去吃吃喝喝罷了。（〈尋找山水裡的人〉）

無論是面對自然山水或人文情境，最可貴的仍是這顆「獨特的心靈」。一樣是眼前的青山，辛棄疾看見了山的「嫵媚」，李白是「讀你千遍也不厭倦」，這是一種獨特；東坡讀出潮汐的流動與天地的有情，這也是一種獨特。而一般人忘卻了自己的視覺、觸覺與心靈的感受，只是投注於口舌之欲，失去與心靈對話的能力，也就失卻了個人獨特的內在視野。我們不會也不必是第二個蘇東坡或李太白，至少不當是日暮途窮的拾荒者，在生命的曠野中踽踽獨行，沒有「問津」的意願，不再尋覓屬於自己的桃花源。

寫作是生命質感的追尋，作品是作者靈魂與心智的映象。我們關切的不只是如何儲備材料，如何培養自己具有作家的修養，更重要的仍是生活的經營、美感的觸發、人文的關懷與不容複製的真性情。

卷貳

落花水面皆文章——作文內容構思

一位敏於生活的創作者，無論在探訪、遊歷或是與他人相互觀摩研討的過程當中，都能夠磨鍊出深刻的觀察與體驗能力；如果再輔以閱讀、想像等自我訓練，時日既久，當然可以積累一定的寫作素材。然而，這些龐雜的生活體驗究竟該如何歸納、如何取捨，才能提煉成一篇精彩的文章呢？這就牽涉到所謂「內容構思」的問題。

章學誠在《文史通義．說林》中曾說：

文辭，猶財貨也；志識，其良賈也。人棄我取，人取我與，則賈術通於神明；知此義者，可以斟酌風尚而立言矣。

這裡提到作文的「命意」與「取材」問題。生活中的寫作素材俯拾皆是，如何別具慧心地揀選出最適合的部分呢？他所提出的重要論點是「人棄我取」——他人未曾用過的題材和論點，我用；「人取我與」——至於他人已經用過的題材和論點，我便捨之。這裡不妨舉新文學運動初期兩位散文名家的創作為例。朱自清曾有一篇題為〈春〉的名作，描繪春天來時鳥語花香，萬物欣欣向榮的情狀：

盼望著，盼望著，春風來了，春天的腳步近了。

一切都像剛睡醒的樣子，欣欣然張開了眼。山朗潤起來了，水漲起來了，太陽的臉紅起來了。

小草偷偷地從土裡鑽出來，嫩嫩的，綠綠的。園子裡，田野裡，瞧去，一大片一大片滿是的。坐著，躺著，打兩個滾，踢幾腳球，賽幾趟跑，捉幾回迷藏。風輕悄悄的，草軟綿綿的。

以下各段，朱自清反覆鋪陳在春光中山、水、花、鳥、微風、細雨種種宜人的景致，是一種對自然春景的泛寫。而後彩筆轉向人文世界的農民、孩子等等，也是一種掃描式的觀察。收尾三個小段落，作者運用精彩生動的三個比喻：「春天像落地的娃娃，從頭到腳都是新的，它生長著。」「春天像小姑娘，花枝招展的，笑著，走著。」「春天像健壯的青年，有鐵一般的胳膊和腰腳，領著我們上前去。」一層一層，展現出春光中那種蓬勃的朝氣與生命力，因而使全文煥發出奮進不已的昂揚氣息。

朱自清這篇早發先聲的〈春〉，向來被人譽為現代散文中描寫春天的精品，後來的仿效者也所在多有。然而看慣了鳥語花香、山清水秀的春景描寫，讀者可能要覺得流於浮泛或陳腔濫調了，這時對於寫作素材的選取，便必須別出機杼，才可能在前人的成就之外，另行開展出一番新天地。許地山〈春底林野〉一文，就採用了全然不同的寫作策略。在這篇文章中，桃花、雲雀、金鶯、薄雲等關於春景的描繪，都只在文章的首尾略加點染，一方面作為其寫作主體的背景鋪襯，一方面也產生前呼後應的效果。在爛漫的春光中，許地山真正要集中焦點描繪的，是一群在春底林野裡嬉戲的孩子：

林下一班孩子正在那裡撿桃花底瓣哪。他們撿著，清兒忽嚷起來，道：「嘎，邕邕來了！」眾孩子住了手，都向桃林底盡頭盼望。果然邕邕也在那裡摘草花。

清兒道：「我們今天可要試試阿桐底本領了。若是他能辦得到，我們都把花瓣穿成一串瓔珞圍在他身上，封他為大哥如何？」

眾人都答應了。

阿桐走到邕邕面前，道：「我們正等著你來呢。」阿桐底左手盤在邕邕底脖上，一面走一面說：「今天他們要替你辦嫁妝，教你做我底妻子。你能做我底妻子麼？」邕邕狠視了阿桐一下，回頭用手推開他，不許他底手再搭在自己脖上。孩子們都笑得支持不住了。

眾孩子嚷道：「我們見過邕邕用手推人了！阿桐羸了！」……

不同於朱自清對春景的泛寫，許地山這篇文章的著力點，更重於人文世界的點染。在上引的大段描寫中，作者把鏡頭對準了「春底林野」中的孩子們，集中全力做特寫式描繪，從而將自然的濃郁春意與人間的溫暖春情，水乳交融地結合在一起，而作者所欲表達的主旨：「萬物把春光領略得心眼都迷濛了」，也自然地被烘襯而出。整體說來，這篇文章不僅在意境的表現上顯得含蓄深厚，同時在對春景的領略方面，也展現了與朱自清截然不同的觀點與寫作風格，這就是所謂「人棄我取」、「人取我與」的取材功夫；而能否適切地掌握材料，則全視作者是否具有獨特的「志識」了。可見如何「命意」與「取材」，對文章實具有決定性的影響。

以下我們將分別從自我探索、情愛體悟、四時感興、空間漫步、人情觀照、物趣描摹、以及哲思光華等七個層面，看看創作者如何由龐雜的生活內容裡汲取素材？如何從中提煉出獨特的主題意念？又是如何各顯巧思，用心於作文內容的構想？希望能藉由抽絲剝繭的分析，一探創作者百態紛陳的腹中錦囊。

第五講

自我探索

任何一位創作者最容易掌握、也最常取以為寫作素材的，通常是較切近己身的人、事、物，例如周遭的親人、朋友等等；而若要往內心幽微處做深刻的挖掘，則「自我探索」也不失為創作靈感的良好來源。新文學運動時期的兩位名家——郁達夫與徐志摩，就以剖析自我的散文題材見長，然而由於兩人的性情與氣質迥然相異，因此透過散文所顯現的自我風貌也截然不同。以下試以〈燈蛾埋葬之夜〉與〈想飛〉二文作一比較，以見兩人在內容構思上的各顯巧思。

郁達夫的〈燈蛾埋葬之夜〉一文所想要表達的，是作者內在一種憂鬱、苦悶的心懷，這種心境上的陳述，在文章篇首便開宗明義地點明了：

神經衰弱症，大約是因無聊的閑日子過了太多而起的。

對於「生」的厭倦，確是促生這時髦病的一個根，或者反過來說，如同發燒過後的人在嘴裡所感味到的一種空淡，對人生的這一種空淡之感，就是神經衰弱的徵候，也是一樣。

總之，入夏以來，這症狀似乎一天比一天加重，遷居之後，這病症當然也和我一道地搬家。

以下作者開始描繪新居的外在景色，並暗示他內在的心緒。以外在景物而言，色是「秋色」——作者眼中所見不外乎斑駁的空地、散落的小屋、老柳榆槐，以及看了要引人不快的棺材與墓地；聲則也是「秋聲」——在季節交秋的時刻，蟲鼠聲、鳥鳴聲在寂靜的夜裡更彷如作者內在痛苦的呻吟。在一連串的寫景之後，郁達夫在文章中段又再度對篇首的主題做了強調：

> 我自己也知道是染了神經衰弱症了。這原是七八年來到了夏季必發的老毛病。
>
> 於是就更想靜養，更想懶散過去。

心境上的表白渲染至此，作者緊接著插入一段敘事，此段敘述細寫他與妻子在悶熱的夜裡起而坐在天井裡納涼，微風徐來，「室內桌上一枝洋燈，忽而滅了它的芯光」。兩人起初並不在意，直至臨睡之前，「她」拿了火柴準備點燃燭光，查看時間：

洋燭點旺之後，她急急地走了出來，手裡卻拿著了那個大錶，輕輕地說：

「不曉得是什麼時候了，錶上還只有六點多鐘呢？」

接過錶來，拿近耳邊去一聽，什麼聲響也沒有。我連這錶是在幾日前頭開過的記憶也想不起來了。

「錶停了！」

輕輕地回答了一聲，我也消失了睡意，想再在涼風裡坐它一刻。但她卻又繼續著說：

「燈盤上有一隻很美的燈蛾死在那裡。」

跑進去一看，果然有一隻身子淡紅，翅翼綠色，比蝴蝶小一點，但全身卻肥碩得很的燈蛾橫躺在那裡。右翅上有一處焦影，觸鬚是燒斷了。默看了一分鐘，用手指輕輕撥了牠幾撥，我雙目仍舊盯視住這撲燈蛾的美麗的屍身，嘴裡卻不能自禁地說：

「可憐得很！我們把牠去向天井裡埋葬了罷！」

這段敘事在文章的末段出現，一方面呼應了題目所標示的「燈蛾埋葬之夜」；另一方面，也使文章內容及作者心境的變化，進入了另一番新的境界。在這小小的事件背後，顯然引發了作者對自我的思索與感懷，而讀者依據此段敘事，也不難尋繹出創作者內在的體悟：在神經衰弱症的陰影下，精神上的自殘狀態難道不像飛蛾撲火的行徑嗎？撲火之後，留下來的「屍身」儘管是美麗的，但也不過徒增悵惘罷了！這些意在言外的思緒，作者並不曾明言，只在篇末伴隨著臨睡前突然而至的大雨，輕輕點染一句：

「霞！明天是該涼快了，我想到上海去看病去。」

留給讀者無窮的想像與餘味。

整體說來，〈燈蛾埋葬之夜〉的重點雖然意在剖析自我，但作者的筆法卻以寫景、敘事為主；對於心境的抒發，則只是略加點染，全文因此充滿了含蓄的美感。同時在景物與事件的表現上，作者顯然也經過層次分明的安排，由此心境上的轉折乃能順隨景物凸顯而出。

相較於郁達夫的苦悶憂鬱，熱情奔放的徐志摩在自我心境的描繪上，當然也有不同的主題與表現手法。〈想飛〉一文作於一九二六年，是作者旅居英國時所寫的一篇抒情散文，實際上也是他在思想上的「自我解剖」。由題目便豁然可見徐文的意旨——作者顯然想表達他渴望自由、渴望掙脫俗世枷鎖凌雲而上的心志，這多少也是他一生中追求「美，自由和愛」的生動體現。而在行文的節奏上，不同於郁文的舒緩抑鬱，這篇文章則以思緒的流動飄飛見長。徐志摩的文筆自由奔放，靈活穿梭在想像與現實之間。文章開首以「假如」總啟全篇，想像一個下著白雪的黑夜，雪的飄舞對比夜的凝重，深刻點染出一種深靜的境界。至於在現實面的描繪上，徐氏則運用感官移換的技巧，寫中飯吃畢後，眾人到海邊散步，聽聞雲雀叫聲有如光明的細雨般不住下著……。情境的渲染之外，作者在想像與現實之間預留了一段伏筆：

青天裡有一點子黑的。正衝著太陽耀眼，望不真，你把手遮著眼，對著那兩株樹縫裡瞧，黑的，有排子來大，不，有桃子來大——嘿，又移著往西了！

其後，徐志摩開始在行文當中對比孩子與成人世界的不同。孩子是會飛的，一如天使般「背上的小翅膀骨上就彷佛豁出了一鉎鉎鐵刷似的羽毛」，誰也不耐煩站在先生書桌前背難背的書。但成人則不同，大人們「一過了做孩子的日子就掉了飛的本領」，從此掙扎在想飛卻飛不起的困境中。作者在反覆鋪陳這種心態的同時，一再點出全文的主旨：

啊飛！不是那在樹枝上矮矮的跳著的麻雀兒的飛；不是那天黑從堂扁後背衝出來趕蚊子吃的蝙蝠的飛；也不是那軟尾巴軟嗓子做窠在堂檐上的燕子的飛。要飛就得滿天飛，風擋不住雲擋不住的飛，一翅膀就跳過一座山頭，影子下來遮得陰二十畝稻田的飛，到天晚飛倦了就來繞著那塔頂尖順著風向打圓圈做夢……聽說餓老鷹會抓小雞！是人沒有不想飛的。老是在這地面上爬著夠多厭煩，不說別的。飛出這圈子，飛出這圈子！到雲端裡去，到雲端裡去！哪個心裡不成天千百遍的這麼想？飛上天空去浮著，看地球這彈丸在天空裡滾著，從陸地看到海，從海再看回陸地。凌空去看一個明白——這才是做人的趣味，做人的權威，做人的交代。這皮囊要是太重挪不動，就擲了它，可能的話，飛出這圈子，飛出這圈子！

這種想飛的意念在想像與現實之間、孩童的純真與成人的無奈之間交替掙扎、反覆穿梭，更加深了文章的張力。然而末尾一段，文勢卻倏然急轉直下：

同時天上那一點子黑的已經迫近在我的頭頂，形成了一架鳥形的機器，忽的機沿一側，一球光直往下注，硼的一聲炸響，——炸碎了我在飛行中的幻想，青天裡平添了幾堆破碎的浮雲。

此段收束呼應開首的伏筆，但希望的破滅卻與全篇想飛的渴望相互衝突，遂在篇末形成一大頓挫。

比較〈燈蛾埋葬之夜〉與〈想飛〉二文，顯然作者都著力於剖析自我內在的心境。

郁達夫以憂鬱苦悶的形象始，而以思想上的轉折與開悟終；徐志摩以自由奔放的渴望始，卻以希望的破碎與幻滅終。由此也可以看出，郁達夫的苦悶形象與徐志摩向來所展現出的熱情性格，其實都有其內在的複雜性，青年朋友們又何嘗不是如此呢？寫作是一種剖析內在、檢驗自我的深層體驗；反之，探索自我也正是良好的寫作素材之一。在抉發各人內在幽微處的同時，青年朋友們別忘了對自身性格的複雜性做多方的觀察。

至於談到文章的布局構思，則可以發現創作者的文筆看似自自然然，毫無人力，其實仍有其慘淡經營的慧心巧思。〈燈〉文的特色在於以景襯情，透過一個神經衰弱患者病中的觀察，舉凡墓地景致、月夜氛圍，無不別具意義。尤其在鋪陳內在的苦悶時，作者將場景置於「殘陽夕照」的田野、「青枝落葉的野菜畦」，以及「青青」、「沉沉」的暮色中，由此烘映出憂鬱的心境，真可以說是「物皆著我之色彩」。郁達夫是倡導浪漫主義的大將，這種寫作手法也正是浪漫派作家的一大特色。其次，本文還以幽微的轉折與含蓄的寓意見長，中篇以後一段敘事的細寫，對文章無疑起著舒緩文氣與暗示題旨的作用。至於〈想飛〉一文則以思緒的流動不居、想像與現實的交錯見其特色，全文節奏的跳躍性與內在「想飛」的渴望是互為表裡的。作者在布局上的匠心，另見於結尾的急轉直下，在此想像的幻滅造成全文強烈的頓挫，與郁文的含蓄舒緩恰巧成為一有趣的對比。

以上兩篇剖析內在的散文，重在對作者個人某一時期、某種心緒做細膩的描繪與渲染。至於晚近作家在探索自我的過程中，則重在對生命做一種辯證式的反省，其中思考層面自然是千姿百態、各具特色，以下便舉喻麗清、黃碧端、張曉風及孫維民四人的作品為例。

這四位當代作家在創作〈造形〉、〈尋覓〉、〈描容〉及〈誤認〉四篇散文時，主旨都放在對「自我」的思考與定位上；而在內容構思上則有一大巧合，亦即他們都不約而同以龐大的生活例證起筆，扣合到對生命狀態的反思。喻麗清的〈造形〉一文，首先由女兒向其陳述苦惱的事件始，引發她對自我生命的思考：

我哪裡不明白突破之苦呢？年近不惑，我依然時時夢想著突破自己。

以下兩節，喻氏援引生活當中的諸多瑣事，說明她在眼觀、耳聞之餘，對他人的義無反顧也多所歆羨。二節旨在陳述「恨不得野」是作者夢想的突破之一，譬如她渴盼做個獵人，拋棄人世一切牽絆，到野地裡自由跋涉。三節則旨在陳述「恨不得自私」也是作者夢想中的另一種突破，因此當她見著新聞中播報一名男子為了追趕蒸汽火車，為了追求一個童年的夢想，那麼不顧一切地做出瘋狂行徑時，她不禁喟然而嘆：「一個人如能捨棄許多事物而不覺得可怕，那才是真正的富有。」

但是喻文並非單面描寫自己渴望突破本我面貌的欲求，在這些願望陳述的背後，其實另有作者內在的矛盾與掙扎。例如在二節末段，她體認到自身對夢想那種實踐力的薄弱：

唉！可惜做為這樣子的獵人，是不適宜有家有妻有兒女的。他該愛上那種騎在馬上揚著鞭子永遠也追不到手的女孩子。楚戈寫〈榕樹〉：

榕樹是一種奇怪的植物，因為沒有什麼用處，而享有很多自由；也因為擁有很多自由便變成沒有什麼用處。

還說什麼突破！我豈能做那榕樹一樣的獵人？

而在三節的陳述之後，她也舉了新聞記者為搶得第一手報導，不惜封鎖消息，以阻撓警方搶救，從而攝取自焚者引火上身的精彩鏡頭為例，說明作者內在的另一層思考：「一個人太自私了，有時無恥」。全文在這種自我反覆辯證的思考裡，因此充滿了顛覆的、不定形的趣味。

在事例與事件背後的反省源源不絕而來，屢次衝擊讀者的思考之際，喻麗清在末節終於從容不迫地點出主旨：

有一天，讀到兩句對聯：

太上立德

至人無為

我忽然悟到：「無為」不也就是「無須突破」的意思嗎？真是的，如果沒先作繭，又何須突破？

由此作者申明了她對自我生命思索後所得到的結論：「或許，我們所希望於我們自己的便是這樣一個不定形的型，誰知道呢？」以疑問句結束，顯然貫徹了全文一再流動的某種「不定形」的趣味。

整體說來，這篇散文以寫意派的筆法寫生活雜感，寫日常瑣事，但由於作者對於素材進行過反芻與深思，因此文章遂能在淡中見奇，映襯出現實事件背後的哲理。同樣地，張曉風的〈描容〉也以類似的筆法為之。

〈描容〉由朋友無法明確形容自己的事件引發動機，作者由此自我反省：「不怪他們，叫我自己來形容我自己，我也一樣不知從何說起。」以下作者旁徵博引，或由生活瑣事引發思考，或根據歷史事件縱橫議論。譬如她寫遊日時在富士山腰見著一則協尋登山失蹤者的啟事，在特徵欄中僅有簡單數字：「腹上有十五公分疤痕」，作者由此喟然而嘆：

原來人一旦撒了手，所有人間的形容詞都頓然失效，所有的學歷、經驗、頭銜、土地、股票持分或功勳偉績全都不相干了，真正屬於此身的特點竟可能只是一記疤瘢或半枚蛀牙。

類此事件在我們的日常生活中可謂所在多有，但我們可有這等慧心，從看似微不足道的瑣事中，引發對於自身生命的思考？

除了生活經驗之外，作者另一項寫作的取材靈感源自於閱讀後的思考。她在文中亦舉古來的謚法用字為例，說明歷代帝王縱有千般的功業彪炳，在他死後，長長的一生也只能化約為「文」、「武」、「惠」帝等短短的一個字，個人的渺小與面目之模糊由此可見。那麼，我們又當如何為自我描容呢？同樣地，作者在本文裡也採用了「卒章顯志」的手法，她在末節藉由《牡丹亭》裡杜麗娘死前為自己畫像的事件，正面點出「描容」主題，同時更進一步深化全文的題旨，亦即作者認為真正不朽的描容不在肉身的維護，而在於以「藝術」和「文學」為自我造像。作者以一事例輕輕作結：

某甲在畫肆中購得一幅大大的彌天蓋地的潑墨山水，某乙則買到一張小小的意態自足的「梅竹雙清」，問者問某甲說：「你買了一幅山水嗎？」某甲說：「不是，我買的是我胸中的丘壑。」問者轉問某乙：「你買了一幅梅竹嗎？」某乙回答說：「不然，我買的是我胸中的逸氣。」描容者可以描摹自我的眉目，肯買貨的人卻只因看見自家的容顏。

由此她彰顯出文學與藝術的永恆性——文藝創作可以為自己描容，同時也能讓他人鑑照自我，這正是其不朽之處。

可以看出，〈描容〉不斷以事例引發思考，全文貫徹，始終如一，作者採用的正是所謂的「歸納法」：以小題材匯成大題材；由小主題引出大主題，終能於篇末點題，並引人回味再三。黃碧端的〈尋覓〉與孫維民的〈誤認〉採用的寫作手法也類似。黃文舉三項事件為例：一為某家門上貼的紙條：「我出門找我自己去了。如果我到家前你看到『我』，請留住『我』等我回來」；一為《紅樓夢》裡賈寶玉似幻疑真的夢境；一為馬克吐溫似痴實真的訪問對談，由此看出芸芸眾生總在自我尋覓：

> 生命總是殘缺不全而需要尋尋覓覓把自己補足麼？覓得了便是樂土，失落了只留得愚騃的陰鬱痛苦？這樣的問題，我們其實是無處逃遁的，看到迷途知返的「我」時，且請他等等那出門去尋覓的自己吧。

相對於黃碧端對於「尋覓自我」這個課題的正面闡述，孫維民的〈誤認〉卻是由反面立言。文分三節，首節重在寫人我的關係中充滿了各種可能的「誤認」，例如租書店老板曾將他誤認為童年時期的另一個小孩；例如行走街巷間常被人誤認的經驗。二節則轉寫「人」與「物」之間的誤認，譬如個人對於某條街道習以為常、理所當然的印象，可能在一次簷下避雨中百無聊賴的觀察後全然改觀。三節則回歸主題，談到自己對於「真實」的反省：

> 我應該如何認識一個人，或者一條街道？何者更為容易一些？古希臘的哲學家早就說過，這是一個「萬物流轉」的世界，我又如何能為其中的事物顯影造像？現代的解構主義者認為自我是不連貫且充滿矛盾的。這樣的一種自我，又如何能夠正確的觀照外在，或者理解他人與自己？

雖然真實的自我是如此難以理解與觀照，但個人是否便該放棄對自我的尋覓呢？孫維民在文末記錄了過往所讀過的短篇散文：「一隻蛀蟲在黑暗的木頭裡辛勤的啃蝕著，有一天，牠終於蛀穿了木材。而在小小的洞口外面，是令人目盲的巨大的光。」作者意在暗示：「真實」的巨大是難以想像的；真實的震撼力之強也是超乎人類想像的。由此反襯出人的思考與認知雖然渺小，雖然充滿了各種可能的「誤認」，但人類仍須不斷「向前」探究，才可能與真實進行更深切的交通。

從以上幾篇文章可以發現，「探索自我」的過程的確是多姿多彩、百態紛陳的；而在不同的生命階段裡，我們對自我也可能引發不同層次的思考，這是寫作時取之無盡、用之不竭的題材。至於如何留意於素材的篩選？如何用心於文章的經營？相信上引數位作家的作品，已經提供了創作者一些不錯的思考角度。

第六講 情愛體悟

從幽暗隱微的內在探索進一步擴展，便是人我之間的互動，以及由此互動而產生的情愛與關懷。在這樣的命題下，親情、友情、愛情乃至於物我之情，在在都是我們可以擷取的寫作素材。

先以青少年朋友們最感興趣的題材——「愛情」為例。愛情是道難解的習題，年齡、經驗以及生活閱歷的不同，會造成各人對於情愛詮釋的觀點有所差異，或悲觀、或樂觀，或深沉、或諧謔。在闡述自己對愛情的看法時，你曾想過它可能有各種不同的表現方式嗎？不妨以張愛玲一則三百字的美文精品——〈愛〉為例：

這是真的。

有個村莊的小康之家的女孩子，生得美，有許多人來做媒，但都沒有說成。那年她不過十五六歲罷，是春天的晚上，她立在後門口，手扶著桃樹。她記得她穿的是一件月白的衫子。對門住的年輕人同她見過面，可是從來沒有打過招呼的，他走了過來，離得不遠，站定了，輕輕的說了一聲：「噢，你也在這裡嗎？」她沒有說什麼，他也沒有再說什麼，站了一會，各自走開了。

就這樣就完了。

後來這女子被親眷拐了，賣到他鄉外縣去作妾，又幾次三番地被轉賣，經過無數的驚險的風波，老了的時候她還記得從前那一回事，常常說起，在那春天的晚上，在後門口的桃樹下，那年輕人。

於千萬人之中遇見你所遇見的人，於千萬年之中，時間的無涯的荒野裡，沒有早一步，也沒有晚一步，剛巧趕上了，那也沒有別的話可說，惟有輕輕的問一聲：「噢，你也在這裡嗎？」

張愛玲是中國現代小說史上的重要作家，收在其散文集《流言》裡的這篇文章雖名為「散文」，卻充滿了小說的筆法與趣味。讀者很容易看出，她在簡短的篇幅裡，以精省的文字、說故事者的姿態交代了一段豐富的情節。開首「這是真的」短短四字形成一小段落，充滿了懸宕感以及開啟下文的契機，讀者不免順著文勢追問：「什麼是真的？」此際作者開始話說從頭，卻只是輕輕點染，說到重要關頭，一句「就這樣就完了」又橫空而至，在第三段落對讀者情緒造成巨大的反挫。這種長短參差的段落安排以及由此形成的懸宕與頓挫，真是獨具慧心卻又渾然天成的構思。但是故事到此結束了嗎？張愛玲在第四段又補述了「後來」的若干情節，並以「常常說起，在那春天的晚上，在後門口的桃樹下，那年輕人」一句呼應二段，造成文章一種「似斷實續」的寫作效果。

在此之前，張愛玲以「說故事」式的筆法引發讀者興味；在此之後，張愛玲對「愛情」的看法與詮釋才要正式登場。對她而言，「愛情」正如故事裡那名女子片刻卻永恆的回憶般，它最美的階段其實只處於某種欲萌而未發、將開而未啟的戀慕狀態下；而當這個階段真正來臨時，當事人最好的處理方式也只是彼此輕問一聲：「噢，你也在這裡嗎？」此中充滿了人生際遇不定與無法把握的惆悵，看似悲觀消極，卻是作者對愛情最真切的詮釋。這是張愛玲式的愛情體會，而在短短三百字中，她以簡省的敘事姿態、長短錯雜的段落安排以及「篇末點題」的方式，鋪陳出一篇短小卻完美的散文結構。

以故事的鋪陳點染情愛觀念是一種表現手法，另外，浪漫的愛情能不能出之以理論詮解呢？梁遇春〈無情的多情和多情的無情〉一文，又提供了我們另一種思考角度。梁遇春（西元一九〇六～一九三二年）是一位早夭的才子，死時年方廿六歲，但他不僅博聞強記，運筆也開闔自如，因此能以短暫的生命創作出諸多見解獨到的作品。不同於張愛玲〈愛〉一文裡婉曲的表現手法，梁遇春此文開首便以冷雋的筆調嘲諷世人所謂獨一無二的愛情，其實椿椿都是平淡無奇的老生常談，他在首段便開宗明義地點題：「通常的戀愛約略可以分做兩類：無情的多情和多情的無情」，由此展開論述。此種布局看似簡單，其實往往也正是表達主旨最有效的方法。

以下二段，梁遇春分別闡述什麼是「多情的無情」與「無情的多情」，簡言之，「無情的多情」之輩：

這般人好像天天都在愛的旋渦裡，卻沒有弄清真是愛哪一個人，他們的外表上是多情，處處花草顛連，實在是無情，心裡總只是微溫的。他們尋找的是自己的享樂，以「自己」為中心，不知不覺間做出許多殘酷的事，甚至於後來還去賞鑑一手包辦的悲劇，玩弄那種微酸的淒涼情調，拿所謂痛心的事情來解悶銷愁。

這般人梁遇春將他們稱之為「無情的多情人」。至於「多情的無情」者呢？

他們始終是朝一個方向走去，永遠抱著同一的深情，他們的目標既是如皎日之高懸，像大山一樣穩固，他們的步伐怎麼會亂呢？他們已從默然相對無言裡深深了解彼此的心曲，他們哪裡用得著絕不能明白傳達我們意思的言語呢？他們已經各自在心裡矢誓，當然不作無謂的殷勤話兒了。他們把整個人生擱在愛情裡，愛存則存，愛亡則亡，他們怎麼會拿愛情做人生的裝飾品呢？他們自己變為愛情的化身，絕不能再分身跳出圈外來玩味愛情。

由於貫注全力於精神，所以他們在外表反而忽於形跡，容易讓人誤解為「無情」，其實這類人才是真正的「多情」者。由題目的引人入勝，到首段開宗明義的點題，以至二、三段滔滔不絕的闡述，我們可以看出作者顯然提出了一個不同於世俗的論點。李騰芳在《山居雜著》中曾說：

立意須當如何，唐荊州曰：「須有一段不可磨滅之見，然後能剿絕古今，獨立物表。數千年以來，惟司馬遷見到豪傑地位，其〈管晏傳〉論管仲云：「善轉敗而為功，因禍而為福。」是真見得管仲精神也。……

這裡便指出立意要有獨特的體會，不能夠人云亦云；亦即在一般人的感受之外，創作者尤重「古今隻眼」，如此論述才可能別開新局，梁遇春顯然便是此類見解獨到的才子。

但是單有獨到的見解是否便足以成就一篇精彩的散文呢？真正好的構思除了見解獨

到外，尤需反覆辯證，將單一的論點不斷深化，文章才可能更加深刻。因此，梁遇春在本文四、五段裡，便充分展現了雄辯的才華，他論述多情的無情者雖然深情，但時日既久，也可能化做「無情的無情」，終至慢慢衰頹了；而無情的多情者雖然處處花草顛連，但他們內在的活力也可能使世界顯得青春許多。這裡梁氏反覆論述，建立了一套愛情的辯證觀，在破—立—破的過程中對愛情作多角度的觀照，因而產生了無限趣味。文末，梁遇春簡短作結：

> 中國文學裡的情人多半是屬於第一類的，說得肉麻點，可以叫做卿卿我我式的愛情，外國文學裡的情人多半是屬於第二類的，可以叫做生生死死的愛情，這當有許多例外，中國有尾生這類癡情的人，外國有屠格涅夫、拜倫等描寫的玩弄愛情滋味的人。

一方面引經據典，展現了他個人獨具的學者氣質；另一方面也透過中國文學、西洋文學中情人的兩相對照，在「愛情」裡進行了他的文化批判，從而引人無限深思。整體說來，這篇文章看似信手拈來，洋洋灑灑，但其內在的肌理卻是嚴謹縝密的；而其中最大的成就，尤在於梁遇春獨具隻眼的論點。可見內容的精到與布局的巧思，確實是散文創作不可或缺的一體兩面。

品味過意氣磅礴的論理散文後，以下我們再來看看溫馨的愛情小品。與梁遇春約莫生於同時的陸蠡（西元一九〇八～一九四二年）曾以夫妻生活為題材，創作了〈紅豆〉一文。這篇文章以朋友寄來的結婚賀禮——一顆紅豆起筆，寫新婚夫妻彼此間相異的態度與對話。當「我」以藝術的眼光賞玩著紅豆，並細細體會其中所蘊含的祝福之意時，新娘卻不明白一顆紅豆何以能包藏那麼多涵義，她只發表如下評論：「這不像蠶豆，也不像扁豆，倒有幾分像枇杷核子。」當「我」告訴新娘紅豆是愛的象徵、幸福的象徵時，她顯然也不能意會，只乾澀地問：「這吃得麼？」當「我」終於將紅豆親製成一小碟羹湯時，彼此各嚐一口，才發現「這味辛而澀的，好像生吃的杏仁。」作者於收筆時寫道：「我想起一句古老的話，呵呵大笑地倒在床上。」

陸蠡這篇文章所展現出的巧思在於以「紅豆」為主體，一線貫串全文。不僅在日常瑣事的敘寫上全繞著「紅豆」開展細節，同時對於紅豆的外形、紅豆的實用價值與審美意義等也多所鋪敘，由此點出紅豆的象徵以及全文旨意。在「我」與新婚妻子關於紅豆的幾段對話中，作者讓我們看到的是這對夫妻間在文化素養及價值觀上，都存在著無法彌補的距離，然而當事者應該如何自處呢？作者雖未曾明言，卻在行文中處處以紅豆為喻，展現意旨。首先，他在文章中段細寫這顆紅豆的外形：

我賞玩著這顆紅豆。這是很美麗的。全部都有可喜的紅色，長成很勻整細巧的心臟形，尖端微微偏左，不太尖，也不太圓。另一端有一條白的小眼睛。這是豆的胚珠在長大時連繫在豆莢上的所在。因為有了這標識，這豆才有異於紅的寶石或紅的瑪瑙，而成為蘊藏著生命的酵素的有機體了。

在這段伏筆中，紅豆隱然已成為愛情的象徵，它不像瑪瑙般名貴，但也不似經過人工造作而成。紅豆的可貴正在於它有天生的缺陷，卻也因此而成為一個生意盎然的有機體。因此當新婚妻子無法賞鑑它精神層面的豐厚意涵，也不欣喜於它的外觀時，「我」將紅豆調製成了羹湯；這羹湯的「味辛而澀」，其實正暗喻了愛情落實於生活中的必然景況，婚姻生活的柴米油鹽已不似戀愛時期的夢幻甜蜜，在「我」與新婚妻子即將開展的日子裡，「味辛而澀」恐怕才是真正的生活本質。在了解到這點後，作者以那句未點明的「古老的話」收束，乃留下無窮餘韻。整體說來，這篇文章雖然以日常的生活瑣事為題材，但作者卻能善加鋪排，以「紅豆」貫串全文；又能「化實為虛」，將紅豆實體轉化為愛情的象徵，因此全文充滿了悟境及理趣。這種文章形式上的安排與內涵面的深化，都是足堪讀者學習的。

同樣以夫妻生活為題材，陸蠡所選取的是某一日、某一事的特寫，另一位當代作家袁瓊瓊則以普泛的共相觀察，引發讀者共鳴。在〈愛情二題〉的「之二：所謂男人」中，袁瓊瓊如是鋪陳她對男性的觀察：

所謂男人，是婚前叫「跟班」，婚後叫「老爺」的傢伙。

所謂男人，是婚前看妳，婚後看報紙的那人，當然啦，報紙天天換哪！

所謂男人，是婚前在床底下找襪子，婚後向太太要襪子的人，要的方法是：「妳又把我襪子弄到哪裡去了？」

婚前他時常「小心求證」：「這東西妳還喜歡嗎？」

婚後他時常「大膽假設」說：「這東西妳絕對喜歡，太好了。」那「太好了」的東西包括洋酒一瓶，洋菸一條，還有妳過生日時送妳的書：《如何做一個女人》。妳不能為了洋酒開始學喝酒，也不能為了洋菸學抽菸；至於「如何做一個女人」，妳已經做了半輩子了。

在此袁瓊瓊從婚姻生活中的某些細節，提煉出冷雋的「觀察報告」，而出之以詼諧筆調，不免引發讀者的會心一笑。文章看似嘲諷有加，但其實卻句句都包含了對丈夫不必言說的深刻愛意。何以見得？觀諸作者最後所下的結論，便可一窺端倪：

他培養妳各種美德：用微少的家用教妳「節儉」。用「結了婚的女人還打扮什麼」教妳保持「樸實」本色。用「死盯著別的女人不放」來教妳「容忍」。用「別臭美啦」來教妳「謙虛」。用「男人是茶壺，女人是茶杯」來教妳「博愛」。

簡直可以說女人的完美是男人造成的。

當然啦！妳如果不結婚就得不到這種機會。

因此歸根結底，婚姻生活與戀愛時期的甜蜜雖已有天壤之別，畢竟仍是別有一番情趣，端視各人如何以不同的角度去賞鑑、去玩味了。陸蠡與袁瓊瓊都從日常生活中取材，但前者集中焦點描繪，後者則出之以泛論；前者處處含藏，後者則下筆鋒利。表現型態雖然各有不同，但在生活體會上由於都經過了細膩的觀察、深刻的思考，因此能夠化平凡為不凡，將千古以來大家所樂此不疲的「愛情」題材，經營得別具一格。

婚姻生活之外，以下我們再看看新一代作家對戀愛經驗的表達方式。簡媜對於散文的結構布局向來多所用心，在早期描繪戀愛歷程的〈水經〉一文中，她以純真的情感記錄了一段成長體悟。本文構思的特色在於由題目到形式安排、內容布置上，俱以「水」貫串全文。首先，「水經」的篇名乃是對酈道元《水經注》的仿擬，但在內容上則翻轉其意，別出機杼。由「經首」始，以「卷終」終，中間各節依序為「源於寺」、「去野一個海洋」、「水讚」、「浣衣」以及「吵」，大體都緊扣著水的意象直線發展，此在「經首」一節便明揭其志：

> 我的愛情是一部水經，從發源的泉眼開始已然註定了流程與消逝。因而，流奔途中所遇到的驚喜之漩渦與悲哀的暗礁，都是不得不的心願。

其他如「去野一個海洋」寫兩人初識時看海的邀約；「水讚」寫每回相見時為男友倒水潤喉的體貼；「浣衣」則抒寫為男友洗衣時的嬌與羞：

> 衝上樓去，提著水桶、臉盆、洗衣粉便往水槽去。偌大的盥洗室沒個人影，這正好赦去我的羞與怯！
>
> 但，這倒難了，我自己的衣服與他的衣服能一起浸泡著洗嗎？衣服雖是無言語的布，不分男女，可是，我怎麼心裡老擔掛著，彷彿它們歷歷有目，授受不親。
>
> 合著洗嘛，倒像是肌膚之親了，平白冤了自己。
>
> 分著洗，那又未免好笑，這種種無中生有的想像與衣衫布裙何干？
>
> 我看盥洗鏡中的自己，一臉的紅，袖子捲得老高，挽起的髮因用勁兒掉了鬢絲，遮了眼梢眉峰，羞還是羞的！

行文間自在流暢，處處充滿少女真切之情，因此輕易便能感人至深，可見「真」的情感確實是寫作時的不二要件。除此之外，本文的特色尤在於敘事語調的選取。一般描述戀情失敗的題材，總不免流於濫情、感傷與悵惘，本文的基調卻不然，試觀以下段落：

「蹺課吧！我帶妳去看海！」

那是初夏，陽光溫和，夏天之大，大得只能容納兩個人，並且允許他們去做他們想做的事；我告別《史記》，那時伯夷叔齊正當餓死首陽，但是，我不想去拯救。而且，毓老師的《四書》應該會講到〈梁惠王篇第一〉：「叟！不遠千里而來，亦將有以利吾國乎？」這問題問得多蠢啊！

簡媜寫戀愛兒女的心態，語調俏皮而節奏明快。乃至於行文至「吵」一節以下，記錄的雖是年少氣盛，彼此不遑相讓，以至於在「愛」與「自我」之間處處形成衝突的窘境，但作者卻以理性之筆細細剖析：

閒閒地對坐。開始又被生之疑團所困，活著，便注定要一而再反芻這命題。愛，只是實踐，絕非最高原則。我重新被理智擷住，接受盤問、鞭笞！不！我無法在愛情之中獲得對自我生命的肯定，若果花一世的時間將自己關在堡壘裡只經營兩人的食衣住行喜怒哀樂，我必有悔！然而，我又渴望繼續深掘我未獻出的愛。

最終，「水，流出卷終之頁，還給大海」，全文遂結束於淡然與平和之中。寫愛而不泛濫，抒情卻不流於頹靡，是本文最成功的地方。

至於在內容的安排上，既然以「水」作為貫串全文的線索，讀者便不妨留意及「材料刪取」的問題。這篇文章採縱式結構，由初識、邀約、相愛、爭執到分手，自然以時間順序為其內在邏輯。然而在整個戀愛的過程當中，足堪回味的事情何其之多？點點滴滴都值得具道其詳，如何選取適當的材料入文，便端賴創作者的「識見」了。吳敏樹評司馬遷寫〈項羽本紀〉時言：

> 吾意史公作此紀時，打量項王一生事業，立楚是起手大著，救趙破秦是擅天下原由，其後則專與漢祖虎爭龍戰而已。……從來良史記事，第一論識。而柳子之評史公曰潔，真是真眼看透。學者但能從有會無，即詳知略，則於敘事之文，立占勝步矣。

司馬遷作《史記．項羽本紀》時，可載之事千頭萬緒，抓住什麼集中焦點來描繪，全賴作者的識見。因為能「取」也能「捨」，有詳敘也有省筆，因此行文便顯得暢達雅潔。簡媜〈水經〉一文的特色亦在於「潔」，在材料的取捨與安排上，她選擇獨特又能統一於整體線索下的場景，而加以明快的鋪陳，顯見作者的識見卓越，從而使全文結構井然，特點鮮明，幕幕如在讀者眼前。

分析至此，青少年朋友不難發現，就如同愛情總以幻化之姿出現在各人生命中般，描繪愛情的手法也是千變萬化、不一而足的。上引諸家的作品，有從生活瑣事入筆，而顯得真切感人者；有以旁觀角度娓娓敘述，而愈發冷雋凌厲者；有鋪陳事件、抒發情思者；也有出之以理論詮解者。至於題旨置於篇首或文末，那更得視各人的慧心巧思了。要之，文章寫得好壞的關鍵，全在於起首的立意是否獨特。在欣賞過眾多名家的文筆，也分享了他們的感情生活後，青年朋友們，你是否也有了提筆記錄一段生澀感情的衝動呢？有志者何妨放手行之！

第七講 四時感興

由個人內在的探索，到人我之間的情感交流，再進一步往外拓展，我們不能不注意到大自然中時序的推移。時序的推移造成青春的流逝，善感的文人不免思緒萬端、感慨紛陳。事實上，「傷春」與「悲秋」正是中國文學傳統中歷久不衰的兩大主題，黛玉葬花的情節以及宋玉「悲哉秋之為氣也」的感嘆，人人耳熟能詳。新文學運動以來，現代散文家對這兩大主題自然也多所鋪陳，不過在情感與內涵表現上，則是各自賦予了新的意義。有關於「春」的禮讚，在本卷前言部分我們曾提及朱自清的〈春〉與許地山〈春底林野〉二文，這裡不妨再欣賞一篇風格自然的迎春之作。

〈曉霧里初春〉是思果（蔡濯堂）於教職生涯退休之後，居於美國北卡羅來納州夏洛特近郊的田園小鎮——馬修斯時所寫的隨筆小品。由於退休後的心境閒適自在，乃能有「萬物靜觀皆自得」的體會。散文題為「曉霧里初春」，在起始便明白揭示了主題為「初春景象。果然全文的開展由觀看枝頭、草地的盼春；到鳥聲齊鳴的早發先聲；乃至於對於盛開的花、濃密的霧，以及薄紗狀的雲之描繪，在在勾勒出一幅初春時節的美好景色。其中以寫鳥鳴一段最為熱鬧傳神：

春天來了，林子裡鳥聲整天不停，不過這次是牠們舉行大合唱嗎？好像四面八方全有鳥，鳥全在鳴。聲音有長有短，有高有低；有的單純一聲接一聲，美川紅雀（英文名叫紅衣樞機），就只「唧」、「唧」、「唧」；可是有的會唱複雜的調門，甚至是西方歌劇的花腔。有的飛行的時候，一聲一聲地叫；有的棲定了舒舒服服地歌吟。這些小東西好像一冬悶壞了，春天到了，要弔一弔嗓子。而且大家好像在比賽或唱和。

接續其後對於花、霧、雲的描寫，可說是由聽覺、視覺及觸覺等方面，全方位敘述了初春的諸般景象。

自然的描繪之後轉寫人情。由眾人剪草、栽花、植樹的忙碌，寫到自己對春的期待：

早上我出去練跑，才發見名叫麥克阿爾琵因的小徑兩旁的樹已經有了些淺綠，自家樹林太近，反而只看到枝上的芽胞。我們等得多不耐煩啊！希望一夜之間，樹林綠了才好。不過實在不用急，再過幾天就很不同了。地下的春像火山一般要爆發出來，到了時候，叫樹林不綠也辦不到。

看似信筆行之，漫無章法，其實內在卻緊扣題意，層次分明。此段寫自己等待春天的心情，尤其生動可愛。與朱自清之文相較，思果寫嬌媚的春不採典麗筆調，不勞華詞點綴，卻於平淡樸實之中，體現了語言的自然之美，這種節制的筆法與退休後的心境若合符節，是另一種風格的呈現，因此更值得讀者細細品味。

寫春的朝氣蓬勃之外，在四時之中，秋季也是騷人墨客所愛吟詠的題材。現代散文作家對於秋的體會，有延續悲秋文學譜系的一路，也有別具隻眼、另開新局之輩。先舉郁達夫〈故都的秋〉一文為例。

〈故都的秋〉起首便開門見山地點出，北國之秋的特色是「特別地來得清，來得靜，來得悲涼」，這「清」、「靜」與「悲涼」，便是作者全文所欲著力點染的氛圍。而在內容構思上，本文有兩大特色，一是以不同空間的比較，映襯出北國之秋的令人陶醉；二是在自然景物的描繪之外，更注入豐富的人文意涵。在空間的比較上，由於郁達夫是浙江人，對於江南景色自有會心之處，於是在拈出北平秋景的特色之後，他且按下不表，先言一段江南的秋天景致：

江南，秋當然也是有的；但草木凋得慢，空氣來得潤，天的顏色顯得淡，並且又時常多雨而少風；一個人夾在蘇州上海杭州，或廈門香港廣州的市民中間，渾渾沌沌地過去，只能感到一點點清涼，秋的味，秋的色，秋的意境與姿態，總看不飽，嘗不透，賞玩不到十足。秋並不是名花，也並不是美酒，那一種半開、半醉的狀態，在領略秋的過程上，是不合式的。

此段敘述之後，他才開始具體鋪陳北平秋天的諸般風景。郁達夫在此插入一段敘述，並非岔出主題、節外生枝，而是有其積極意義的，一方面以江南之秋與北國之秋互為對照，一方面在文章前後造成呼應。本文末段又重提：

南國之秋，當然是也有它的特異的地方的，譬如廿四橋的明月、錢塘江的秋潮、普陀山的涼霧、荔枝灣的殘荷等等，可是色彩不濃，回味不永。比起北國的秋來，正像是黃酒之與白乾，稀飯之與饃饃，鱸魚之與大蟹，黃犬之與駱駝。

由此映顯出北國之秋的可貴。這種內容上南北對照與形式上前後呼應的技巧，造成文勢有開有合，因而文章顯得更加迴盪多姿、耐人品味，是作者別具慧心之處。

至於在全文主體——「故都」之「秋」的描寫上，郁達夫則捨棄了對於北平名勝的秋景描繪，轉以尋常生活景象，勾勒出故都之秋的圖景：

在北平即使不出門去罷，就是在皇城人海之中，租人家一椽破屋來住著，早晨起來，泡一碗濃茶，向院子一坐，你也能看得到很高很高的碧綠的天色，聽得到青天下馴鴿的飛聲。從槐樹葉底，朝東細數著一絲一絲漏下來的日光，或在破壁腰中，靜對著像喇叭似的牽牛花（朝榮）的藍朵。自然而然地也能夠感覺到十分的秋意。

此段描寫別出機杼，看似平淡無奇，實則更貼切點出了秋意於古都裡的無所不在。以下郁達夫再分寫牽牛花、槐樹、秋蟬、秋雨、棗子樹等在北平的風姿，處處都有文人特別細膩幽微的體會，且舉寫槐樹一段為例：

北國的槐樹，也是一種能使人聯想起秋來的點綴。像花而又不是花的那一種落蕊，早晨起來，會鋪得滿地。腳踏上去，聲音也沒有，氣味也沒有，只能感出一點點極微細極柔軟的觸覺。掃街的在樹影下一陣掃後，灰土上留下來的一條條掃帚的絲紋，看起來既覺得細膩，又覺得清閑，潛意識下並且還覺得有點兒落寞，古人所說的梧桐一葉而天下知秋的遙想，大約也就在這些深沉的地方。

這裡隱隱約約勾勒出一些深沉的文化意涵。果然在以自然景物表現北平之秋的各個側面後，郁達夫便開始縱橫其精通中西文學的根底，將文筆轉向人文的論述，由中國文士的傳統，到外國詩人對於秋的歌頌與悲啼，作者歷歷數出，意在提示「秋之於人，何嘗有國別，更何嘗有人種階級的區分呢？」後段的人文內涵扣住前段葉落知秋的體會，以及北平人念錯的歧韻，使得文章更添富有古典氣息的文化意識。

經過此番巡禮，可以看出作者在結構布局上的用心之處，種種鋪排終於加深了主題的說服力：

這秋的深味，尤其是中國的秋的深味，非要在北方，纔感受得到底。

此中另外含藏的，其實更是作者對於生命真味的體會。由此我們又得一啟示：文章形式上的結構安排可以亦步亦趨、依樣畫葫蘆，但內涵的深刻與否則非一朝能夠成就。如何深化主題，使內容更增厚度，歸根究底仍有賴閱讀、生活等長期的浸淫與歷練。

同樣寫秋景秋意，林語堂又是如何表現抽象的感受呢？相較於〈故都的秋〉的筆法，〈秋天的況味〉在構思上則體現了另外兩項特色。首先，〈故都的秋〉在空間上以江南與北國之秋互為對照，〈秋天的況味〉則在時間上以春、夏、冬各季映襯出秋天的特色：

秋確有另一意味，沒有春天的陽氣勃勃，也沒有夏天的炎烈迫人，也不像冬天之全入於枯槁凋零。我所愛的是秋林古氣磅礴氣象。

秋是代表成熟，對於春天之明媚嬌豔，夏日之茂密濃深，都是過來人，不足為奇了，所以其色淡，葉多黃，有古色蒼蘢之概，不單以葱翠爭榮了。

簡短數筆，點染出四時特具的風姿。此外，郁達夫在〈故都的秋〉中對於北平的種種秋景做了細膩的描繪，林語堂在本文裡則大量運用比喻手法，表現所謂「秋天的況味」，舉凡「如我菸上的紅灰，只是一股熏熟的溫香罷了」、「如文人已排脫下筆驚人的格調，而漸趨純熟練達，宏毅堅實，其文讀來有深長意味」、「比如酒以醇以老為佳」、「如一隻熏黑的陶鍋在烘爐上用慢火燉豬肉時所發出的鍋中徐吟的聲調」、「或如一本用過二十年而尚未破爛的字典，或是一張用了半世的書桌，或如看見街上一塊熏黑了老氣橫秋的招牌，或是看見書法大家蒼勁雄深的筆跡」、「如女人發育健全遭遇安順的，亦必有一時徐娘半老的風韻，為二八佳人所絕不可及者」，種種鮮活生動的比喻排山倒海而來，較諸對景物逐一作白描的手法，此種技巧無疑開展了讀者更大的想像空間。

就如同本文開端作者所呈現出的畫面一樣，在秋日黃昏裡獨坐沙發抽煙，看煙霧繚繞、漸漸消散，菸灰落地無聲無息的景象，其實已精確傳達出作者對於秋天的感受：溫和、幽雅、清靜、古熟，此為全文主題。這種體會自然不同於古人的悲秋意識，而係作者個人心境的投射。因此文末林語堂再引鄧肯之語作結：

世人只會吟詠春天與戀愛。真無道理。須知秋天的景色，更華麗、更恢奇，而秋天的快樂有萬倍的雄壯驚奇、都麗。我真可憐那些婦女識見偏狹，使她們錯過愛之秋天的宏大的贈賜。

一方面為自己的體會加強論證，另一方面也展現了文質彬彬的學者氣質。林文與郁文在表現秋天情致的筆法上各擅勝場，由境界的體會到文章的布局，都有匠心獨運之處，相當值得讀者反覆玩味。

以上兩篇文章是以季節為主角，全力鋪陳描繪。同樣寫秋天的景致，有時因為創作者個人的體會不同，便可能延展出主題意涵各異的篇章。例如在張秀亞所寫的〈秋日小札〉中，「秋」便成為點染作者心情的一種背景，在此季節色彩的鋪墊下，作者真正要表達的主題其實是「鄉愁」。題目既名為「秋日小札」，全文便以書信體文學的形式開展。在散文的所有文類中，書信是最能拉近作者與讀者之間的距離，從而更有效傳遞思想、感情的一種寫作形式，張秀亞在此文中以「菁菁」為受信對象，文首便採呼告方式行文：

菁菁，你浣衣古潭，水面生涼，我看見你的影子在水面顫抖了。而當你歸去，獨木橋上，月明如霜，正是一個銀色的夜，殘荷上的水珠滑落了，一切靜寂，過路的只有微風同你，更不聞青蛙跳水的聲響。

一派親切的抒情筆調。在這種氛圍的營造下，讀者很容易遞位為感覺上的受信人，書信的訊息也會直接投射到讀者身上，使讀者完全融入了作者所塑造的情境，以及所傳達的思想感情當中，這是張秀亞寫作此文時慧心獨具之處。

在文章開首的呼告之後，作者開始描繪背景季節——秋天的百般風姿：

秋天來了，它隨著牽牛花的殘朵，嵌進了竹編的門同小窗子，於是，秋意滿了屋子，連回憶也凝結了，還有夢。……

如果春天是珠圓玉潤的小詩，夏日是管絃嘈切的歌劇，而秋天則是一篇優美的神話，富於想像，更富於色彩。你不覺得它像一個鄉村美人(village beauty)麼？乍得了遠親姨祖母的首飾箱，遂天真的在人前儘量炫弄了，樹上綴滿了明月璫似的小果子，而那紫水晶似的葡萄珠，把枝子都壓彎了。……

這兩段文字將秋景描寫得詩情畫意；而在此等華麗多彩的筆調下，張秀亞所體會到的秋天，與郁達夫眼裡清靜悲涼的秋景，林語堂筆下優雅古熟的況味，自然是各異其趣了。

在大段抒情的筆調下，我們還能夠輕易找出數句伏筆，例如「秋意滿了屋子，連回憶也凝結了，還有夢」、「秋天使你感傷嗎？孩子，秋天也在安慰你，你可感到它的豐富」、「如果說春天像一個戀人，秋天不是更像一個母親麼？」

從第四段開始，全文的主題逐漸凸顯，原來作者喜愛秋天的原因，是因為秋景裡承載了許多她少女時的回憶，以及她對故鄉的眷戀與想望之情。這個主題的表達，在秋景的烘映下益顯得婉約動人，同時與前兩段的伏筆達到極好的呼應。正因為秋天「像一個母親」，正因為秋天除了使人感傷之外，它「也在安慰你」，因此作者在回憶感傷之後，最後是以充滿希望的語調作結：

菁菁，微笑吧，這是秋天，這是秋天裡的春天。讓我們把春天的遠景，嵌在秋日的窗口。

整體看來，這篇文章在布局上的順序，側重以作者主觀的感受與情緒的波動來組織內容，看似信筆行之，其實內在是有其心境順序的。至於以「菁菁」為受信者的呼告，及文章前後的呼應，則使全文更體現出一種完美的和諧感。這種和諧感與作者所使用的優美文辭，以及所傳達出的蘊藉情感，又是完全融為一體的。

最後，我們再略談兩篇描寫冬季的散文。〈白馬湖之冬〉是夏丏尊最膾炙人口的作品，文章的特殊之處在於集中焦點，拈出「風」這一主題作為描寫重心。全文以「風」字立骨，而在篇末作者始點出：

> 我在那裡所日常領略的冬的情味，幾乎都從風來。白馬湖的山水，和普通的風景地相差不遠；惟有風，卻與別的地方不同。風的多和大，凡是到過那裡的人都知道的。風在冬季時人的感覺中，自古占著重要的因素，而白馬湖的風尤其特別。

尖峭的風儘管特別，但若無創作者的慧心巧思，又如何能化身為白馬湖冬天的代表，永存讀者心中？這種拈出主題，以一字立骨的作法，相當值得創作者深思學習。

本文另一項動人之處在於作者寫風、寫自然景觀的同時，還和「人」聯繫起來，使文章更具神韻。例如他寫自己讀書的景況：

> 靠山的小後軒，算是我的書齋，在全屋子中是風最少的一間，我常把頭上的羅宋帽拉得低低地在油燈下工作至深夜。松濤如吼，霜月當窗，飢鼠吱吱在承塵上奔竄，我於這種時候，深感到蕭瑟的詩趣，常獨自撥畫著爐火，不肯就睡，把自己擬諸山水畫中的人物，作種種幽邈的遐想。

除此之外，他也寫全家人正享受冬天難得的日光，風一刮來，倉皇而逃的狼狽；也寫下雪時的清靜遼遠。在此風成為人們生命的一部分，因此篇末夏丏尊寫道：

現在，一家僦居上海多日了，偶然於夜深人靜聽到風聲的時候，大家就要提起白馬湖來，說「白馬湖不知今夜又刮得怎樣厲害哩！」

一派視風為多年老友的語氣！可見文章之所以感人，要訣無他，全在於作者的情思是否真摯、是否投入。朱自清的〈冬天〉亦然，在此文中他不以自然現象為描繪主體，而是更直接切入人情的描繪上。

〈冬天〉全文共分四段，首段寫冬日裡吃熱豆腐的回憶，「我們都喜歡這種白水豆腐；一上桌就眼巴巴望著那鍋，等著那熱氣，等著熱氣裡從父親筷子上掉下來的豆腐」，回憶裡透顯的其實是對父愛的孺慕。二段轉寫冬日裡與友同遊西湖的情誼。至於第三段，寫一家四口同在台州過冬的景況尤其感人：

外邊雖老是冬天，家裡卻老是春天。有一回我上街去，回來的時候，樓下廚房的大方窗開著，並排地挨著她們母子三個；三張臉都帶著天真的微笑向著我。似乎台州空空的，只有我們四人；天地空空的，也只有我們四人。那時是民國十年，妻剛從家裡出

> 來，滿自在。現在她死了快四年了，我卻還老記著她那微笑的影子。

本文在結構安排上可說相當簡潔，以三個大段落描繪出三幅畫面，表現出父愛、友情及愛情，寒中見暖。而在篇末，作者始以第四段總括全文：

> 無論怎麼冷，大風大雪，想到這些，我心上總是溫暖的。

「溫暖」在文末點出，遂成為全篇的「文眼」，韻味淡遠，不留痕跡。

寫四時風光的佳構還有很多，有人別出心裁，從文人較少描繪的夏季著眼，例如大陸作家曹國瑞的〈夏歌〉，便將濃夏寫得熱烈奔放、生氣勃勃；有人轉用象徵手法，將四季擬為人生的四個階段，張潔〈我的四季〉一文便是。總之運用之妙，存乎一心，創作的題材其實俯拾可得，端視個人如何用心體會，如何細心安排了。

筆記欄

第八講 空間漫步

「旅遊」應當是許多人所共有的生活經驗，遊而有感，感而作記，然而因所遊之地各異，筆下的景致自然異采紛陳；即使同遊一方，由於所感所思不同，文章也會呈現出相異的內涵。因此對讀者而言，遊記體文章不僅引領人進行了一次空間的漫遊，同時也對作者做了某種程度的心靈巡禮。

遊記類的散文自古有之，柳宗元的〈永州八記〉便是遊記文學極佳的範本。以〈始得西山宴遊記〉一文為例，此為八記中的第一篇，全文以描寫「西山之怪特」為主體，從而得「心凝形釋，與萬化冥合」的精神境界。在內容構思上，本文的特色是「文題呼應」，既名為「始得」，作者在首段末尾便由反面切題，言「未始知西山之怪特」，以此句引出西山，點題中的「得」字。除此之外，文中二段有「始指異之」，四段有「然後知吾觴之未始遊，遊於是乎始」等句，在在點出標題中「始」字的重要性。至於「引觴滿酌，頹然就醉」句，用意在呼應題中的「宴」字；「漫漫而遊」、「遊於是乎始」在點題中的「遊」字；「故為之文以志」則自然是有此「記」之所由了。可見本文在寫作布局上步步關照、絲絲入扣，完全做到了文題之間的緊密扣合。

遊記文學固然可以純粹記遊，描繪某次愉悅的旅行經驗，但若能加入作者內在心靈感受的抒發，則文章必然更加耐人尋味，柳宗元此文就屬這一類型。文章寫作背景及心境在開首便明白揭出：「自余為僇人，居是州，恆惴慄」，可見被貶永州時期，柳宗元內在的心情是相當憂鬱不安的。但自「始」得西山後，美景當前，令他多所感觸，於是由二段的「攀援而登，箕踞而遨，則凡數州之土壤，皆在衽席之下」，到三段體悟到「然後知是山之特出，不與培塿為類，悠悠乎與灝氣俱，而莫得其涯；洋洋乎與造物者遊，而不知其所窮」，乃至於終段有「心凝形釋，與萬化冥合」的美好體驗，可見在自然的啟悟下，柳宗元完全獲得了心靈的釋放，由此達天人合一的境界；而全文的內涵也因為此種體悟而益顯深刻。

同樣以遊記體行文，以抒發個人所感所思為依歸，王安石〈遊褒禪山記〉的表現方式便與柳文迥異其趣。本文採明白說理的策略行文，記載作者因遊洞之艱險曲折，所萌發關於人生世事的哲理聯想。王安石與友本為遊山攬勝，卻因失諸檢察，功虧一簣，對於「不得極夫遊之樂」因此充滿了懊惱之心。此時作者筆鋒一轉，先以一段文字作為過渡：「於是予有嘆焉，古之人觀於天地、山川、草木、蟲魚、鳥獸，往往有得，以其求思之深，而無不在也。」以此連綴文意、貫通文氣，文章的思路也就由遊山轉寫治學。以下作者更進一步，以「而世之奇偉瑰怪非常之觀，常在於險遠，而人之所罕至焉。故非有志者，不能至也」一句作為文眼，引出一大篇煙波浩渺的議論，由此申明「志」、「力」、「物」三者的關係，說明治學亦如遊山，當「不畏險遠」方能有所成就。由此遊歷的感想乃昇華為精深的見解，作者未盡的遊興也在議論中得到了宣洩。

「不畏險遠」是王安石所欲揭發的哲理之一，另一治學之要則在於「深思慎取」。本文在首段曾言「有碑仆道，其文漫滅」，以致謬傳花山為華山，看似與真正的遊歷無關，其實已為下文的議論預設伏筆。此段伏筆在篇末得到照應，末段言：「余於仆碑，又以悲夫古書之不存，後世之謬其傳而莫能名者，何可勝道也哉！此所以學者不可以不深思而慎取之也。」完全與文首前後照應，從仆碑以訛傳訛的情形，聯想及社會上相沿失實的普遍現象，由此引出為學必須「深思慎取」的道理，內容首尾映照，益顯深刻。

現代散文作家的遊記作品亦所在多有，早期謝冰瑩的《冰瑩遊記》、鍾梅音的《海天遊蹤》等作品固然人盡皆知，晚近的遊記散文如阿城《威尼斯日記》、莊裕安《巴爾札克在家嗎》等也不勝枚舉，不妨以民初及當代兩位散文作者寫翡冷翠的遊記為例。

首先，徐志摩的〈翡冷翠山居閒話〉早為民國以來的美文名篇之一。作者並不寫特定的一時一地之景物，而純粹以悠閒的筆觸信筆行之。首先他告訴讀者，在翡冷翠春天的傍晚出門散步，乃為赴一場美的饗宴。以下數段，徐志摩一一提出他的「散步指南」：衣著須輕鬆、體態別在意，另外，不須約伴也不必帶書，如此才能充分享受漫遊的喜悅。綜觀全文，在美好的音調與疊句的渲染下，色彩美與音樂美處處充斥。雖然作者並不寫翡冷翠素有美譽的歷史文物，也不仔細描摹自然景物的細節，但一種「美」的觀照與感受，自然由文中漫漫流洩；同時作者一貫的「自然崇拜」心緒，也在篇中一覽無遺。徐志摩筆下的翡冷翠，是一充滿了花香鳥語，自然能予人無盡啟迪的人間天堂。

同樣寫翡冷翠，林文月卻出之以冷靜理性的觀照。在〈翡冷翠在下雨〉一文中，作者進行的是歷史與藝術的巡禮，面對蒼老而精緻的建築物、面對米蓋蘭基羅等大師的作品，她不能不起千古歲月悠悠，人類智慧卻不朽的感慨。但「能入復能出」的靈慧正是作者在本文中所表現的匠心獨運之處，對於此種體認，她藉由以下對話呈現：

「生為翡冷翠的人，你一定很驕傲吧？」我禁不住這樣問那位中年的導遊者。

「我當然是很高興做一個翡冷翠的人啦。但是，說實在的，我可沒有天天生活在感動之中。人總是要顧及現實的。」最後那句話，他壓低了嗓門說。

這時，有鐘聲傳來。發自遠方近方、大大小小各寺院鐘樓的鐘聲齊響。每一個行人都習慣地看一看自己的手錶。

「請對時吧。這是五點半的鐘聲。」導遊者附帶加了一句說明。

鐘聲響起，所暗示的正是眾人當由對古典的巡禮回歸現實。而在結句，作者寫道：

我也看了看手錶。一點三十分，這是臺北的時間。有一滴雨落在錶面上。

收尾所寫的「雨」，正為與篇首形成呼應：

車抵翡冷翠時，正下著雨。帶一絲寒意的微雨，使整個翡冷翠的古老屋宇和曲折巷道都蒙上一層幽黯與晦澀，教人不禁興起思古之幽情。

這種雨，不大可也不小，有些兒令人不知所措。若要打傘，未免顯得造作而且不夠瀟灑；若收起了傘，不一會兒功夫頭髮和肩上都會淋溼，只好豎起外套的衣領了。

作者細筆寫翡冷翠的雨景，正為營造一種如煙如霧、似夢似幻的迷濛氛圍，在此氛圍下走訪翡冷翠街道，不能不令人發思古之幽情。然而遊覽既畢，鐘聲亦響，那落在錶面的一滴「雨」在全文的構思上，一方面點題，另一方面也與篇首呼應，形成時空的連續感；

更重要的是，前後對雨的描繪映照到文中作者的所見所思，不免令人興起時空悠渺的感動，也印證了「剎那足成永恆」的體會。因此貫串全文的「雨」，正是本文結構上特殊之處。至於在內涵表現上，女性作家的知性思索也恰與男性作家的感性抒發，形成頗為有趣的對照。

除了旅遊之外，日常生活中我們在有限的空間裡漫步，所見所聞、所思所感，也都是書諸筆下的好材料。你可曾留意過住家附近的活動空間，在習以為常的生活步調裡產生了什麼微小的變化？也許巷口最近擺起了個小麵攤，也許街頭又開了家補習班，那麼隨之而來的活動人口與生活事件，是不是也產生了新的組合、新的景觀？如果你的觀察觸角夠敏銳，生活中將無時無刻不充滿了發現的樂趣。亮軒〈和平東路的故事〉與子敏的〈散步大道〉二文，便是記錄住家附近生活環境變遷的好文章。

〈和平東路的故事〉為文原由乃因拆遷重建的工程使環境改變，作者不得不有感而發：

科學法術如此高明，變得如此澈底，即使是在和平東路上蹭了半個世紀的人，也很難透過新生的、整齊劃一的表皮，再勾摹出和平東路的老舊面貌，於是，那過去的五十年，便只好化作似有似無的夢了。如果兒孫輩願意聽故事，他們聽到的和平東路的過去，便似嫦娥奔月的神話般，既悠遠又浪漫。

基於一分緬懷過往的情懷，作者開始縷縷陳述和平東路昔時的樣貌及其人文活動。過去的二段是「一條寧靜的、稻香裡間著雞鳴狗吠的路，偶爾有輛吉普車通過，大家就會放下手頭的工作，朝那輛車行注目禮的路」；三段底是「荒郊野外」；至於和平東路一段路頭，則是「軟紅十丈的界限」，作者筆下所勾勒出的和平東路，是一片稻浪翻飛，大夥兒呼朋引伴、親如家人的農村景致。

緊接著，作者以下文作為過渡，引出和平東路今昔的差異終不免發生：

世界上有一條和平東路儘夠了，從小到老，每天搖來擺去，絕沒有人感到膩味，誰曾經想到過了？有一天一輛計程車只消五分鐘不到，就可以把它從頭頂輾到腳跟。

從此開始，作者寫「物質文明」對和平東路的滲透，由三段、二段至一段，短短一截和平東路迅即被改頭換面、被「開膛破肚」，以至於最後「老鼠搬家，蟑螂遁走，連蚊蠅都不屑一顧。」

由全文作意看來，作者的目的在存證紀實，以供日後回憶。而由內容的構思與布局分析，題目既名為「故事」，在時間安排上，作者便採取順敘的筆法，歷敘和平東路由昔到今的演變；而在空間鋪衍上，則在「和平東路」一、二、三段之間跳動敘述，形成一幕幕在空間漫步下分散的景觀素描。所有分散的畫面呈現最後又有一個統一的情感主軸，此主軸即作者撫今追昔的喟嘆，文末一段：

最令人難堪的，是他們竟然也喚之為「和平東路」。

清楚點出了作者最後的情感歸趨。

同樣寫一條馬路今昔變化的歷程，子敏在〈散步大道〉一文中則呈現出與亮軒不盡相同的體認與因應態度。子敏的「散步大道」指的是其住處及周圍環境——重慶南路二、三段。在文章的布局安排上，與亮軒〈和平東路的故事〉一文類似，作者基本上也採順敘的筆法，在開場白之後，先敘述過去重慶南路三段的景況：

一部汽車進去，路兩邊的住家都會有「有一部汽車進來啦」的清醒感覺。儘管離它不遠的地方整天的「車如流水」，但是進入這條馬路的汽車只能論「滴」。

在地理位置及人文活動敘述完畢後，作者同樣以一個段落作為過渡：

有一天，報紙上所提到的測量員來了，挖土機來了，螞蟻一樣多的工人來了，鋼鐵、水泥、工程車都湧進了這個區域。這是一篇「現代童話」，非常現代的。在我們忙著上班下班，忙著再上班再下班，忙得日子過得像一種體操的時候，重慶南路三段幾乎是在「一夜之間」完全被「整容」了。

整容後的重慶南路，在作者眼中呈現一種「直」的「幾何美」，從前的隱祕遂一轉為現在的寬廣。

同樣寫住家所在一條馬路今昔變化的滄桑，同樣以順敘的筆法娓娓道來，子敏此文較特殊的一點在於他在文末抒發了較多個人的感受；更難能可貴的是，由此恰可見作者樂觀自信、隨遇而安的人生哲學。一般人對於昔日生活不免眷戀，對於物質文明的破壞不免咒罵，子敏此文在記錄道路變遷過程的同時，雖也有緬懷之意，但他更能進一步轉換心境，看待其所帶來「文化」吸收的便利性，並且在篇末以豁達的態度因應環境的變遷：

我要使這條路對我不陌生。我要用我的「網」克服它的「陌生的壓力」，我要把一切重新編織起來。

配合輕鬆詼諧的敘事語調，全文更充滿了積極向上的奮發情調。

所謂「空間漫步」大可在旅遊中拓展眼界，小則可及於家居生活點點滴滴。尋常歲月裡其實無事無物不可入題，小小一方荷塘，便能引來文學家對它多所青睞。試以朱自清的〈荷塘月色〉及顏元叔〈荷塘風起〉二文為例。

在〈荷塘月色〉中朱自清以「這幾天心裡頗不寧靜」一句領起全文，是典型於篇首確立「文眼」的作品。以下作者於三段抒發在淡淡的月光下，「像超出了平常的自己」，「什麼都可以想，什麼都可以不想，便覺是個自由的人」；第六段言「但熱鬧是牠們的，我什麼也沒有」；第七段想起六朝采蓮趣事，指稱自己已「無福消受」等，都是首句內心頗不寧靜的折射。可見對於這種不寧心緒的抒發，是作者漫步荷塘的動機，也是本文的創作緣起；而作者在篇首便確立文眼，可謂綱舉目張。

在內容的構思方面，本文一方面融抒情於寫景，一方面又將知性的聯想穿插於感性的體會中。前六段主要在寫景，作者以細膩的文筆描繪荷塘中的花葉、浸潤其間的月光與青霧，以及四面的楊柳及遠山，由近及遠，工筆鋪陳，最後歸結於「但熱鬧是牠們的，我什麼也沒有」，表面寫景，實則為抒心中之情。自第七段起，作者開始引經據典：

> 忽然想起采蓮的事情來了。采蓮是江南的舊俗，似乎很早就有，而六朝時為盛；從詩歌裡可以約略知道。采蓮的是少年的女子，她們是蕩著小船，唱著豔歌去的。采蓮人

不用說很多，還有看采蓮的人。那是一個熱鬧的季節，也是一個風流的季節。梁元帝〈采蓮賦〉裡說得好：

於是妖童媛女，蕩舟心許；鷁首徐迴，兼傳羽杯；櫂將移而藻挂，船欲動而萍開。爾其纖腰束素，遷延顧步；夏始春餘，葉嫩花初，恐沾裳而淺笑，畏傾船而斂裾。

可見當時嬉遊的光景了。這真是有趣的事，可惜我們現在早已無福消受了。

於是又記起〈西洲曲〉裡的句子：

采蓮南塘秋，蓮花過人頭；低頭弄蓮子，蓮子清如水。……

此又是將知性的聯想，穿插入前六段感性的體會中。以下收束，言「輕輕地推門進去，什麼聲息也沒有，妻已睡熟好久了」，又與篇首「妻在屋裡拍著閏兒，迷迷糊糊地哼著眠歌。我悄悄地披了大衫，帶上門出去」達到完美的呼應。總體說來，全文在結構的安排及情感的表達上都有放有收，不至於漫無歸趨，實在頗符合朱自清拘謹保守的個人氣質。

若將顏元叔〈荷塘風起〉一文與之相較，二者同在藉由周遭環境抒發內心的感受，但由結構安排上觀察，顏元叔此文對於荷塘的描寫，由長堤上的觀景到尖頂亭的看荷；由尖頂亭的佇留遠眺數丈餘外的小島以及對岸的歷史博物館，再順行至荷塘西側，文章的基本走向乃依「空間順序」行之。而朱自清的〈荷塘月色〉則一以「心境順序」統領，作者一面描寫荷塘各種景色，或寧靜，或熱鬧；一面抒發內心情緒，或哀愁，或明淨，一種希望超脫卻又無法擺脫的心境貫串全文。這是二文在布局上各異其趣之處，至於如何決定結構安排的順序，則端視創作內容的需要了。

第九講　人情觀照

在時空座標下活動，人類一生所經歷的人物，以親人、愛人和友人居多。關於愛情的體悟書之於文者，我們已在第六講提及。而談到表達親情的文章，朱自清的〈背影〉自然是不能錯過的佳篇。

〈背影〉一文寫作者對父親的思念之情。在與親人相處的漫漫歲月裡，可供記述的生活瑣事何其之多，但朱自清此文最為特殊的地方，在於他只選取了一個場景集中描繪，試看以下這段文字：

我說：「爸爸，你走吧。」他望車外看了看，說：「我買幾個橘子去。你就在此地，不要走動。」我看那邊月臺的柵欄外有幾個賣東西的等著顧客。走到那邊月臺，須穿過鐵道，須跳下去又爬上去。父親是一個胖子，走過去自然要費事些。我本來要去的，他不肯，只好讓他去。我看見他戴著黑布小帽，穿著黑布大馬褂深青布棉袍，蹣跚地走到鐵道邊，慢慢探身下去，尚不太難。可是他穿過鐵道，要爬上那邊月臺，就不容易了。他用兩手攀著上面，兩腳再向上縮；他肥胖的身子向左邊微傾，顯出努力的樣子。這時我看見他的背影，我的淚很快地流下來了。我趕緊拭乾了淚，怕他看見，也怕別人看見。我再向外看時，他已抱了朱紅的橘子往回走了。過鐵道時，他先將橘子散放在地上，自己慢慢爬下，再抱起橘子走。到這邊時，我趕緊去攙他。他和我走到車上，將橘子一股腦兒放在我的皮大衣上。於是撲撲衣上的泥土，心裡很輕鬆似的，過一會說：「我走了；到那邊來信！」我望著他走出去。他走了幾步，回過頭來看見我，說：「進去吧，裡邊沒人。」等他的背影混入來來往往的人裡，再找不著了，我便進來坐下，我的眼淚又來了。

父親的「背影」在本文中是最鮮明突出的形象，作者不但選取此單一場景作為父愛的表徵，同時在行文中又鉅細靡遺地描繪，達到相當深刻的強化作用，因而也使素材凝聚出強大的表現力和感染效果。讀者看到此處，大概很少不為之動容的。

除了取材方面集中焦點全力描繪之外，這篇文章在作法上還有幾項特殊之處。一為

「文題照應」的寫作方式。本文既題為「背影」，在內容安排上，「背影」這條線索便不斷反覆出現，如樂章中的主題句。開篇言：「我與父親不相見已二年餘了，我最不能忘記的是他的背影。」直接點題；中段描寫父親買橘子時蹣跚狼狽的樣子，「這時我看見他的背影，我的淚很快地流下來了。」此處是全文高潮；至於父子分手後，「等他的背影混入來來往往的人裡，再找不著了，我便進來坐下，我的眼淚又來了。」是場景描繪的再次強化；末段展讀家書，「在晶瑩的淚光中，又看見那肥胖的，青布棉袍，黑布馬褂的背影。」此處所述思念之情又再扣背影，因此文題之間的呼應緊密而深刻。

其次本文運用「虛實相間」的布局安排也相當值得注意。告別是作者最難忘的一幕，是實寫；但全文卻在前後穿插父親一生辛勞的點染式回憶，這是用筆極省的虛寫。因為虛寫的烘托，實寫部分乃更為有力，也更能將主旨深刻表現。總之，朱自清〈背影〉一文全由日常生活出發，因為能將事件予以提煉、昇華，因此平凡的橘子遂能成為父愛最深刻的表徵，它是「朱紅」（熱烈）的，而且是「一股腦兒」給予作者（毫無保留地付出）的。

除了父愛之外，「母愛」當然也是一永恆性的命題，在此以王鼎鈞的〈一方陽光〉為例。不同於朱自清〈背影〉白描式的寫法，〈一方陽光〉全文充滿了隱喻。作者以三大部分構成本文，第一部分說明「一方陽光」的所在，首三段先言四合院建築之陰暗，由此映襯出四段所言一方陽光之可貴。第二部分則描寫在此陽光下所呈現的活動狀態：

現在，將來，我永遠能夠清清楚楚看見，那一方陽光鋪在我家門口，像一塊發亮的地毯。然後，我看見一只用麥稈編成、四周裹著棉布的坐墩，擺在陽光裡。然後，一雙謹慎而矜持的小腳，走進陽光，停在墩旁，腳邊同時出現了她的針線笸。一隻生著褐色虎紋的狸貓，咪嗚一聲，跳上她的膝蓋，然後，一個男孩蹲在膝前，用心翻弄著針線笸裡的東西，玩弄古銅針頂和粉紅色的剪紙。那就是我，和我的母親。

以下再分由靜態與動態兩方面敘寫。靜態部分寫母親在一方陽光下做針線；「我」唸故事給母親聽；貓則在旁打鼾的情狀。動態部分則敘述「我」請母親挪動位置，好讓另一隻腳也能曬到陽光，結果貓兒跳走，我亦一去不回的情形。至於第三部分，則主要敘述母親的一個夢境：

母親說，她在夢中抱著我，站在一片昏天黑地裡，不能行動，因為她的雙足埋在幾寸厚的碎琉璃碴兒裡面，無法舉步。四野空空曠曠，一望無邊都是碎琉璃，好像一個琉璃做成的世界完全毀壞了，堆在那裡，閃著燐一般的火焰。碎片最薄最鋒利的地方有一層青光，純鋼打造的刀尖才有那種鋒芒，對不設防的人，發生無情的威嚇。而母親是赤足的，幾十把琉璃刀插在腳邊。

我躺在母親懷裡，睡得很熟，完全不知道母親的難題。母親獨立蒼茫，汗流滿面，覺得我的身體愈來愈重，不知道自己能支持多久，母親想，萬一她累昏了，孩子掉下去，怎麼得了？想到這裡，她又發覺我根本光著身子，沒有穿一寸布。她的心立即先被琉璃碎片刺穿了。某種疼痛由小腳向上蔓延，直到兩肩、兩臂。她咬牙支撐，對上帝禱告。

就在完全絕望的時候，母親身旁突然出現一小塊乾淨明亮的土地，像一方陽光這麼大，平平坦坦，正好可以安置一個嬰兒。謝天謝地，母親用盡最後的力氣，把我輕輕放下。

我依然睡得很熟。誰知道我著地以後，地面忽然傾斜，我安身的地方是一個斜坡，像是又陡又長的滑梯，長得可怕，沒有盡頭。我快速的滑下去，比飛還快，轉眼間變成一個小黑點。

在難以測度的危急中，母親大叫。醒來之後，略覺安慰的倒不是我好好的睡在房子裡，而是事後記起我在滑行中突然長大，還遙遙向她揮手。

全文結束在母親因此夢境而對「我」的提問，並自謂「只要你爭氣，成器，即使在外面忘了我，我也不怪你」。

除了夢境的呈現是一重要關鍵外，本文其他部分亦充具了含蓄之美。例如寫在陽光下母親因腳痛、刺繡刺破指頭而咬牙的情況，其實暗指母親對兒子終將離開一事感到憂慮，所以心煩，所以刺破手指，所以咬牙。寫母親終於聽勸將座位搬到對面後，「狸貓跳到院子裡去，母親連聲喚牠，牠裝做沒有聽見；我去捉牠，連我自己也沒有回到母親身邊」，其實亦寫出了兒子有朝一日終將離開老母的殘酷事實，那「一方陽光」象徵的正是母愛的溫煦，但親情又怎能牽絆得住青年的夢想或改變時代離亂的悲劇呢？最末夢境中所示，尤其含蓄點出了母親的憂慮、感傷和不捨，以及兒子單純、天真而躍躍欲試的心，二者形成強烈對比。本文寫母愛的偉大不勞半句歌頌之辭，卻藉由動人的隱喻，將一個母親的心情表達得淋漓盡致，寫法可謂盡得含蓄之旨。此與朱自清望父背影而不斷「流淚」的陳述，自是截然不同的表達方式。

其次言表現友情的文章。琦君的〈一對金手鐲〉是典型佳例，作者追憶自己與乳母女兒「阿月」過往的一段情誼，在首段點題之後，便以順敘筆法開展兩人交往的始末。由吸吮同樣乳汁、親如雙胞胎的嬰兒，長成十七、八歲的小大人，橫亙在兩人中間的除了時空阻隔外，還有貧富差距、學歷懸殊等種種現實問題，兩人終於不得不漸行漸遠。這篇文章在內容構思上有兩項特色，一是場景的選擇簡明清晰，其中「我」與阿月燈下談話的一段尤其是重點所在。二則以物言情，象徵意涵豐富。舉凡金手鐲、油菜燈花等，在作者細膩的體會與有情的眼光觀照下，俱能衍生出豐富的意涵。可見只要用心，再平凡的生活素材都能夠在作家筆下化腐朽為神奇。

同樣寫小女孩之間的友情，同樣以童稚筆調敘事的散文另有方娥真的〈顧盼〉。本文的主題在寫知音之難覓，此在首段便已開宗明義地點明：

> 我想找一個知道我的人，故每天背著書包上課放學，一條路，從院子到學校，又從學校回到家，找了又找，也沒找到那個人，已經走過千萬遍，途中的風景又沒什麼變化，單調極了。雨打風吹，花開花謝，都是我自己一個人在呢呢喃喃。我總是該把自己喜愛的話說給我所喜歡的人聽啊。

以下作者便展開對此一心靈相契者的尋覓。相較於琦君〈一對金手鐲〉中所記錄的漫漫歲月，本文在時間歷程上明顯縮短許多，是作者初中時代的記事。由於時間短，因此在材料安排上縱使不採順敘筆法，也不至於雜亂無章。本文重點在寫小女孩間親密又隔閡的感情，而作者在內容構思上顯然對事件選取做了有機的安排。在初識階段，「我」和亦清兩人的性格便呈顯出明白的對比，一溫和，一剛烈，此為衝突面；其次亦清言欣賞「我」說話的坦白，此為兩人的和諧面；再次亦清言喜歡「我」臉上的酒渦，「我一聽就覺得不對勁，……我最不喜歡每人一看到我，就這樣說」，是為兩人間隱藏的衝突點；之後亦清指導「我」做功課、帶「我」上街，這又是兩人和諧相處的一面；然而亦清抱怨街上吵，「我」卻覺得車輛和人物有一種靜靜的流動美，在此又展現出兩人性情氣質上的差異。此種差異愈來愈明顯，終於導致兩人的和諧最後破裂：

我已經把她當為我最好的朋友了。我隨她去她的家。一路上我常常看到街邊房屋的圍牆裡，有些樹葉或花很美，我就指給她看。她似乎沒有同感。淡然的說：「是嗎？我一點也不覺得有什麼地方美。」我聽了很不舒服，就說她奇怪。我一面看一面讚美，她卻不以為然。……

顯然兩人之間心靈上的隔閡愈來愈大，終於敵不過外來者無意中的介入：

有一天，班上有個女孩來和我談。她跟我談我手中看的文章。我發覺我們有很多想法很相像。一連幾天，我都捨不得放下這個發現。……

在作者的巧心安排下，材料本身便足以表達一定的意涵。看到此處讀者已然發現，單純的喜歡實在難以成就深厚的友誼，「我」與亦清在對文學藝術的欣賞及領略方面，存在著難以跨越的鴻溝，因此這段友誼最終讓「我」覺得「一切事情都太容易變化了，我不知如何預料未來發生的事了」。本文的特殊處在於作者對於材料的裁剪與安排，一張一弛，恰能栩栩如生地展現出兩人之間既親密又隔閡的感情。因為布局妥當，因此全文無須作任何詮解，理念便能含蓄婉約地呈現。可見當我們所積累的素材資源豐富時，「讓事件本身說話」也是種不錯的表達方式，而這就考驗著創作者安排材料的能力了。

除了親情、友情之外，鄉情也是可以抒寫的重要素材。廣義來說，所謂鄉情除了對大環境的懷想之外，也包括對童年的追憶。而就表達方式言，則有直接抒懷與含蓄點染兩種方式。以陳之藩〈失根的蘭花〉一文為例，便是有感而發、直抒胸臆之作。作者首先以事件的發生作為引子，交代本文的創作源由：

> 顧先生一家約我去費城郊區一個小的大學裡看花。……
>
> 由於這些花，我自然而然的想起北平公園裡的花花朵朵，與這些簡直沒有兩樣；然而，我怎樣也不能把童年時的情感再回憶起來，不知為什麼，我總覺得這些花不該出現在這裡。它們的背景應該是來今雨軒，應該是諧趣園，應該是宮殿階臺，或亭閣柵欄。因為背景變了，花的顏色也褪了，人的感情也落了。淚，不知為什麼流下來。

由此文章導入主題，以下便全係陳之藩的抒懷文字。

在布局安排上，由於純粹抒發個人感受較易流於空泛，因此作者採用了「事件敘述」與「情感抒發」交錯進行的安排方式，首先他敘述自己赴美前後心情的轉變，然後插入一段自我分析；再次敘述美國一部著名小說裡所描寫的中國男子心態，及對故鄉與童年的追憶，又緊接著抒懷：

在沁涼如水的夏夜中，有牛郎織女的故事，才顯得星光晶亮；在群山萬壑中，有竹籬茅舍，才顯得詩意盎然。在晨曦的原野中，有拙重的老牛，才顯得純樸可愛。祖國的山河，不僅是花木，還有可歌可泣的故事，可吟可詠的詩歌，是兒童的喧嘩笑語與祖宗的靜肅墓廬，把它點綴美麗了。

最末作者借用「人生如萍」的用語及宋朝畫家鄭思肖畫蘭的故事，一再將主題深化，完整表達出「去國之苦」的內在意涵，這是全文在架構上的錯落之美。因為有事件的展演做烘托，文章便達到了引人入勝的效果。

至於情感表現上，作者也深刻掌握了循序漸進的層次性美感，由「到處可以為家」的豪放灑脫；至「到處不可以為家」的苦澀體驗；最終渲染出如絮飄零、如蘭花失根的沉痛人生，層層深入，最是令讀者痛徹心肝。這種漸進式的寫作進路，也相當值得寫作者學習。

相較於〈失根的蘭花〉中懷鄉情感的直陳，楊牧的〈山谷記載〉一文抒情便含蓄得多。全篇的主題作者在篇末方始點出：

這些是我對一個山谷的記載。我用這些字記載一個山谷，懷念一塊土地，和一段日子。

可見〈山谷記載〉一文寫的是作者對於童年時光的追憶。然而本文最特殊之處，在於敘事語調的選取，亦即作者是站在一個客觀中立的立場來看待這塊土地的。彷彿從事田野調查般，本文題為山谷「記載」；始於「我們來『記載』一個山谷罷」；終於「這些是我對一個山谷的『記載』」、「我停止『記載』一個山谷」，自始至終，作者都以一個旁觀者的角度書寫他來到山谷之後的所見所聞。敘事姿態決定了全篇文章的基調，由此傳達出的情感是冷凝而內斂的，此為創作者在構思時可資借鏡啟發之處。

其次，本文踵步淵明，似乎有意將山谷記載得恍若世外桃源般。試觀以下字句：

到了一個小站，這個小站的名字我不告訴你了，那是鄉村的午後……那是鄉村的午後，在一個我不打算告訴你名字的小站，這名字絕對不告訴你……

山谷從一個轉折入口，即使你是一個不經心的旅人，迴峰之處，你也難免覺得眼前一亮，自給自足的小世界。……旅棧叫什麼名字？這個我也不打算告訴你。……

讀者回憶〈桃花源記〉中數段文字：「林盡水源，便得一山，山有小口，彷彿若有光……初極狹，才通人；復行數十步，豁然開朗。」「此中人語云：『不足為外人道也。』」雖道能不與本文產生任何聯想嗎？童年是每個人心中永恆的夢土，它表徵的是一段純真歲月的記憶，當然與「桃源」意象有一定程度的密合。楊牧在此活用傳統，又能別出機杼，表達自有其慧心巧思，可見現代散文的內容構思若能向古典借鑑，也不失為一股汩汩不絕的靈感來源。

最後談到本文對於意象的使用可謂「一線貫串」。作者重遊故地，真正要傳達的是由陌生到熟稔的完整歷程。在內容安排上，從橋頭一家三口的出現及好奇觀望，展現出一種陌生卻屬同胞的關愛，到牛背上孩子的吃驚以及隨即恢復聲浪，招手；洗澡男女的坐入水中，招手，都錯落有致地將作者與當地人之間的距離拉近。而貫串此一歷程的，則是始終如一的某種「氣味」：

> 那種氣味我不能不說是熟悉的。（首段）
>
> 這裡有一種香味，我輕易的斷定那是柚子花香，……（五段）
>
> 柚子花香兀自濃烈，蜜蜂的聲音好大。……（九段）
>
> 這個山地鄉裡，氣味和顏色都是熟悉的。……（十四段）

清代袁枚在《續詩品》中曾指出：「穿貫無繩，散錢委地；開千枝花，一本所繫。」材料需要線索的貫串，文章才能眉目清朗，自成其內在聯繫。至於線索的選擇則可以是某一句話、某一物品，甚至某一事件。楊牧在本文中選取「氣味」為線索，行文間氣味的若隱若現，其實也體現了敘事者看似陌生其實熟悉的某種隱藏姿態。由此觀察全文的內容構思，看似純任事件發展隨筆記述，然而作者在敘事語調的決定及意象的選取上，其實都經過巧妙的安排；至於古典的溶入，當然也是一種有機的運用，在種種細密的布局下，文章終於展現出作者理想中的語調與氛圍。作文的內容構思，茲事體大，讀者實在不可不察。

筆記欄

第一〇講　物趣描摹

相對於人情的種種溫馨，萬物當然也有它可愛可寫之處，所謂「一沙一世界，一花一天堂」，當創作者以明慧的心眼對大自然做細膩的觀察時，萬物當然也會回應以無盡的感情。詠物小品自古以來不知凡幾，一般說來又有兩種不同的筆路，一是借物以說理抒情，寓理念於物象描繪中；二則是純粹欣賞物象的風姿靈性種種可愛，而書之於筆端。先言較單純的詠物小品。

周作人曾寫過〈蒼蠅〉一文，旁徵博引，侃侃而談關於蒼蠅的種種傳說、觀察及實際經驗。在內容構思上，豐厚的學養為本文增色不少，作者不但引希臘的神話故事，也引日本的俳句、中國的《詩經》作品；不但引文學掌故，也取生物學知識；不但取書籍記載，也錄民俗中口耳相傳的小兒謎語，雜揉中西、雅俗兼具的用典因此成為全文最大的特色所在。至於在筆法的考慮方面，作者則巧妙地以虛實掩映的技巧，反覆論述蒼蠅的種種可愛可惱之處。例如一開篇作者寫道：

蒼蠅不是一件很可愛的東西，但我們在做小孩子的時候都有點喜歡他。

以下便詳敘孩童時期關於蒼蠅的種種玩法。二段起首言：

我們現在受了科學的洗禮，知道蒼蠅能夠傳染病菌，因此對于他們很有一種惡感。三年前臥病在醫院時曾作有一首詩，後半云：

大小一切的蒼蠅們，
美和生命的破壞者，
中國人的好朋友的蒼蠅們呵，
我詛咒你的全滅，
用了人力以外的，
最黑最黑的魔術的力。

以下又轉寫希臘傳說中，蒼蠅是個美女的故事。

我們仔細研究周作人此文的寫法，在每段段首多半會提出一種觀點，旋又加以駁斥。

例如首段先言蒼蠅「不是很可愛」，卻又說「有點喜歡他」；二段言對蒼蠅頗有「惡感」，緊接著卻又敘述關於蒼蠅的美好傳說，遂使原有的惡一轉為美；以下言蒼蠅的固執與大膽引人「讚嘆」，結句卻又言其行徑如「狡獪英雄」，寓貶於褒。全文各段率皆如此。這種虛實交錯，態度依違在可愛與可恨之間的寫法，為文章平添不少情趣。周氏此文原意不在傳達何等深奧的哲理，而只是寫一種讓人感覺熱鬧溫暖的趣味，以這種虛實掩映的手法，搭配深厚的文化素養，確實使平凡無奇的蒼蠅因而承載了不少豐富的意涵。而在取材上，書寫一般人不屑為之的素材，更達到了「以醜為美」的審美境界，值得我們深思。

與〈蒼蠅〉一文類似，豐子愷〈沙坪小屋的鵝〉也是一篇溫暖的動物小品。作者寫抗戰時期避居沙坪壩時，朋友送給他的一隻白鵝。全文結構分明，先言鵝的外觀種種，再列舉其對作者物質生活、精神生活的貢獻。在外觀方面，作者追溯白鵝剛被抱回時，他對牠的印象是：「好一個高傲的動物！」這「高傲」二字便成為全篇文章的主眼。以下各段，作者分由鵝的頭部、叫聲、步態及吃飯各個層面，寫白鵝既傲慢又可笑的種種情態。記敘完畢，乃以以下句子作為過渡：

> 鵝，不拘牠如何高傲，我們始終要養牠，直到房子賣脫為止。因為牠對我們，物質上

和精神上都有貢獻，使主母和主人都喜歡牠。

引導既成，以下乃接寫鵝在物質生活上能生蛋補貼家計，在精神上能慰藉戰時岑寂心靈的種種貢獻。其後總括，言鵝有「那麼龐大的身體，那麼雪白的顏色，那麼雄壯的叫聲，那麼軒昂的態度，那麼高傲的脾氣，和那麼可笑的行為」，因此成為荒野生活中的一大焦點。寫鵝之來既畢，至末則寫鵝之去作者在心中的不捨，以呼應篇首所言「屋裡養的一隻白鵝，使我戀戀不忘」的感情。

結構安排條理井然是本文內容構思上的一項特色，另一特色則在於作者善用「比較法」行文。例如寫鵝的頭部形狀時，豐子愷言：

> 凡動物，頭是最主要的部分。這部分的形狀，最能表明動物的性格。例如獅子、老虎，頭都是大的，表示其力強。麒麟、駱駝，頭都是高的，表示其高超。狼、狐、狗等，頭都是尖的，表示其刁奸猥鄙。豬玀、烏龜等，頭都是縮的，表示其冥頑愚蠢。鵝的頭，在比例上比駱駝更高，與麒麟相似，正是高超的性格的表示。

寫鵝的叫聲時，作者也要拿來和鴨子比較一番：

> 鴨的「軋軋」，其音調瑣碎而愉快，有小心翼翼的意味。鵝的「軋軋」，其音調嚴肅鄭

重，有似厲聲叱咤。

乃至於寫步態時亦然：

鵝的步態，更是傲慢了。這在大體上也與鴨相似。但鴨的步調急速，有局促不安之相。鵝的步調從容，大模大樣的，頗像平劇裡的淨角出場。

凡此種種，既增添了文章的活潑度與多樣性，同時也使鵝的形象倍加具體，是很討巧的一種寫作方式；而其前提自然是建立在對物象細膩的觀察上。

附帶一提的是，本文末段橫空飛來一筆：

鵝的舊主人姓夏名宗禹，現在和我鄰居著。

在結構上頗類歸有光〈項脊軒志〉的收束：

庭有枇杷樹，吾妻死之年所手植也；今已亭亭如蓋矣。

行文間充滿了古文興味。由此我們又再一次見證了現代散文向傳統借鑑的可能性，無論是神似如楊牧〈山谷記載〉一文所示，或形似如本文結段所表現，古典散文永遠是源源不絕的寫作資源。

最後再看看當代散文家顏元叔所寫的〈懶貓百態〉。作者記敘在其家居生活當中，一隻野貓「登堂入室變成家貓，家貓變成馴貓，馴貓變成懶貓，懶貓變成貪貓」的過程。既名之為「百態」，顏元叔便分由貓的吃食、睡處、睡姿及其見鼠不捉等等各種情態，描繪此貓之懶。其中頗有些詼諧筆觸，例如寫貓之嗜睡與善於遷徙：

……讓牠閒逸、安全、盡情地吃了；然後，牠就去躺在榕樹的濃蔭之中，整條背攤平在涼爽的水門汀上，整個肚皮攤開在微微的風裡；你走過去，用鞋底或腳底輕輕蹂踏牠的腹部，牠連眼皮也懶得一提，只是輕哼著：「妙呀，妙呀，妙呀。」

這匹懶貓之貪睡，白日與黑夜不分。人未上床，牠已就寢；人已起床，牠尚昏睡未醒；人們忙於謀生，牠在睡眠中消化食物。除非肚裡唱空城計，被諸葛亮的男高音喚醒，否則牠是一逕滯留夢鄉，了無歸意。

牠的臥榻隨季節而更換地點——正如王公將相之有春宮、夏宮、秋宮、冬宮。冬天，懶貓的寢宮是在電視機上，固不待言；春天，牠更移榻籐椅；秋天，沙發是牠的龍床；如今盛夏當頭，牠的寢宮移到磨石地上。人之睡眠，春夏秋冬，只是一張床，就算冬天加毛毯，夏天鋪草蓆，比較懶貓之擅於調攝，相去千里。

以貓的叫聲「妙呀，妙呀」比擬其酒足飯飽後的愜意姿態，深得傳神之妙；以「諸葛亮的男高音」暗指空城計，也詼諧可愛；至於人與懶貓的臥榻之比，更充滿了自嘲情味。

除了在情態描寫上活靈活現之外，本文還能寓理趣於詼諧中，對人生世相作一巧妙的嘲諷。例如一開場作者便說：「亂世之人不如狗；治世之人，卻也不如貓」，一方面點題，另一方面也為讀者營造了思索空間。敘及懶貓不捉老鼠時，又自嘲「所謂養貓千日，用貓一時；養得太久，居然不堪一用」，對於世相也有微妙的諷喻。至於結句作者寫道：

> 無論我多憤怒回家或歡欣回家，無論我是仰天長嘯或埋頭沉思，那懶貓總是一逕睡在樹蔭下，睡得那麼超然，睡得那麼寧謐！也許，牠已成佛作祖，置身擾擾紅塵之外；也許牠已獲得浮生要訣：那便是「多吃多睡」，因此「無憂無慮」。

在詼諧的筆調之外，含不盡之意於言外，自能引人掩卷深思。

由以上三篇文章看來，純粹詠物的作品，重點在能以寥寥數筆點染出物趣真正的精神所在，例如周作人文中所傳達出的溫暖熱鬧、豐子愷所寫白鵝之高傲，以及顏元叔筆下的家貓之懶。至於如何以簡省的筆墨精準勾勒，要訣無他，全賴細膩的觀察，以及一顆民胞物與的心懷，誠如豐子愷於篇末所言：

原來一切眾生，本是同根，凡屬血氣，皆有共感，所以這禽鳥比這房屋，更是牽惹人情，更能使人留戀。現在我寫這篇短文，就好比為一個永訣的朋友立傳，寫照。

在描摹物趣時，若能從朋友的立場出發，必能有更多角度的觸發，文章也更能傳達出最真實的感情。

其次言藉詠物以詠懷之作。葉聖陶有一篇〈牽牛花〉談他種花的經驗，前半部重點仍在敘事，後半部則以暗示的手法說理。敘事的部分由找尋種花所需的泥土，到瓦盆的擺置，到花苞的長出，基本上採順敘的手法。而首句可謂連貫前半部的主題句：

手種牽牛花，接連有三四年了。

以下或言「今年」的計畫；或言「往年」瓦盆的擺置方式；或言根據「幾年」來的經驗，首批花苞是無法開出花來的，反反覆覆俱是一位種花老手的經驗之談。但作者意並不在於傳授種花要訣，而只在一種情境的描繪與點染。以下他便以「但興趣並不專在看花」作為過渡，展開哲理的鋪展。作者所欲陳說之理，在於因觀花而起的感動：

那藤蔓纏著麻線卷上去，嫩綠的頭看似靜止的，並不動彈；實際卻無時不回旋向上，起先朝這邊，停一歇再看，它便朝那邊了。前一晚只是綠豆般大一粒的嫩頭，早起看時，便已透出二三寸長的新條，綴著一兩張滿被細白絨毛的小葉子，葉柄處是僅能辨認形狀的小花苞，而末梢又有了綠豆般大一粒的嫩頭。有時認著牆上的斑駁痕想，明天未必便爬到那裡吧；但出乎意外，明晨已爬到了斑駁痕之上；好努力的一夜工夫！「生之力」不可得見；在這樣小立靜觀的當兒，卻契默了「生之力」了。漸漸地，渾忘意想，復何言說，只呆對著這一牆綠葉。

文氣至此已然飽足，作者便緩緩以一句「即使沒有花，興趣未嘗短少；何況他日花開，將比往年的盛大呢」收束，而與前文達到完整的呼應。整體說來，全文條理分明，又能含蓄說理，確是一篇相當精緻的小品文。

藉詠物以抒懷的作品，從古到今不計其數，以下再舉當代作家林文月的〈蒼蠅與我〉為例。「蒼蠅與我」為一雙扇題，包含了「蒼蠅」和「我」雙重概念，全文重點便在於對二者關係的鋪陳。林文月此文記錄蒼蠅和「我」一夜相處的過程，基本上也採順敘法說明事件始末，但即使是最單純的敘事，在材料的取捨上也自有作者的慧心巧思貫注其中。舉其大者言之，「層次分明」和「脈絡通貫」便是兩項重要的特色。先就層次安排言，本文首敘因為蒼蠅的打擾，一家人的晚餐因此大大掃興；繼寫晚餐後家人外出，獨留作者專心工作；三寫休息時「我」又發現蒼蠅停在餐桌上；四寫蒼蠅並不抵抗逃避，使作者喪失撲滅牠的意志；五寫作者觀察蒼蠅，並反省自我，深為自己的殘酷感到羞愧；六寫朋友來電，閒聊之後作者已然忘卻蒼蠅的存在；末寫次日清晨，作者發現蒼蠅已死，而倍感孤寂。在時間的發展上，由晚上、深夜至翌晨，是順敘的筆路；在空間的推移方面，則是由飯廳、書房，上、下樓之後，再回到飯廳、書房，具迴環之美。由情感的轉換看，從「憎恨」到「好奇」，又從「觀察」到「感傷」，更是起伏有致。凡此都可以看出文章層次分明的理序。

再就「脈絡通貫」項特色言，僅舉一例以為說明：以「蒼蠅」和「我」的關係來說，第五段言「他們先後離去，偌大的房子就只剩下我一個人。」至第廿三段則言「夜已深沉，家人都未回來……偌大的房子裡，只有蒼蠅與我。」由「剩下我」到「只有蒼蠅與我」，表明了作者由排斥到接納蒼蠅的歷程，其內心意念在篇中是延續的，也是發展的，這就是「脈絡通貫」的特色。除此之外，作者對於材料的選取可謂樣樣都有深意存焉。例如在寫重遇蒼蠅之前，作者以細筆鋪陳穿衣鏡前的攬鏡自照，意在反映自己對伴侶的渴望；寫在客廳靜坐沉思一段，也盡是「人去樓空」之慨。凡此種種氛圍的營造，都加強了蒼蠅出現的必然，以及作者和牠和諧相處的可能性。由此可見材料的選取、安排及賦予意義，真是寫作構思時不可或缺的基本工夫。

材料的擇取之外，本文在內容安排上的第二項特色是「轉折分明」。全文心境上的轉折完整呈現於第十五段：

慢慢的，好奇心取代了憎惡，我坐下來觀察蒼蠅。

本段之前，作者對於蒼蠅是必除之而後快；此段之後，作者開始以有情的心眼體會蒼蠅、接納蒼蠅。由此轉折正可看出本文第一個中心思想——化敵為友的歷程。

除了上述各項之外，本文在筆法上亦採「夾敘夾議」的方式進行自我批判。例如：

我大概是相信人為萬物之靈，一切有害於人者皆可殲滅，卻又有些欺小怕大之嫌。

……我說過，我是憎恨蒼蠅的，只是，面對著全然不抵抗也不逃避的敵人，鬥志急速地冷卻了。

……不過，與一茶的溫厚心境相比，我自覺方才的心境多麼殘酷，倒有些羞愧起來。

這些段落錯雜於條理分明的敘事間，除了增加文章的變化外，也使整體內涵益加豐美，是典型的藉事抒懷之例。其實遍覽全文，作者所表現的中心思想除了「化敵為友」的歷程外，也在於「物我合一」的終局。和葉聖陶〈牽牛花〉一文類似，對於這些思想，作者純粹以含蓄之筆點染提示。在「我」對蒼蠅進行觀察的歷程中，起初作者揣測「這一隻蒼蠅應該就是晚餐時亂飛亂闖的那一隻罷？」疑問語氣的使用暗示了作者對蒼蠅的漫不經心，此時二者雖共處一室，其實尚渺不相干；其後「蒼蠅與我各據一端，面面相覷」顯示物我觀照的歷程已經展開；再次作者在一段時間的觀察後寫道：

蒼蠅一動也不動。與先前的飛揚跋扈判然相異。許是飛累了，需要休息的罷？我也有點累。……我和蒼蠅一樣的累，所以決心要好好休息一下。

對於蒼蠅設身處地的著想以及自我不自覺的融入，顯示觀察至此，「物我合一」的境界已然達成。當作者意識到整夜陪伴「我」的，並非日常生活中親密的丈夫和可愛的兒女，反倒是餐桌上惹全家人厭惡的蒼蠅時；當翌晨她又發現蒼蠅已死時，作者於是寫道：

……我知道那必是昨夜陪伴我的蒼蠅無疑，遂有一種如今只有我自己明白的孤寂之感襲上心頭。

由「應該」而「必然」而「無疑」，作者與蒼蠅之間的親疏關係，便從推測性語氣與肯定語氣之間的變化展現，所謂「含蓄」之旨也在這些細節處一覽無遺。

林文月此文與周作人的〈蒼蠅〉前後輝映，兩位作家雖處異時異地，卻不約而同著力描寫了日常生活中不為人所重的素材，可見「宇宙之大，蒼蠅之微，皆可取材」的說法果然無疑。而在詠物小品的寫作上，意在言外的表現方式固然引人深思，純粹描繪物態的風姿性靈者也有其可愛可取之處。要之，細密的觀察、靈敏的感受、深刻的思考、豐富的想像和廣博的學養，都是能將素材化腐朽為神奇的不二良方。

筆記欄

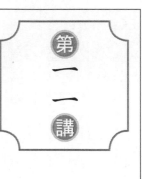

第十一講　哲思光華

談到所謂「哲思」，大概一篇散文的菁華盡在於斯。哲思的光華閃現在前述六類散文篇章中，無論是探索自我、體悟愛情、歌詠四時、漫步八方、觀照人情或描摹物態，創作者的意念無不貫串於行文之間。除此之外，另有一類散文是以傳達理念為主要目的，這類文章在說理之時，更需致力於立意的深刻度。因為文章的「意」，便是作者「識」的體現；創作者的見識精卓、胸襟廣大，文章才能表現出深廣的性情與智慧。王構在《修辭鑑衡》中曾說：「意深義高，雖文詞平平，自是奇作。」深刻的思想內容是作品優劣最直接的判準，在說理類的散文中尤其如此。至於一篇文章應當如何表現高超的立意？除了有賴作者窮究物情、洞幽察微外，在闡發意念時，更須擴大和深化題旨。所謂「纂言者必鉤其玄」，唯有見別人之所未見，才可能寓意深刻，令讀者咀嚼再三。像方孝孺〈指喻〉一文，敘述「左手之拇有疹」，而導致「股體心膂無不病者」，作者藉此一小事寄寓大道理，說明了「天下之事，常發於至微，而終為大患」，勸人「宜以拇病為戒」，才能防微杜漸，妥善處理國家大事。全文以小喻大，生動警策，這就是所謂的「寓意則靈」。以下試以數篇現代散文為例。

許地山的散文向以富含哲理見長，讀者一定不會忘記在〈落花生〉一文中，那位爹爹對子女所諄諄教誨的話：「所以你們要像花生，因為它是有用的，不是偉大、好看的東西。」同樣地，〈面具〉一文也以短短二百字傳達了耐人尋味的哲思。談到面具，一般人必然會聯想到它是「虛假」的象徵，所以我們常聽人說：不要戴面具，意謂做人不應虛假。但許地山本文偏說面具才真，為什麼呢？因為面具雖多樣，每一面具卻只是一樣，絕不改變；而：

> 人面呢？顏色比那紙製的小玩意兒好而且活動，帶著生氣。可是你褒獎他的時候，他雖是很高興，臉上卻裝出很不願意的樣子；你指摘他的時候，他雖是懊惱，臉上偏要顯出勇於納言的顏色。

換言之，面具雖「假」而「真」；人面雖「真」而「假」。全文的有意味、有深度，都植根於這個觀點的掌握。但作者雖然認為面具較人面為真，最後卻仍不免提出叮嚀：

人面到底是靠不住呀！我們要學面具，但不要戴它，因為面具後頭應當讓它空著才好。

以不足兩百字的篇幅寫人性，而能表達得如此精警且令人印象深刻，其要訣無他，全在於作者在展現哲思時，提出了一個新奇而銳利的觀點。因為能突破常規的思維，探索出人意料的見解，所以能令讀者耳目一新，這是本文成功的關鍵之處。

其次看葉公超的〈撲蝴蝶〉一文。不同於〈面具〉的直接說理，葉公超此文先由日常瑣事入題，寫數日前與朋友漫步鄉間，偶見幾個小孩趕著蝴蝶玩的景象。首段敘事完畢，次段便轉入對事件的議論。

作者由撲蝴蝶一事所獲得的啟悟，主要在於「遊戲」的可貴以及「目的論」的不可取。他先舉鄉下小孩為例，對於那小小的一隻白蝴蝶：

你看他迎風翩躚，忽起忽落，忽東忽西，結果必弄到你由失望而放棄，由放棄而懊惱。好在鄉下的孩子都沒有這樣認真；他們趕了一陣，鼻涕已流到嘴唇上，在汗淋氣喘中還是帶頑耍的高興。今天沒趕到明天就許再趕；常常如此，他們倒覺得好玩。

鄉下孩子們心思單純，他們與蝴蝶玩耍就純粹是與蝴蝶玩耍，並不預設非撲著不可的目標。相對於此種遊戲態度，作者近舉城裡小孩，遠以美國人的行事態度為例：

再說城裡的小孩縱容成性，雖然得了訣，幾下撲不中，就許不哭，至少也有幾分煩惱；那心痛的保姆免不了也幫著撲幾下，末了還得哄他去頑別的東西。美國人最愛恭維人家成功（successful）；你看他們銷路最廣的雜誌裡不是都登滿了教人如何成功的廣告嗎？在普通美國人的腦筋裡，似乎事事都有成功的捷徑，種種學術也都有通盤的妙訣；學會了這妙訣就可使用，使用了便可成功。

作者由此批判凡事預存目的的行為，其實最後往往是徒增煩惱。這是人類普遍的共性，在現今功利主義瀰漫的社會裡，人們往往為了預定的目標做事，學生讀書為求高分，取得文憑；公務員戰戰兢兢，目的在求升遷、得利祿；乃至於學者研究學問、發表演說，目的也在求得名聲。這樣的人生看來積極充實，其實乏味得很。作者藉由「撲蝴蝶」一事告訴讀者，世上最有興味的事其實在於追求理想的過程，而不在於追求的結果，因為「既撲中之後，成功已是過去了」。

除此之外，本文尚處處閃現作者對於人生世相的觀察與嘲諷，例如葉氏言：

蝴蝶，和人間的成敗得失一樣，是一種天生來愚弄人力的東西，你越要追著去撲他，他越得其所哉。

此處以具象的蝴蝶比擬抽象的「成敗得失」，意象鮮活靈動，同時也展現了作者的達觀與對世事之洞察。此外，在言及白粉蝶與彩色蝴蝶時，作者插入一句：

研究這類昆蟲的人說，彩色蝴蝶比白色的性情奸詐得多，行動當然也比較敏捷。

在評論追撲蝴蝶的行動時，則引王爾德的話語說：

人人戕害他所愛的東西。

凡此對於人性的矛盾與奸詐之處，都做了委婉的嘲諷。以一孩童撲蝴蝶的行為，而能引發如此多角度的深刻思考，作者洞幽見微的能力，不得不令人嘆服。

再看對於「光陰」作一省察的文章。李白在〈春夜宴從弟桃花園序〉一文的開首寫道：「夫天地者，萬物之逆旅；光陰者，百代之過客」，時間流逝之速與個體生命之迫促，向來是文學家們思索吟詠的一大主題。因為時光飛逝，故有「憂生」之慨；因憂生而更關懷生命存在的價值與意義。現代散文家承繼此一主題而發揮者也大有人在，豐子愷的〈漸〉文便是典型佳例。作者在本文中選取了一個全新的角度重新來觀照時間，亦即注意到時間是「漸漸」流逝的：

因為其變更是漸進的，一年一年地，一月一月地，一日一日地，一時一時地，一分一分地，一秒一秒地漸進，猶如從斜度極緩的長遠的山陂上走下來，使人不察其遞降的痕跡，不見其各階段的境界，而似乎覺得常在同樣的地位，恆久不變，又無時不有生的意趣與價值，於是人生就被確實肯定，而圓滑進行了。

晝夜的消長是漸進的，季節的更替也是漸進的，因為「漸」的作用，使人們堪受生命的老邁，堪受境遇的變衰，這是造物者的無情，也是造物者的恩賜。豐子愷以其睿智的心靈感受到這一層，以下凡農夫抱犢的故事、時辰鐘的象徵等，豐氏反覆論說的都是時間「漸」漸流逝的特質。

至於結尾，豐子愷則提出超脫於時間騙局之上的「大人格」、「大人生」，他們並不以時間的久暫為慮，而能在有限的生命裡成就自我，這才是真正的睿智者。整體說來，本文獨特之處與許地山〈面具〉一文相類，全在於提出一新穎的觀點，文章因此在予人當頭棒喝之餘，也展現了全新的意趣。至於作者在此間所表現的仁者襟懷，尤其值得我們深思效法。

同樣地，陸蠡〈光陰〉一文也著重在對時間的思考上。不同於豐子愷所體認到的「漸」進變化，陸蠡所著重者在於光陰速度的相對性：

> 當年齡從零歲開始，進入無知的童年，感覺上的光陰速度是極微渺的。等到年齡的角度隨歲月轉過了半個象限（我暫將不滿百的人生比作一個象限，半個象限是四十五歲了），正切線的變化迅速。光陰流逝的感覺便有似白駒，似飛矢，瞬息千里了。

針對這種相對性，作者以愛惜光陰的祖父、珍視時間的父親對比童年及青少年時期的自己；而當有朝一日，作者也開始坐在房裡計算陽光移動的速度時，他於是體悟到：

> 如若人們開始愛惜光陰，那末他的生命的積儲是有一部分耗蝕的了。

這樣的體認在文章首尾前後呼應，尤其對讀者產生強烈的警醒效果。原來我們從小都聽過了太多的諄諄告誡，所謂「一寸光陰一寸金，寸金難買寸光陰」等等，但為什麼無人在乎？為什麼沒人想抓住光陰？豈不是因為我們才當生命初發之時？豈不是因為我們的口袋裡還有太多的光陰嗎？陸蠡能洞見人類的這一盲點，而出之以溫婉的筆調，因此能引人深思良久，並且低迴再三。

陸蠡此文不同於其他說理性文章之處還在於他對形式的注重。比喻的鮮活及音響感的講求令這篇文章倍加精緻，音響感的部分如：

> 另一天，從另一枝柯上，會有不可見的手扯下另一片樹葉——是一張日曆——那上面

寫的應該是另一個字，「冬！」

「冬。」我的思想似乎失去了回答的氣力。

「秋，……冬。」又是兩個沒有低昂的平聲的字眼，像一滴涼水滴進我的心胸，使我有點寒意。

音調上的抑揚頓挫營造出如詩般鏗鏘的語言。而大量的比喻尤其是本文一大特色，例如：

光陰是推移得太慢了，像跛腳的鴨子。於是我用歡笑去誤逐它，把它趕得快些。正如執筆的孩子驅著鴨群，吆哨起快活的聲音促緊不善於行的水禽的腳步，我曾用歡笑驅趕我的光陰。

由於全文的主體在於光陰，因此作者用各種不同的比喻形容各個階段對光陰的態度，目的亦在加強讀者印象。除此之外，作者在敘事部分虛實交錯，以「我」和「思想」之間的對話來鋪陳整體事件的發展，尤其引人入勝。一篇說理性文章能以如此含蓄精緻的形式出現，確實難得。

其他說理性的文章尚多，實在不勝枚舉。由以上幾篇範文看來，在結構安排上有先敘事，後議論者，如葉公超〈撲蝴蝶〉一文，陳之藩的〈哲學家皇帝〉大抵屬於此類；

有先議論，後加入敘事成分者，例如陸蠡的〈光陰〉；亦有全篇反覆申說道理者，如豐子愷〈漸〉一文，其他如梁實秋的〈舊〉、張秀亞的〈談靜〉均屬此類。這三篇文章完全環繞一字立言，旁徵博引，侃侃而談，乍讀之下似乎散漫無序，但實際上，正如劉熙載在《藝概》中評莊子之文時所言：「看似胡說亂說，骨裡卻盡有分數。」此處的「分數」所指，正是文章的結構布局。結構布局實在是一篇散文的骨幹所在，一旦安排妥當，下筆自然水到渠成。焦袁熹在《此木軒雜著》中曾經提到：

> 始知微欲於壽寧院壁畫作湖灘水石四堵，營度經歲，終不肯下筆。一日，傖惶入寺，索筆墨甚急，奮袂如風，須臾而成，作輸瀉跳蹙之勢，洶洶欲奔屋也。此木生曰：此所謂天機所至，倏然而遇，兔起鶻落，稍縱即逝者也。不得此候，終不可下筆，然存之於心，終必有時而至也。其至於何時，則不可知耳。

孫知微要畫壁畫，在四面牆上畫湖灘水石，但怎樣安排布置，考慮了一整年。題材既已確定，為什麼遲遲不肯下筆呢？孫知微所「候」者，其實就是材料的安排、結構的確立。焦袁熹告訴我們，此是天機所至；但至於何時，則不可知，只要「存之於心」，隨時斟酌考慮，「終必有時而至」，可見畫面的安排需要多麼耗時的考慮與費心的安排，文章的內容構思又何嘗不是如此？

總而言之，寫作的材料可謂俯拾皆是，只要具備細膩的觀察力與易感的心靈，生活中的萬事萬物無不可以入文，其包羅之廣，又豈是以上提及的七個層面所能含括？但有了素材之後，尤須確立主題。所謂「隨人作計終後人，自成一家始逼真」，在內涵上求深刻、求新穎，這是創作上的內容要求。血肉既得，然後便要求架構的確立，《文心雕龍・附會》中所謂「總文理，統首尾，定與奪，合涯際，彌綸一篇，使雜而不越者也」。構思的作用，正在於根據主題思想的需要，將材料進行合理的結構與組織。我們常說「文無定法」，創作者縱欲將金針度與人，恐怕也難在尺寸篇幅內，將所有為文之法一語概括。作文之道其實無他，全在於多讀、多看、多寫，而品賞好的文學作品如何構思、如何布局，也不失為探知創作心靈的有效橋樑。經由以上數十篇文章的分析，希望讀者能夠稍稍領略創作的靈活運用之方，從而構思出形式與內容相得益彰的好文章。

卷參

摛錦錯繡有妙方——遣詞造句技巧

文學這個國度很特別，任誰都可以親近。文學，可以是一場流動的饗宴，也可以是一襲華美的長袍；文學，可以化作泥土，留在人們的腳印裡；也可以帶你走入人生的雨巷，尋著一個丁香一樣地結著愁怨的姑娘。然而，無論文學的章句是如何地表裡動靜，遊戲人生；無論文學的語言是怎樣地充沛如火，從容如水，只要你拿穩了鑰匙，那麼，你便是這座文學寶庫開鎖的人。

這把神奇的鑰匙，就是修辭術。

有人說修辭術是一種魔術，可以化腐朽為神奇；有人說修辭術像一個化妝師，把夢打造成黃金。又有人說修辭術千錘百鍊，相同的物象一再翻演，俱成千百朵不同的蓮花；還有人說文字用久則成桎梏，但是，修辭術可以讓你戴著腳鐐手銬跳舞。然而，最簡單的說法，修辭術應無非是一種活化、翻新與翦裁的文字藝術。我們都知道，唐朝詩人韓愈與賈島傳為美談的一段文字因緣是結在「鳥宿池邊樹，僧推月下門」的「推敲」之中；而宋朝王安石的春風從「到」、「過」、「入」、「滿」，幾經思量轉折，才「綠」遍了江南。其他舉如：「紅杏枝頭春意鬧」中的「鬧」字，以及「雲破月來花弄影」裡的「弄」字，都是「活化」的技巧：即生動地逸出了文字習用的常軌，將原意展延。

至於「翻新」的手法，與宋朝黃庭堅的「脫胎換骨」實有異曲同工之妙。我們先看一下詩詞中翻轉的例子：比如從「未有一夜夢，不歸千里家」到「歸夢無虛夜」，再到「夜夜鄉山夢寐中」的遺辭造句，或長或短，或放或收，無非都遙指著鄉思歸夢。即使是面臨著亙古不變的月色，我們也可以比較一下古典與現代的修辭主張；舉如：

誰家今夜扁舟子？何處相思明月樓？可憐樓上月徘徊，應照離人妝鏡臺。
玉戶簾中捲不去，擣衣砧上拂還來。此時相望不相聞，願逐月華流照君。（張若虛〈春江花月夜〉）

又如：

當我的笑聲潑溼了你的書本
最心愛的句子可能都是我的影子
你知不知道
我在窗前做些什麼？
我用手指蘸著月色
寫一封好亮好亮的信給你
這時，你又在做些什麼？（馮青〈天河的水聲．你在做些什麼〉）

明顯的，詩人自由的進行著心情的詮釋，而就在似曾相識卻趣味不同的字句遣送中，達到了劉勰在《文心雕龍》裡所提到的「儷采百字之偶，爭價一字之奇，情必極貌以寫物，辭必窮力而追新」的最高的修辭準則。

然而，「最好的文章須用最好的字句在最好的層次」。這句話的積極意義要靠選擇，而消極意義便要靠著翦裁了。修改翦裁使得遣辭造句的「活化」與「翻新」知所節制，而不至於流於怪誕與異化。舉如歐陽脩的〈醉翁亭記〉稿中，初說滁州四面有山，凡數十字，其後改定，只得五字：「環滁皆山也」。這個例子說明去除了冗瑣，將使得文意清明而氣勢崢嶸。

總而言之，這修辭術正如一根自度度人的金針。如果能夠巧妙地運用著遣辭造句的技巧，靈活創發，自然搖蕩性靈，將傳神地模擬出人生實境；而透過鎔章裁篇，丰采麗聲，優美和諧的生命律動亦隨即呈現，自可串起珠璣，織成一片錦繡。以下我們選擇了十種修辭格，分別依次介紹規矩的掌握，然後舉用精彩的範例，期能共同攀爬文字的天梯，徜徉於文學燦麗的星空。

筆記欄

第一二講 引用

「引用」是指在談話或行文中，援引別人的話或典故、俗語，以訴諸權威或大眾的一種修辭方法。也就是重複地位重要者之言論，以期受人重視的意思。

換句話說，援引現成的語言文辭，以印證、補充、對照作者的本意，就是引用。所謂現成的語言文辭，包括成語、諺語，詩文中的佳句，前賢的雋語，經典的精言等。這是利用一般人對權威的崇拜及對大眾意見的尊重心態，以加強自己言論的說服力。

引用之於古代典籍，隨處可見，如：

子貢曰：「《詩》云：『如切如磋，如琢如磨。』其斯之謂與？」（《論語・為政》）

此處引用《詩經・衛風・淇奧》之句。謂非加切磋琢磨之功，則不能成器，係加強說明修身治事，「像治理骨角一樣、像治理玉石一樣，不斷地切磋琢磨，精益求精。」

曾子有疾，召門弟子曰：「啟予足！啟予手！《詩》云：『戰戰兢兢，如臨深淵，如履薄冰。』而今而後，吾知免夫！小子！」　《論語・泰伯》

此處引用《詩經・小雅・小旻》之句。

或謂孔子曰：「子奚不為政？」子曰：「《書》云：『孝乎，惟孝友于兄弟。』施於有政，是亦為政，奚其為為政？」　《論語・為政》

此處引用《尚書・君陳》之句。加強說明「能孝順父母的人，必能友愛兄弟。」

子張曰：「《書》云：『高宗諒陰，三年不言。』何謂也？」子曰：「何必高宗，古之人皆然。君薨，百官總己以聽於冢宰，三年。」　《論語・憲問》

此處引用《尚書・無逸》之句，說明天子諸侯居喪之禮。指商代高宗居喪，住在凶廬，三年不談論國家政事。

齊宣王問曰：「人皆謂我毀明堂。毀諸？已乎？」……對曰：「《詩》云：『哿矣富人，哀此煢獨。』」……對曰：「昔者公劉好貨；《詩》云：『乃積乃倉，乃裹餱糧，于橐于囊，思戢用光。弓矢斯張，干戈戚揚，爰方啟行』……」對曰：「昔日大王好色，愛厥妃；《詩》云：『古公亶父，來朝走馬，率西水滸，至於岐下，爰及姜女，聿來胥宇。』……」（《孟子．梁惠王下》）

此章三度引用「《詩》云」，係分別出自《詩經．小雅．正月》、《詩經．大雅．公劉》、《詩經．大雅．緜》等篇之句。

孟子曰：「以力假仁者霸，霸必有大國。……《詩》云：『自西自東，自南自北，無思不服。』此之謂也。」（《孟子．公孫丑上》）

此處引用《詩經．大雅．文王有聲》之句。是說從東西南北四方來歸的人民，沒有不心服的。

孟子曰：「仁則榮，不仁則辱。今惡辱而居不仁，……〈太甲〉曰：『天作孽，猶可違；自作孽，不可活。』……」（《孟子．公孫丑上》）

此處引用《尚書．太甲》之句。

滕文公為世子，將之楚，過宋而見孟子。……「《書》曰：『若藥不瞑眩，厥疾不瘳。』」

（《孟子・滕文公上》）

此處引用《尚書・說命》之句。是說假使藥力太小，吃下去不能引起病人眼花心亂的感覺，他的病是不會好的。

《詩經》是中國最早的詩歌總集，描寫生動真摯，極富感染力。《尚書》保存了殷、周的史料，特別是西周初的重要史料。《論語》、《孟子》書中引用《詩》、《書》等典籍中言論，無非是加強說服力，以期受人重視。這也充分表明儒家對「引用」重要性的認識。此外，翻閱九流十家，當會發現墨子好言夏禹，農家好言神農，以及法家、道家、名家、縱橫家、陰陽家、雜家、小說家，沒有一家不是引用甚至假託古今名人之言以自重。

至於文學作品中，往往因為「文境」與古相合，於是以前所熟知的成語、諺語、精言、佳句、雋語等，就自然的流出，而在行文中引用。如：

佛典說的：「如人飲水，冷暖自知。」你問我這水怎樣的冷，我便把所有形容詞說盡，也形容不出給你聽，除非你親自喝一口。

（梁啟超〈學問之趣味〉）

文中「佛典說的：『如人飲水，冷暖自知。』」係引《傳燈錄》之語，以加強其言論的說服力。

一上來，先默誦兩句徐志摩的詩吧：「庭院是一片靜，看當頭月好。」（張秀亞〈談靜〉）

援引徐志摩寫「外在靜境」的詩，將筆觸轉入「靜」的主題之中。

「結廬在人境，而無車馬喧。」這兩句詩值得我們反覆默誦，這境界使我們心嚮神往。（張秀亞〈談靜〉）

作者引用陶淵明的詩句：「結廬在人境，而無車馬喧。」來強調可以操之在我的「內在靜境」。「境隨心轉」，只要內心寧靜，外界無法干擾，結束了全文，勉人必須長保心湖的澄明。

引用的修辭法，在運用時，可分明引（又分全引、略引）、暗用（也分全用、略用）兩大類：

(一)明引

明白指出所引用文字的出處和來源，就叫明引。可分全引、略引兩類：

1.全引

明引原文一句或數句，文字不予刪節更改，就叫全引。如：

英國詩人（Blake）：「一粒沙裡見世界，一朵花裡見天國；手掌裡盛住無限，一剎那便是永劫。」　（豐子愷〈漸〉）

這是說：以小喻大，自我把握以成大人格。

愛因斯坦說：「專家還不是訓練有素的狗？」這話並不是偶然而發的，多少專家都是人事不知的狗，這種現象是會窒死一個文化的。　（陳之藩〈哲學家皇帝〉）

在這裡，作者援引愛因斯坦之語，論說人事不知將會窒死文化。

即使你死了，我不願悲傷。
死神不能永久把我們隔開。
不過像牆頭花，
爬到牆的那一邊開出花來，
看不見，可是依舊存在，
它豈能把我們隔開。

讀了這一段《荒漠甘泉》中的話語，在我內心中有無限的感觸。對於生命，我也獲得了一次新的體認。（蔣經國〈看不見，可是你依舊存在〉）

在此作者援引《荒漠甘泉》之語，抒發對於陳懷生深刻的追憶。

其音節全是快板，越說越快。白香山詩云：「大珠小珠落玉盤」，可以盡其妙處。（劉鶚〈明湖居聽書〉）

在此作者因「文境相合」，而引用白居易〈琵琶行〉之句。

《書》曰：「滿招損，謙受益。」憂勞可以興國，逸豫可以亡身，自然之理也。（歐陽脩〈新五代史伶官傳序〉）

作者在此引《尚書・大禹謨》，益之言曰：「滿招損，謙受益，時乃天道。」加強說理的分量。〈大禹謨〉是舜與大臣禹、益、皐陶討論政務的紀錄。

曾文正說：「坐這山，望那山，一事無成。」一個人對於自己的職業不敬，從學理方面說，便是褻瀆職業之神聖；從事實方面說，一定把事情做糟了，結果自己害自己。所以敬業主義，於人生最為必要，又於人生最為有利。《莊子》上說：「用志不紛，乃凝於神。」孔子說：「素其位而行，不願乎其外。」所說的敬業，不外這些道理。（梁啟超〈敬業與樂業〉）

作者在此因「文境相合」，而引用曾文正、莊子、孔子之語，以加強說服力。他如：

什麼事最快樂呢？自然責任完了，算是人生第一件樂事。古語說得好：「如釋重負」；俗語亦說是：「心上一塊石頭落了地」。人到這個時候，那種輕鬆愉快，真是不可以言語形容。（梁啟超〈最苦與最樂〉）

古代希臘人以為「健全的心靈，寓於健全的身體」，這也是深刻的理論。（羅家倫〈運動家的風度〉）

這些都是引用得很好的例子。

2. 略引

明引一句或數句，文字酌予刪節更改的，是為略引。如：

莊周云：「辯雕萬物」，謂藻飾也。（劉勰〈情采〉）

「辯雕萬物」是說用巧言宏辯的言辭，雕飾萬物。語出《莊子・天道》：「故古之王天下者，辯雖雕萬物，不自說也。」

然亦安知所養何哉？孟子曰：「吾善養吾浩然之氣。」彼氣有七，吾氣有一，以一敵七，吾何患焉！況浩然者，乃天地之正氣也，作〈正氣歌〉一首。（文天祥〈正氣歌并序〉）

「孟子曰」之語，出自《孟子・公孫丑上》，孟子曰：「我知言，我善養吾浩然之氣。」

蘇子曰：「客亦知夫水與月乎？逝者如斯，而未嘗往也；盈虛者如彼，而卒莫消長也。」（蘇軾〈赤壁賦〉）

「逝者如斯，而未嘗往也」，語出《論語・子罕》：「子在川上，曰：『逝者如斯夫，不舍晝夜！』」

(二)暗用

引用時不曾說明出處，直接將引文編織在自己的文章或講詞中，就叫暗用。可分全用、略用兩種。

1. 全用

暗用一句或數句，文字不加刪節更改叫全用。如：

夢湘先生論得透徹極了，「於我心有戚戚焉」。（劉鶚〈明湖居聽書〉）

「於我心有戚戚焉」，語出《孟子．梁惠王上》。

古松以外的世界他都視而不見、聽而不聞了。（朱光潛〈我們對於一棵古松的三種態度〉）

「視而不見、聽而不聞」出自《禮記．大學》：「心不在焉：視而不見，聽而不聞，食而不知其味。」

> 這個門穿一穿，那個窗戶張一張，再不會看見「宗廟之美，百官之富」，如何能有趣味？
>
> （梁啟超〈學問之趣味〉）

「宗廟之美，百官之富」，語出《論語・子張》：「譬之宮牆：賜之牆也及肩，窺見室家之好；夫子之牆數仞，不得其門而入，不見宗廟之美，百官之富。」

> 虛矯也不屬於道德的勇氣。虛矯的人，絕不能成大事。所謂「舉趾高，心不固矣。」
>
> （羅家倫〈道德的勇氣〉）

「舉趾高，心不固矣。」一語，出自《左傳・桓公十三年》。喻「驕傲自滿，則心不能安定。」又如：

> 我們所要的是「臨事而懼，好謀而成。」對事非經實在考慮以後，絕不輕易接受，而一經接受，就要咬緊牙根，以全力幹到底。（羅家倫〈道德的勇氣〉）

「臨事而懼，好謀而成。」一語，引用自《論語・述而》。

2. 略用

暗用一句或數句，文字酌予刪節更改的，是為略用。如：

民主，並不是「一群會投票的驢」；民主確實需要全國國民都有「哲學家皇帝」的訓練。（陳之藩〈哲學家皇帝〉）

「一群會投票的驢」，是美國第三任總統傑佛遜之名言，係因美國脫離英國獨立，人民素養不足，勸其理性參與國是之語。

然而松柏後凋於歲寒，雞鳴不已於風雨，彼眾昏之日，固未嘗無獨醒之人也。（顧炎武〈廉恥〉）

「松柏後凋於歲寒」，語出《論語．子罕》，子曰：「歲寒，然後知松柏之後凋也。」「雞鳴不已於風雨」，語出《詩經．鄭風．風雨》，「風雨如晦，雞鳴不已。」

唯有在寂寥清靜的環境中，寧靜的情緒中，你才可以有暇使心靈臨流自照，更清楚的認識了自己，悟知「今是而昨非」，或者「今非而昨亦非」。（張秀亞〈談靜〉）

「今是而昨非」，語出陶潛〈歸去來辭〉：「實迷途其未遠，覺今是而昨非。」

將軍勇冠三軍，才為世出，棄燕雀之小志，慕鴻鵠以高翔。（丘遲〈與陳伯之書〉）

這裡引用了《史記・陳涉世家》的句子：「陳涉太息曰：嗟乎！燕雀安知鴻鵠之志哉！」

方當繫頸蠻邸，懸首藁街；而將軍魚游於沸鼎之中，燕巢於飛幕之上，不亦惑乎？（丘遲〈與陳伯之書〉）

「魚游於沸鼎之中」，語出《後漢書・朱穆傳》：「養魚沸鼎之中，棲鳥烈火之上，用之不時，必也焦爛。」

怨不在大，可畏惟人，載舟覆舟，所宜深慎，奔車朽索，其可忽乎！（魏徵〈諫太宗十思疏〉）

「奔車朽索」意謂：用腐朽的繩索，駕御飛奔的馬車，比喻事情危險。語出《尚書・五子之歌》：「予臨兆民，懍乎若朽索之馭六馬。」

由以上的例子，足以看出「引用」修辭法的多樣來。而「引用」的修辭法，在運用時，當注意下列原則：

(一)配合情境，語調統一

引用先賢佳句名言，或俗語、典故等，首須配合情境，語調統一。如：

> 洋人似乎不太用「緣」這個字，但是布希總統夫人芭芭拉，去年在衛斯理女子學院畢業典禮上致詞的一段話，卻給我深深的感動。她說：「在走完人生的旅程時，妳絕不會因為沒多通過一項考試、未多贏一場官司，或未多做一個生意而遺憾。可是，妳將因為沒能與丈夫、孩子、朋友或父母共度美好時光而抱憾終身！」
>
> 不知「田園將蕪兮，胡不歸」的陶淵明，可有這種感動？
>
> 不知「今夜鄜州月，閨中只獨看」的杜甫，可有這分感傷？
>
> 每當我七海漂泊，倦了，都想起她的那段話——
>
> 惜緣！　（劉墉〈惜緣一念間〉）

作者在文末，適當的引用布希總統夫人芭芭拉、陶淵明、杜甫等之名言、佳句，勸人「惜緣」。堪稱「引用」佳作。

㈡訴諸權威，切忌謬誤

引用必須訴諸於合理的權威，否則徒託空言，毫無說服力。如：

老殘就著雪月交輝的景致，想起謝靈運的詩：「明月照積雪，北風勁且哀」兩句，若非經歷北方苦寒景象，哪裡知道「北風勁且哀」的一個「哀」字下得好呢？（劉鶚〈黃河結冰記〉）

文中寫景，並引謝靈運的詩，謝靈運在中國文學史享有盛名，他全力刻劃山水，把山水景物作為詩歌寫作的主要題材，是山水詩的大家。又如：

曾文正公說：「作人從早起起。」因為這是每人每日所做的第一件事。這一樁事若辦不到，其餘也就可想。（梁實秋〈早起〉）

文中一開始，即引曾文正公之言，以印證、對照作者的本意。曾文正公即曾國藩，係清道光十八年進士，著有《曾文正公全集》。

引用雖有訴諸權威的好處，卻切忌謬誤，亦即不可斷章取義，不可失其原意。尤其是引用經典著作時，更應明確無誤。

筆記欄

第一三講　誇飾

「誇飾」是在語文中誇張鋪飾，遠超過客觀事實，使其所表達之形象情意鮮明突出，藉以留給讀者或聽眾深刻印象的一種修辭方法。

換句話說，就是作者把握事物的本質與主流，充分發揮想像力，故意利用「言過其實」的詞語，來強烈的抒發感情，或是把客觀的事實誇大好幾倍，以增加作品的感染力，其積極意義，是為加深讀者或聽眾的印象，預留作品的想像空間。

東漢時王充在《論衡・藝增》中，就對誇飾做了相當具體的討論，他認為「事增其實，辭溢其真」的現象，為滿足讀者「俗人好奇，不奇，言不用也」的好奇心理。

梁朝劉勰在《文心雕龍・夸飾》一開端，即指出自有天地以來萬事萬物，原本具備聲音形貌，創作文辭，誇張鋪飾，即經常使用，不可或缺。除正面肯定誇飾之意義與價值外，並歸納了《詩經》、《尚書》中的誇飾現象，證明誇飾雖言過其實，卻於義無損，如：

崧高極天：語出《詩經．大雅．崧高》：「崧高維嶽，駿極於天。」

形容高山陡險，高聳到雲霄。又如：

河不容舠：語出《詩經．鄘風．河廣》：「誰謂河廣，曾不容刀。」

形容河水狹窄，浮不了小船。又如：

血流漂杵：語出《尚書．偽武成》：「罔有敵於我師，前徒倒戈，攻於後以北，血流漂杵。」

形容敵人的敗退，死傷慘重，血流成河，漂浮著杵。

清代汪中在《述學．內篇》中，也說明誇飾是語言文字上一種必須的「形容」手段，他說：

《禮記．雜記》：「晏平仲祀其先人，豚肩不揜豆。」豚實於俎，不實於豆；豆徑尺，併豚兩肩，無容不揜。此言乎其儉也。

他舉《禮記》裡說晏嬰節儉，祭拜先人所用的豬，平展兩肩還遮不住盛牲的「豆」。這樣的記述，就是要用超過真實的詞語，才能夠暢達作者的本意。汪中這段話，已把「誇飾」修辭的特質，說得十分貼切了。

「誇飾」的產生因素有二：主觀上由於作者想出語驚人。客觀上由於讀者的好奇心理。無論出語驚人或好奇心理，二者均為人類之天性，自有人類以來，即為普遍而不可變之人性。

誇飾的種類，依題材對象約有五類，即空間的誇飾、時間的誇飾、物象的誇飾、人情的誇飾、數量的誇飾。若以誇飾之表達方式而言，則誇飾有放大與縮小兩種方式。以下且分別舉例說明：

(一)空間的誇飾

空間之誇飾，放大者極言其高度之長、面積之廣、體積之大；縮小者極言其高度之短、面積之窄、體積之小。如：

華陰山頭百丈井，下有流水徹骨冷。（北朝民歌〈捉搦歌〉）

「百丈井」是虛數而非實指，言井之深，深不可探，恰好與高不可攀的「華陰山頭」形成反差，從另一個視角加強了孤寂清冷的痛感。

陰風怒號，濁浪排空，日星隱耀，山岳潛形。（范仲淹〈岳陽樓記〉）

「濁浪排空」是說渾濁浪濤奮激於空中。此四句極言久雨綿密不斷，天空的陰霾。

爺娘妻子走相送，塵埃不見咸陽橋。牽衣頓足攔道哭，哭聲直上干雲霄。（杜甫〈兵車行〉）

「干雲霄」是誇張送行親人悽慘的哭聲，直達天上。

蝸牛角上爭何事？石火光中寄此身。（白居易〈對酒詩〉）

在蝸牛角上爭些什麼？意指人類渺小，何須相爭。人處世上，如同擊石火光一般的短暫，無須彼此競逐。「蝸牛角上」，極言其空間之小；「石火」，擊石所發出的火光，則形容時間之短暫。

少頃范老爺洗臉，還要洗下半盆豬油來。（吳敬梓〈范進中舉〉）

「半盆豬油」，極言其面容油汙之厚。

只要我們有根，縱然沒有一片葉子遮身，仍舊是一株頂天立地的樹。（王蓉芷〈只要我們有根〉）

「頂天立地」的樹，極言「根」的重要性。

(二)時間的誇飾

時間之誇飾，放大者極言時間之快、動作之速，縮小者極言時間之慢、動作之緩。

如：

是故君子有終身之憂，無一朝之患也。（《孟子・離婁下》）

「終身」是人生無限的長久，與「一朝」恰成強烈的對比。

觀古今於須臾，撫四海於一瞬。（陸機〈文賦〉）

「須臾」是指片刻，很短的時間，「一瞬」即一眨眼，二者皆極言時間的短促。

君不見，高堂明鏡悲白髮，朝如青絲暮成雪。人生得意須盡歡，莫使金樽空對月。（李白〈將進酒〉）

「朝如青絲暮成雪」，李白以「旦夕之間」來誇張人生的短暫，韶光飛逝的迅速。

餘音繞梁，三日不絕。（劉鶚〈明湖居聽書〉）

「三日不絕」誇張形容餘音繚繞，歷久不散。又如：

酒入豪腸，七分釀成了月光，
剩下的三分嘯成劍氣，
繡口一吐就半個盛唐。（余光中〈尋李白〉）

「半個盛唐」極寫李白才情之高。

㈢物象的誇飾

物象之誇飾，放大者極言其性質之強壯，縮小者極言其性質之微弱。如：

草木為之含悲，風雲因而變色。（孫文〈黃花岡烈士事略序〉）

此極寫愁之甚，足以動天撼地。

歌吹為風，粉汗為雨，羅紈之盛，多於隄畔之草。（袁宏道〈晚遊六橋待月記〉）

此極寫西湖遊人如織，熱鬧非凡。

積屍草木腥，流血川原丹。（杜甫〈垂老別〉）

此極寫死亡之慘重，無與倫比。

山上的草香得那麼濃，讓我想到，要不是有這樣猛烈的風，恐怕空氣都會給香得凝凍起來呢！（張曉風〈到山中去〉）

此極寫草香之濃。

連一根針跌在地下都聽得見響。（劉鶚〈明湖居聽書〉）

此極寫環境之靜。

（四）人情的誇飾

人情之誇飾，放大者極言其能力之強，情感之喜好，縮小者極言其能力之弱，情感之厭惡。如：

竭誠則胡越為一體，傲物則骨肉為行路。（魏徵〈諫太宗十思疏〉）

真誠待人，那麼距離遙遠如北胡南越也能休戚與共，傲慢待人，那麼骨肉至親也將成為漠不相關的路人。誇張「竭誠」、「傲物」之強與弱。

老女不嫁，蹋地喚天。（北朝民歌〈地驅歌樂辭〉）

「蹋地喚天」凸顯北方女人道情時的直率豪爽氣概和行為。

工廠裡的作業員揮汗如雨的工作。　（邵僩〈汗水的啟示〉）

「揮汗如雨」誇飾工作勤奮。

吾師肺肝，皆鐵石所鑄造也。　（方苞〈左忠毅公軼事〉）

「鐵石所鑄造」喻秉性剛毅，不為情感所動。此語誇飾「左公堅持大義，忍私以全公」之情操。

僕以口語遇遭此禍，重為鄉黨戮笑，以汙辱先人，亦何面目復上父母之丘墓乎！雖累百世，垢彌甚耳。是以腸一日而九迴，居則忽忽若有所無，出則不知所往；每念斯恥，汗未嘗不發背沾衣也。　（司馬遷〈報任少卿書〉）

司馬遷為李陵辯解，遭受腐刑之後，因《史記》還未完成，不願結束生命，卻又覺得羞愧無以自存，「是以腸一日而九迴」，誇飾其心情之愁苦，精神之恍惚。又如：

他是個殺人不眨眼的魔君。　（施耐庵〈魯智深大鬧桃花村〉）

「殺人不眨眼」，極寫其狠毒與殘忍。又如：

今者治平之日久，天下之人，驕惰脆弱，如婦人孺子，不出於閨門。（蘇軾〈教戰守策〉）

此極寫驕惰脆弱的樣子。又如：

他便兩脅生翅也飛不去。（羅貫中〈用奇謀孔明借箭〉）

此極寫其難以逃脫罪責。又如：

劍外忽傳收薊北，初聞涕淚滿衣裳。（杜甫〈聞官軍收河南河北〉）

「涕淚滿衣裳」極寫驚喜之狀。又如：

問君能有幾多愁？恰似一江春水向東流。（李煜〈虞美人〉）

作者於最末二句，以「自問自答」的方式呈現，用江水量的多且永無止盡的向東流，來誇飾其「愁」。

(五)數量的誇飾

數量之誇飾，放大者極言其數量之多，縮小者極言其數量之少。如：

郎在十重樓，女在九重閣。（北朝民歌〈慕容家自魯企由谷歌〉）

「十」、「九」誇飾女主人和她的情郎都是生活在深宅大院、高樓層閣之中的世家大族的兒女。又如：

千山鳥飛絕，萬徑人蹤滅。孤舟蓑笠翁，獨釣寒江雪。（柳宗元〈江雪〉）

此以「千山」、「萬徑」誇飾空間之大。

其高下之勢，岈然洼然，若垤若穴，尺寸千里，攢蹙累積，莫得遯隱。（柳宗元〈始得西山宴遊記〉）

「尺寸千里，攢蹙累積」，即「千里攢蹙，累積於尺寸間」。「攢」是「聚集」之義，「蹙」是「叢聚」之義。此段是說：登高望遠，千里之遙的景物，都收縮聚集在尺寸之間，一覽無遺，沒有一物能逃離視野。

千呼萬喚始出來，猶抱琵琶半遮面。（白居易〈琵琶行〉）

「千呼萬喚始出來」句，極寫琵琶女羞澀，一再催請的情形。

十四為君婦，羞顏未嘗開。低頭向暗壁，千喚不一回。（李白〈長干行〉）

「千喚不一回」句，極寫其嬌羞的情形。

身如百鈞重，負累煞人。（蒲松齡〈口技〉）

身體像有千百斤重，抱得累死了。「百鈞重」，極言其重。鈞，三十斤。

誇飾具有其特殊效果，但也有其侷限。因此運用時當注意二原則：其一是誇而有節。其二是飾而不誣。

㈠誇而有節

文學並不是客觀真實的記錄，而是主觀情意的流露。文學講究真、善、美，但真並非指客觀事實的真，也可以兼指主觀感覺的真。況且文學的語言與科學的語言迥然不同，科學的語言追求真實，貴在精確；文學的語言講究美妙，貴在動人，如「餘音繞梁三日不絕」，這是典型的文學語言，誇飾的絕妙好辭。誇而有節也就是指誇飾得當，能彰顯作者所要表達的真情實感，打動讀者心坎，領略作者的真意。換句話說，誇而有節也是要有事實為根據的，不可信口開河，荒誕無稽。

㈡飾而不誣

文學雖是主觀方面情意的自然流露，但客觀方面須不致誤為事實。如「白髮三千丈」，倘不說「三千丈」而說「三尺」，那便容易使人誤認為事實，那便不是修辭上的鋪張，只是實際上的說謊。飾而不誣，最主要的是不可使人誤會，流於欺騙。換句話說，飾而不誣須極意形容，愈不合常理愈不致使人誤會而流於欺騙。簡言之，誇張到底，不必再顧到合於邏輯與否，如果誇張得不夠，讀者不知其在用誇張的修辭法，反會發生誤解。

筆記欄

第一四講 借代

「借代」是指在談話或行文中，放棄通常使用的本名或語句不用，而另找其他名稱或語句來代替，這是可以使運詞遣字，更加新穎活潑、具體生動的一種修辭方法。

換句話說，要說一件事物，不直接說它的本名，而用和這件事物有著極密切的名稱來代替，就是借代；也叫做換名、代稱、替代或代替。

借代不只是具有特殊的表達效果，而且有其傳統的習慣性。如「帆」借代「船」：

過盡千帆皆不是，斜暉脈脈水悠悠。（溫庭筠〈望江南〉）

青山繚繞疑無路，忽見千帆隱映來。（王安石〈江上〉）

孤帆遠影碧空盡，惟見長江天際流。（李白〈黃鶴樓送孟浩然之廣陵〉）

又如「良人」借代「丈夫」：

何日平胡虜，良人罷遠征？（李白〈子夜秋歌〉）

良人者，所仰望而終身也。（《孟子・離婁下》）

再如「紅顏」借代「美女」：

衝冠一怒為紅顏。（吳偉業〈圓圓曲〉）

紅顏薄命，古今常見。（沈鯨《雙珠記傳奇》）

在中國古典文學作品中，借代的使用極其悠久與普遍。如：以「陛下」代「皇帝」；以「東宮」代「太子」；以「布衣」代「平民」；以「垂髫」代「兒童」；以「東市」代「刑場」；以「干戈」代「戰爭」等，真是不勝枚舉。古詩詞中借代尤多：

吾愛孟夫子，風流天下聞。紅顏棄軒冕，白首臥松雲。醉月頻中聖，迷花不事君。高山安可仰？徒此揖清芬。（李白〈贈孟浩然〉）

詩中三、四句，短短十個字，有八個字屬借代：

紅顏：臉色紅潤，借代年少。

軒冕：豪華轎車與高帽，借代官位或富貴名位。

白首：白頭，借代年老。

松雲：松樹與白雲，借代隱居。

此詩將孟浩然瀟灑清遠的風度人品與超逸出塵的才情氣質，描繪得栩栩如生。假如不用借代，直接寫成「少年棄官位，年老則隱居」就顯得了無詩意，毫無情韻可言。

借代的巧妙，不僅可保持語言的鮮活，流露藝術的情趣，更能突出描寫對象的特徵，造成生動的形象，比直接使用更貼切明確。而最基本的目的，是作者的情思，能更細膩、妥貼地表達。

借代的修辭方法，可以分作八類：以事物的特徵或標誌相代、以事物的所在或所屬相代、以事物的作者或產地相代、以事物的材料或工具相代、部分與全體相代、特定與泛指相代、具體與抽象相代、原因和結果相代。以下且分別舉例說明：

(一)以事物的特徵或標誌相代

不直接指明人或事物，而借人或事物的特徵、標誌來代替。如：

黃髮、垂髫並怡然自樂。（陶潛〈桃花源記〉）

「黃髮」是老年人的髮色特徵，代老人。「垂髫」是小孩子的髮型特徵，代兒童。

臣本布衣，躬耕於南陽。（諸葛亮〈出師表〉）

「布衣」是古代平民的衣料特徵，代平民。又如：

朱門酒肉臭，路有凍死骨。（杜甫〈自京赴奉先縣詠懷五百字〉）

「朱門」是唐時富貴人家的標誌。

巾幗不讓鬚眉。（諺語）

「巾幗」是古代婦女的頭巾和髮飾，代女子。「鬚眉」，黑鬚濃眉是男人的特徵，所以借代為男子。

(二)以事物的所在或所屬相代

不直接指明人或事物，而借與人或事物有關的所在、所屬來代替。如：

猥以微賤，當侍東宮。（李密〈陳情表〉）

「東宮」是太子所居，代太子。

石崇以奢靡誇人，卒以此死東市。（司馬光〈訓儉示康〉）

《漢書・鼂錯傳》：「錯衣朝衣，斬東市。」此語謂：鼂錯穿著朝服，被斬於東市。古刑人於市，以在長安東，故曰東市，後以為刑場之代稱，此指晉都洛陽之刑場。

把酒臨風，其喜洋洋者矣。（范仲淹〈岳陽樓記〉）

在此以「酒」代替酒杯。

烹羊宰牛且為樂，會須一飲三百杯。（李白〈將進酒〉）

在此以「杯」代替杯中之酒。

(三)以事物的作者或產地相代

不直接指明事物，借與事物有關的作者或產地來代替。如：

何以解憂？唯有杜康。（曹操〈短歌行〉）

此語謂：如何來消解我心中的愁悶呢？唯有借酒消愁一途。「杜康」是最早造酒的人，此借代酒。是典型的以事物之作者代事物。

我的怒中有燧人氏，淚中有大禹。（余光中〈五陵少年〉）

以發明鑽木取火的「燧人氏」代火，以治水的「大禹」代水。

私家收拾，半付祝融。（連橫〈臺灣通史序〉）

這是說私人收藏整理的資料，大半被火焚燬。《禮記・月令》：「孟夏之月，其神祝融。」鄭玄注：「祝融，顓頊氏之子，曰黎，為火官。」後世因以祝融為火神。

汝來床前，為說稗官野史可喜可愕之事。（袁枚〈祭妹文〉）

「稗官」本指古時採訪民間瑣事的小官。《漢書・藝文志》：「小說家者流，蓋出於稗官。」此「稗官」借代為小說。

(四)以事物的材料或工具相代

不直接指明事物，借與事物有關的質料或工具來代替。如：

公閱畢，即解貂覆生。（方苞〈左忠毅公軼事〉）

作者寫左公看完文章，就脫下貂皮外袍，蓋在這位儒生身上。貂皮輕暖，可製皮衣。因此「貂」借代為皮衣。

兵盡矢窮，人無尺鐵，猶復徒手奮呼，爭為先登。（李陵〈答蘇武書〉）

鐵是鑄造兵器的材料。「人無尺鐵」，借「鐵」代兵器。

人生自古誰無死，留取丹心照汗青。（文天祥〈過零丁洋〉）

「汗青」是竹片火炙使出汗後成為竹簡，借代為史冊，也是材料代事物。

田園寥落干戈後，骨肉流離道路中。（白居易〈望月有感〉）

此敘戰爭後田園寥落，兄弟離散之苦。以戰爭的工具「干戈」借代戰爭。

(五)部分與全體相代

不直接指明人或事物，而以全體代部分，或部分代全體。如：

沙鷗翔集，錦鱗游泳；岸芷汀蘭，郁郁青青。（范仲淹〈岳陽樓記〉）

「錦鱗游泳」，以魚身上的部分「鱗」代替魚。錦鱗就是美麗的魚。

遙想公瑾當年，小喬初嫁了，雄姿英發，羽扇綸巾，談笑間，檣櫓灰飛煙滅。（蘇軾〈念奴嬌〉）

「檣櫓灰飛煙滅」，指曹操的戰艦被周瑜燒燬殆盡。檣和櫓都只是船艦的一部分。

我為了明天的麵包及昨日的債務辛勞地工作。（紀弦〈存在主義〉）

「麵包」代全部日常生活所需。

湯姆只用眼角掃他一下，不當他一回事。「喂，我問妳，中國娃娃，……。」「不許你這樣叫我！」（於梨華〈變〉）

「中國娃娃」、「不許你這樣叫『我』」是以全體代部分。

(六)特定與泛指相代

不直接指明人事物，而以特定代泛指，或以泛指代特定。如：

當共勠力王室，克復神州，何至作楚囚相對！（劉義慶《世說新語》）

「楚囚相對」，謂如囚犯相對，除哭泣外，無計可施。《左傳・成公九年》：「晉侯觀于軍府，見鍾儀，問之曰：『南冠而縶者誰也？』有司對曰：『鄭人所獻楚囚也。』」南冠，南方楚地所戴之冠。縶，囚拘。以特定代泛指。

慈烏復慈烏，烏中之曾參。（白居易〈慈烏夜啼〉）

曾子名參，孔子的弟子，性情淳孝。此以「曾參」代孝子。特定代泛指。

雖有賁、育，無所獲施。（蘇軾〈留侯論〉）

此語謂：即使有孟賁、夏育一般的勇士，也無法施展他的本領。「賁、育」指孟賁、夏育二人，皆古代的勇士。此以「賁、育」代勇士。即以特定代泛指。

莫道不銷魂，簾捲西風，人比黃花瘦。（李清照〈醉花陰〉）

「黃花」指菊花，以泛指代特定。

(七)具體與抽象相代

具體概指事物的形體，抽象概指事物的性質、狀態、關係、作用等。彼此可以相代。如：

桂櫂兮蘭槳，擊空明兮泝流光。（蘇軾〈赤壁賦〉）

這是說丹桂做的櫂，木蘭做的槳，拍擊水中流動之月光划向上游。「空明」指水中之月。抽象代具體。

古木無人徑，深山何處鐘？（王維〈過香積寺〉）

「鐘」代鐘聲。是以具體代抽象。

人與人之間真的是橋太少而牆太多了，為甚麼人總學不會「欣賞別人」呢？（蕭蕭〈布袋戲〉）

這裡用「橋」代替溝通，用「牆」代替隔閡；溝通和隔閡兩抽象的思想，借具體的橋和牆來表示。

但願人長久，千里共嬋娟。（蘇軾〈水調歌頭〉）

「嬋娟」是色態美好的樣子，以「嬋娟」代明月，是抽象代具體。

(八)原因和結果相代

不直接指明事物，以事物的結果代事物本身。如：

相去日已遠，衣帶日已緩。（古詩〈行行重行行〉）

「衣帶日已緩」，因為相思而消瘦了。結果代原因。

夜夜夜半啼，聞者為沾襟。（白居易〈慈烏夜啼〉）

「沾襟」是因為流淚的結果，流淚是傷心的結果。以結果代原因。

是處紅衰翠減，苒苒物華休。（柳永〈八聲甘州〉）

作者在此寫由於秋已漸深，所以到處是花衰葉減，一片蕭瑟景象。以結果代原因。又如：

逾二年，予披宮錦還家。（袁枚〈祭妹文〉）

唐進士及第，即披宮錦袍。後世遂謂登進士第曰披宮錦。袁枚於乾隆四年（西元一七三九年）中進士，時年二十四。以結果代原因。

借代若運用得當，則別有一番新趣，但運用時宜注意下列原則：

㈠形象具體，語言鮮活

運用借代，使形象具體，語言鮮活，如此更能引起讀者的視覺印象。如：

明眸皓齒今何在？血汙遊魂歸不得。（杜甫〈哀江頭〉）

「明眸皓齒」，代美人楊貴妃；用眼睛和牙齒來代替對楊貴妃整體的想念，使其神情笑貌令人難忘。

㈡有強調性，有貼切感

在事物與特徵相代，普通與特定相代，部分與全體相代等借代方式中，常含有強調的作用，貼切的感覺在內。如：

「這是什麼，auntie?」莉莉撫弄著李彤手上戴著的一枚鑽戒問道。「這是石頭，」李彤笑著說。（白先勇〈謫仙記〉）

把「鑽石」叫作「石頭」，十分貼切，但也強調了對這種會閃閃發光的貴重物品的輕視態度。

(三)委婉曲折，含蘊深厚

適當的運用借代，可使語言委婉曲折，情意含蘊深厚。如：

相去日已遠，衣帶日已緩。（古詩〈行行重行行〉）

這首古詩委婉曲折的表達了因相思而消瘦的別情。又如：

孤帆遠影碧空盡，惟見長江天際流。（李白〈黃鶴樓送孟浩然之廣陵〉）

李白這首有名的送別詩，含蘊深厚，是寫送朋友走後的心情，一方面是寫眼見老友的孤帆遠影離去，直到碧空盡處，一方面是寫自己的孤單留在江邊。「惟見長江天際流」，江水的浩浩奔流，更顯得自己的孤單寂寞，離情依依。

第一五講　層遞

「層遞」是在說話行文時，依事物的差別情況，事理的發展先後，用三個或三個以上的句子，把這些事物間的大小、輕重、高低、深淺……等，作順序排列，表達出層層遞進的一種修辭方法。

層遞也叫「漸層、遞進」。由於形式、意思呈現的順序清晰，因而讓讀者或聽眾覺得思想條理清楚，易於接受作者所要表達的思想。妥善的運用層遞，對於表達逐步加深的思想、逐漸強化的感情，易於理解，便於記憶，且可凸顯重點，給讀者或聽眾強烈而深刻的印象。

層遞大致可按照內容情意的排列情況，由弱到強，或由強到弱；範圍由大到小，或由小到大；數目上由少到多，或由多到少；程度上由淺到深，或由深到淺；時間上從前到後，或從後到前。

「層遞」之於中國古代典籍中，使用極其廣泛。如：

子曰：「知之者，不如好之者；好之者，不如樂之者。」　《論語・雍也》

孔子在此說明人在「為學」時，用心深淺的層次。「知」（了解）不如「好」（喜愛）；「好」不如「樂」（陶醉）。情境愈見加深。又如：

天時不如地利，地利不如人和。　《孟子・公孫丑下》

孟子在此說明：「天時」比不上「地利」，「地利」又比不上「人和」。層次分明，重點突出。

層遞的修辭法，就其表達的方式而言，則有前進與後退二種情況。依此情況，層遞的分類，一般可分遞增（或稱遞升）和遞減（遞降）兩種：

(一)遞增

將三個或三個以上的句子，按照內容，排列的次序從淺到深、從低到高、從小到大、從輕到重、從前到後、從始到終，屬前進式，就叫遞增。如：

然始發之時，終日可愈；三日，越旬可愈；今疾已成，非三月不能瘳。（方孝孺〈指喻〉）

作者在這裡說剛發病的時候，一天就可以治好了；病了三天，十幾天也可以治好；現在已經成了大病，沒有三個月的時間不能治好。是典型的從輕到重以遞增的例子。

彼采葛兮，一日不見，如三月兮；
彼采蕭兮，一日不見，如三秋兮；
彼采艾兮，一日不見，如三歲兮。（《詩經・采葛》）

這是男子對一個女子的戀歌。一日不見，就像是三個月、三季、三年那麼長久。時間由短而長，正表現了思念之深，層層遞進。

摽有梅，其實七兮；求我庶士，迨其吉兮！
摽有梅，其實三兮；求我庶士，迨其今兮！
摽有梅，頃筐塈之；求我庶士，迨其謂之！（《詩經・摽有梅》）

全詩分為三章，作者借梅子的成熟黃落，喻青春漸逝，並十分生動的述說一個女子渴望出嫁的迫切心情。整首詩採取層遞修辭法。第一章是說：梅子落了，樹上的果實還剩七成；有意追求我的男士們，要趕快選擇良辰吉日採取行動啊！第二章是說：梅子落了，樹上的果實還剩三成；有意追求我的男士們，現在正是時候，切勿錯過良機！第三章是說：梅子落了，樹上的果實全掉下來了，得拿個筐子來滿載而歸；有意迫求我的男士們，只要你開口，我馬上答應嫁給你！

一飯十金，一衣百金，一室千金，奈何不至貧且匱也？（李文炤〈儉訓〉）

此謂食、衣、住的生活花費一樣比一樣高。又如：

少之時，血氣未定，戒之在色；及其壯也，血氣方剛，戒之在鬥；及其老也，血氣既衰，戒之在得。（《論語．季氏》）

時間由「少、壯、老」層層遞進；血氣由「未定、方剛、既衰」也層層轉變。此語雖然形式上與排比結構相同，語氣一致，但內容是遞進的，因此歸屬於層遞。

子曰：「吾十有五而志於學；三十而立；四十而不惑；五十而知天命；六十而耳順；

七十而從心所欲，不踰矩。」《論語・為政》

年齡由「青年、壯年、銀髮」層層遞增。此語雖形式與排比結構相似，但內容是遞進的，亦歸屬於層遞。

美哉輪焉，美哉奐焉。歌於斯，哭於斯，聚國族於斯。《禮記・檀弓》

「歌於斯，哭於斯，聚國族於斯」，以層遞之法擴其範圍。此語謂：房屋高大，雕飾華麗，能長久在此新居舉辦各種活動。歌，指祭祀作樂。哭，指死喪哭泣。聚國族，指與國中僚友及族人聚會飲宴。

顧修史固難，修臺之史更難，以今日修之尤難。（連橫〈臺灣通史序〉）

由「固」而「更」，而「尤」，逐層遞進文意。

(二)遞減

將三個或三個以上的文句，按照內容，排列的次序從深到淺、從高到低、從大到小、從重到輕、從後到前、從終到始，屬後退式，就叫遞減。如：

自臣之貴，父之族，無不乘車者；母之族，無不足於衣食者；妻之族，無凍餒者。（錢公輔〈義田記〉）

作者敘述生活情形，由「乘坐車子」遞降到「豐衣足食」，再遞降到「不受凍挨餓」。

他父親留下的一份家產就這麼變小，變做沒有，而且現在負了債。（茅盾〈春蠶〉）

一份家產，由「變小」遞減到「變做沒有」，再遞減到「現在負了債」，層次分明。

群臣吏民，能面刺寡人之過者，受上賞。上書諫寡人者，受中賞。能謗議於市朝，聞寡人之耳者，受下賞。（《戰國策．鄒忌諷齊王納諫》）

此語謂：群臣百姓，能夠當面指出我過失的，受上等的賞。上書規諫我的，受中等的賞。能在市上朝中評論我的過失，傳到我耳中的，受下等的賞。這種遞減的層遞，是甲乙兩現象有因果關係，而乙現象隨甲現象的層遞也自成層遞現象，屬複式層遞中的雙遞式。

生而知之者，上也；學而知之者，次也；困而學之，又其次也；困而不學，民斯為下

矣！《論語・季氏》

此由「上」、「次」遞降為「其次」、「為下」，層次清晰。

一個和尚挑水吃，兩個和尚抬水吃，三個和尚沒水吃。（諺語）

此由「挑水」而「抬水」而「沒水」，逐層遞降，敘次井然。

上述例舉的層遞修辭語句，似乎與排比修辭語句頗為相似，但二者在形式、內容上，仍有明顯的相異處。就形式而言，層遞不受語言結構的約束；排比則是相似結構的排列組合。就內容而言，層遞的語言，層次鮮明，意思層層，或遞進或遞退；內容步步，或深入或淺出，作者主要的思想，大多數呈現在最後一層；而排比在語句的排列和布置上，是並列的，主要在於加強氣勢，增強文章的節奏，提高語言的說服力。

層遞修辭法在運用時，宜注意下列原則：

(一)一貫的秩序

層遞的使用，使語意環環緊扣，步步或深或淺、或大或小、……形成一種有秩序的

「層次美」。層次的基本條件是按大小輕重等比例，依次層層遞進。無論是遞增或遞減，都必須掌握一貫的秩序。如此用之於抒情，則可將情感抒發得一步比一步強烈，增強語言的感染力；用之於說理，則可將道理闡釋得一層比一層深入，增強語言的說服力；用之於敘事，亦可客觀表達事物之間逐步發展的關係。

(二)適度的變化

層遞雖然必須有一貫的秩序，但是如能在既不妨礙「一貫的秩序」的同時，又能兼顧「適度的變化」，那麼表達的效果尤其斐然。如：

環滁皆山也。其西南諸峰，林壑尤美，望之蔚然而深秀者，琅邪也。山行六七里，漸聞水聲潺潺，而瀉出於兩峰之間者，釀泉也。峰回路轉，有亭翼然臨於泉上者，醉翁亭也。（歐陽脩〈醉翁亭記〉）

描述醉翁亭的位置，用由大到小，由外而內，循序而進的層層剝筍方式來寫景：一開始從整個大環境寫起：滁州四面都是山。次層點出在這四周的群山中，以西南邊的諸峰特別秀美。第三層再由西南諸峰，縮小到望過去一片草木茂密而深遠秀麗的琅邪山。第四層「山行六七里……，釀泉也」，走入這琅邪山，在六七里的山路之後，漸漸就聽到從兩峰間流瀉出水聲的釀泉。第五層「峰回路轉，……醉翁亭也」，順著山路回轉，就看到醉翁亭像鳥展著翅膀般，飛臨在釀泉之上。歐陽脩用漸漸縮小空間的手法，彷彿帶領著讀者，越來越深入到深山裡，不但層次井然，而且極盡迂迴的讓醉翁亭呼之而出，這種不露痕跡的層遞法的運用，氣勢非凡，可說是已到了登峰造極之境。

筆記欄

第一六講 排比

「排比」是在語文中將同範疇、同性質的意象、情思，用三個或三個以上，結構相同或相似的詞組或句子，逐一排列起來的一種修辭方法。也就是用結構相似的句法，接二連三地表出同範圍同性質的意象，叫做排比。

排比是數種意象有秩序有規律地連接發生，其秩序或為交替的，或為流動的。排比中常迭用相同的詞語，故排比也可稱排迭、排語。由於排比具整齊的形式，可使意象鮮明、語勢增強、情感深化，無論用來敘事、抒情、說理，都便於記憶、便於流傳，在語文的運用上，有極高的成效。

排比之於古代典籍、詩文中，隨處可見。如：

富貴不能淫，貧賤不能移，威武不能屈：此之謂大丈夫。（《孟子・滕文公下》）

前三句是排比，化成三種意象，有秩序有規律地連接出現。又如：

明星熒熒，開妝鏡也；綠雲擾擾，梳曉鬟也；渭流漲膩，棄脂水也；烟斜霧橫，焚椒蘭也；雷霆乍驚，宮車過也。（杜牧〈阿房宮賦〉）

這是〈阿房宮賦〉第二段的一部分文字，以五句排比，藉述宮中嬪妃的眾多：那點點的星光在閃爍，原來不是星光，而是她們打開梳妝臺的鏡子；那一捲捲的綠雲在飄動，原來不是綠雲，而是她們早晨在梳頭；渭河裡漲著膩滑的水，原來是宮女們所傾倒的脂粉水；到處都煙飄霧騰，原來是她們在薰椒香，燒蘭草；雷聲隆隆，教人猛吃一驚，原來是天子的車駕經過。賦是以排比為基調的文體，此即一例。又如：

知者不惑，仁者不憂，勇者不懼。（《論語・子罕》）

三個四字句接連著，不僅讓人明白：知者、仁者、勇者的心靈境界，也容易記憶，便於理會。又如：

東市買駿馬，西市買鞍韉，南市買轡頭，北市買長鞭。（〈木蘭詩〉）

此四句平列東西南北，由表面看來，似覺形式呆板，然置於全詩中，則辭氣諧和，且顯出文章之活潑跌宕。按理，木蘭購買戰具，未必需要東西南北跑遍，也不可能剛巧一市只買到一件物品。但是，這裡排比的形式和短促的節奏，強調了木蘭的忙碌奔走，從而使人體會到木蘭一旦決心從軍，立刻緊鑼密鼓、百折不撓的精神狀態。又如：

爺孃聞女來，出郭相扶將。阿姊聞妹來，當戶理紅妝。小弟聞姊來，磨刀霍霍向豬羊。

（〈木蘭詩〉）

這寫的是木蘭凱旋還鄉的情節，排列「爺孃」、「阿姊」、「小弟」身分、年齡不同的人物，各有不同的動作，我們讀到這裡，毫無厭煩、拖沓之感，反而覺得不如此，就不能把家人歡迎她的盛情和熱鬧氣氛表達出來。

適當的運用排比，大大的增強了作品的藝術感染力，且把道理說得更透徹，把感情抒發得具體、細緻，而且也增強了語言的氣勢感、韻律美，既動聽又易記。

排比的修辭法，依語言結構可分：詞組排比和句子排比兩類：

(一)詞組排比

詞組排比的運用，經常是在一種極其自然的情況下，將形式相似、意義相關的詞組排起來，而讀者並不覺得已經用排比的修辭法了，只覺表達得十分靈活。如：

自由，美德也。若思想，若言論，若居處，若職業，若集會，無不有一自由之程度。（蔡元培〈自由與放縱〉）

文中排列出五種自由：思想、言論、居處、職業、集會。

孟子曰：「諸侯之寶三：土地，人民，政事。寶珠玉者，殃必及身。」（《孟子．盡心下》）

孟子說：「諸侯的珍寶有三樣：土地，人民，政事。只把珠玉當做寶貝的，禍患一定要降到他的身上。」排列出強調的三樣珍寶，而非珠玉。

子絕四：毋意、毋必、毋固、毋我。（《論語．子罕》）

此謂：孔子所戒絕的四種毛病是不憑空揣測，不絕對肯定，不固執拘泥，不自以為是。排列出四種弊病，簡潔有力。

鄉下人家，雖然住著小小的房屋，但每愛在屋前搭一瓜架，或種南瓜，或種絲瓜，……當它們結實的時候，青的瓜，紅的瓜，一個個掛在門前……。有些人家，更在門前場地上種幾株花：芍藥、鳳仙、雞冠花、大理菊，依著時令，順序開放。（陳醉雲〈鄉下人家〉）

文中排列出瓜果、花類，讓讀者享受鄉下人家庭院的樂趣。

所有的小偷、強盜、土匪，都從這座高聳的建築物得到警告。（王鼎鈞〈失樓臺〉）

以「小偷、強盜、土匪」等詞組排比，代替「不法分子」，顯得十分靈活自如。

(二)句子排比

句子排比又分單句排比和複句排比。

1. 單句排比

用三個以上結構相似的單句，接二連三地表達同範疇同性質的意象。如：

春風如酒，夏風如茗，秋風如烟，冬風如薑芥。（張潮《幽夢影・論風月》）

春雨宜讀書，夏雨宜弈棋，秋雨宜檢藏，冬雨宜飲酒。（張潮《幽夢影・論雨》）

花不可以無蝶，山不可以無泉，石不可以無苔，水不可以無藻，喬木不可以無藤蘿，人不可以無癖。（張潮《幽夢影・論何者為宜》）

張潮《幽夢影》一書，是一本格言形式的小品作品，我們往往可以從它精巧別緻的文字排比上，得到文字遊戲的趣味。又如：

為嚴將軍頭，為嵇侍中血，為張睢陽齒，為顏常山舌。（文天祥〈正氣歌〉）

此謂：有寧可斷頭的嚴將軍，有血濺帝衣的嵇侍中，有被賊人剔齒的張睢陽，有罵賊被割舌頭的顏常山。四個單句排比的例證，說明正氣對於人的實際發用情形。

是節兒童嬉笑，老幼團圓。爆竹在庭，桃符在戶，柏酒在壺。（佚名〈除夕〉）

作者連著三個四字句，將除夕的歡樂景象，描繪得如詩如畫。

菊，花之隱逸者也；牡丹，花之富貴者也；蓮，花之君子者也。（周敦頤〈愛蓮說〉）

作者藉蓮「出淤泥而不染」的特質來比喻君子的美德。

浦陽鄭君仲辨，其容闐然，其色渥然，其氣充然，未嘗有疾也。（方孝孺〈指喻〉）

此謂浦陽鄭仲辨先生，他的體格強壯，臉色紅潤，精神飽滿，從來不生病。三個四字句，強調身強體壯。

當下眾鄰居，有拿雞蛋來的，有拿白酒來的，也有背了斗米來的，也有提了兩隻雞來的。（吳敬梓〈范進中舉〉）

此寫范進中舉後，世人的趨炎附勢。

九姑之聲清以越，六姑之聲緩以蒼，四姑之聲嬌以婉。（蒲松齡〈口技〉）

「清以越」，清亮而高揚；「緩以蒼」，緩慢而蒼老；「嬌以婉」，嬌柔而和婉。三單句形成排比。

2.複句排比

用三個以上結構相似的句組（即以二個以上的句子為一組），來表達相同範疇的意象。如：

動機純潔，然後才能黑白分明，正氣凜然。識見卓越，然後才能指導朝野，利國福民。文才暢達，然後才能鞭辟入裡，針針見血。膽氣橫逸，然後才能申張公道，不屈不撓。

（潘公弼〈報紙的言論〉）

經此複句排比的運用，使論理更為透徹、清晰。

臣聞求木之長者，必固其根本；欲流之遠者，必浚其泉源；思國之安者，必積其德義。

（魏徵〈諫太宗十思疏〉）

以複句排比，強調「德義」為立國之本。

子曰：「禹，吾無間然矣！菲飲食，而致孝乎鬼神；惡衣服，而致美乎黻冕；卑宮室，而盡力乎溝洫。禹，吾無間然矣！」

（《論語・子罕》）

黻冕皆祭服。三複句排比在讚美夏禹的功德：飲食很節儉，而盡心孝敬鬼神；自己平時衣服很粗劣，而祭服卻很華美；自己住的房子矮小簡陋，而盡力修治溝渠水道。

> 惻隱之心，仁之端也；羞惡之心，義之端也；辭讓之心，禮之端也；是非之心，智之端也。（《孟子‧公孫丑上》）

四個複句，排比而出。善用排比，是《孟子》書以氣勢出色的因素之一。

> 因人之力而敝之，不仁；失其所與，不知；以亂易整，不武。（《左傳‧燭之武退秦師》）

此謂憑藉別人的助力，卻反過來擊敗他，這是不仁厚的；失去了親善的盟國，這是不聰明的；以分裂來代替團結，這是不合武德的。用排比的形式表出，文勢極強。

> 好仁不好學，其蔽也愚；好知不好學，其蔽也蕩；好信不好學，其蔽也賊；好直不好學，其蔽也絞；好勇不好學，其蔽也亂；好剛不好學，其蔽也狂。（《論語‧陽貨》）

孔子勸人好學，以排比句列舉六項美德（仁、知、信、直、勇、剛）及「不好學」的缺失，有無比的說服力。

孝者，所以事君也；弟者，所以事長也；慈者，所以使眾也。（《禮記．大學》）

此謂孝親之道，可以用來事奉國君；敬長之道，可以用來事奉長上；慈幼之道，可以用來使役人民。三個複句排比，強調了「治國必先齊其家」的道理。

所謂「修身在正其心」者，身有所忿懥，則不得其正；有所恐懼，則不得其正；有所好樂，則不得其正；有所憂患，則不得其正。（《禮記．大學》）

四個複句排比，闡釋「修身在正其心」之理，明白而有力。

朦朧裡，山巒靜靜地睡了！
朦朧裡，田野靜靜地睡了！
只有窗外瓜架上的南瓜還醒著，
伸長了藤蔓輕輕地往屋頂上爬。
只有綠色的小河還醒著，
低聲歌唱著溜過彎彎的小橋。
只有風還醒著，
從竹林裡跑出來，

跟著提燈的螢火蟲，

在美麗的夏夜裡愉快地旅行。（楊喚〈夏夜〉）

這段詩以「睡了」、「醒著」造成類疊，更構成排比，強化了它的形式美與音韻美。排比運用得宜，則敘事寫人，清楚鮮明；抒情寫景，淋漓盡致；剖析事理，具體深刻。不過，運用時宜注意下列原則：

(一)鮮明地表現多樣的統一

這句話的含義有三：其一是各個構成的成分的鮮明；其二是各成分從屬於全體的關係的鮮明；其三是全體統一性的鮮明。以〈木蘭詩〉為例：

東市買駿馬，西市買鞍韉，南市買轡頭，北市買長鞭。

詩中以「東、西、南、北」四面奔走，鮮明地表達出木蘭的忙碌，是其一；而「駿馬、鞍韉、轡頭、長鞭」又都鮮明地顯示是戰馬的配備，是其二；四個單句排比，強烈地表現出木蘭緊鑼密鼓，積極備戰的精神狀態，是其三。又如張潮的《幽夢影》說：

上元須酌豪友，端午須酌麗友，七夕須酌韻友，中秋須酌淡友，重九須酌逸友。

「上元、端午、七夕、中秋、重九」五個鮮明的節慶日；「豪友、麗友、韻友、淡友、逸友」五種鮮明的朋友類別；五個單句排比，鮮明的強調，酌飲須依時、因人而異。出色的排比句，能如此鮮明地表現多樣的統一。

(二)具體地表達共相的分化

當排比為共相的分化時，部分與部分之間，或分殊，或背馳，或矛盾，但是，每一部分都必須是具體的，且由一「共相」彼此貫串。如：

心不在焉：視而不見，聽而不聞，食而不知其味。（《禮記・大學》）

這是用三個單句排比，表達「心不在焉」這一「共相」的分殊。又如：

在齊太史簡，在晉董狐筆，在秦張良椎，在漢蘇武節。為嚴將軍頭，為嵇侍中血，為張睢陽齒，為顏常山舌。或為遼東帽，清操厲冰雪；或為〈出師表〉，鬼神泣壯烈；或為渡江楫，慷慨吞胡羯；或為擊賊笏，逆豎頭破裂。（文天祥〈正氣歌〉）

這段文字說明正氣對於人的實際發用情形，以三組排比寫出十二例證，前二組各為四個單句排比，且每句為一例證，後一組則為四個複句排比，每個複句為一例證。這三組排比，既有整齊和諧之美，又有適度的靈活變化。更值得讚美的是：每一個排比句，都具體地表達了「時窮節乃見，一一垂丹青」這一共相。

筆記欄

第一七講 譬喻

文學作品是一種表現情致的文字藝術。而文字的功用無外乎言情、說理、敘事與狀物；但無論如何，總是不能缺少一種情致，否則不是變成教條主義，乾乾巴巴，艱澀枯燥得難以下嚥；就是淪為言不及義，婆婆媽媽，絮叨繁瑣得不忍卒聽；如何能傳遞當下一種婉轉微妙的靈動？呈現一片澄明自在永恆的思悟？於是，感覺與審美的加總和連續，使得文學藝術與科學、哲學憬然有別；其中，譬喻法正是以驅動想像，再創美感的遣詞練字術，擴大了我們的認知，深刻了我們賞味的情趣，而在文字符號的伸展臺上獲得了專寵的權利。

那麼，什麼是譬喻法呢？

簡單地說，譬喻是一種「借彼喻此」的修辭法。所謂「彼」與「此」是指二個獨立的物象，由於二者之中共通著某項或數項類似點，於是透過心理學上的類化作用，進行著借代聯想。這是一種利用舊經驗引起新經驗的比擬說明，通常是以易知說明難知，用具體陳述抽象，而達到著「狀難寫之景如在目前」的妙境。我們看在劉向《說苑》裡有一段有趣的記載：「梁惠王問惠子曰：『願先生言事則直言耳，無譬也。』惠子曰：『今有人於此而不知彈者。』曰：『彈之狀何若？』應曰：『彈之狀若彈，則喻乎？』王曰：『未喻也。』於是更應曰：『彈之狀如弓而以竹為弦則知乎？』王曰：『可知矣！』惠子曰：『夫說者固以其所知，喻其所不知，而使人知之，今王曰：「無譬」則不可矣。』」顯而易見地，「譬喻」是認知理解的一個絕佳的途徑。

漢語文字系統中，討論譬喻法的使用以《墨子．小取》的文字：「辟也者，舉也(他)物而以明之也。」為最早，劉勰《文心雕龍．比興》進而標舉了「或喻於聲，或方於貌，或擬於心，或譬於事。」等譬喻的四項原則；這說明著譬喻法的使用是奠基於情感與事物的聯想依託，而多半經由視覺與聽覺的觸發連鎖，進而得到審美的情調與賞作的快感。以下我們隨即由「設喻說理」、「描擬形容」、「隱語暗示」這三項基本的功能來了解譬喻法在文辭之間的應用。

(一)設喻說理

在行文造意的過程中，我們常常發現，許多的概念、思想甚或學理因為抽象玄奧，於是很容易就被埋沒在隱晦、繁瑣、艱澀的語言文字符號裡，並沒有真正的被理解。是以，在直線陳述面臨瓶頸的同時，靈活的譬喻說明便成了行文救病的藥方。《論語．子罕》中即以「譬如為山，未成一簣，止，吾止也；譬如平地，雖覆一簣，進，吾往也。」舉譬「為學之道」。還記得梁惠王向孟子詢問「王道之始」，而有「用心於民，我國人民卻不加多，鄰國之民不加少」的疑問；因為梁惠王好戰，孟子便用「戰爭」作比喻，以「五十步笑百步」來點悟惠王。此外，以「力足以舉百鈞，而不足以舉一羽」比況「不用力」；「明足以察秋毫之末，而不見輿薪」比況「不用明」；「挾泰山以超北海」的「不能」；「不能為長者折枝」的「不為」；以及「緣木求魚」、「揠苗助長」的妙喻說理，無不出語幽默而涵義警醒。至於道體玄之又玄，極難言詮，更需要藉由凡物以窺法象；比如莊子以「庖丁解牛」為喻來說明「養生之道」；即使遇到飄渺道諦，敘述無法周延的時候，仍然不忘使用類喻作推，來感人耳目，動人心絃。好比「人相忘乎道術」不容易懂，但是「魚相忘於江湖」卻是眾人皆知的；將兩者作一平行聯比，經由旁敲側擊，於是玄機約莫可得。另如唐代高僧懷讓和馬祖也有這麼一段充滿天機的喻說。因為懷讓看見馬祖每天非常專心的坐禪，便問他：「為了什麼？」馬祖回答：「想成佛。」於是懷讓就拿了一塊磚頭來磨。馬祖便問他：「你磨磚做什麼？」懷讓說：「想磨磚作鏡。」馬祖說：「磨磚怎能作鏡？」懷讓於是立即反問他：「那麼，你坐禪豈能成佛？」這便是「反語作譬、醍醐灌頂」了。

(二)描擬形容

「描擬形容」的書寫策略是將人們置身於現象界所萌生激發的種種官覺的感應，以及經驗界域裡的收納儲存，藉由逼真、精彩的比喻做一還原再現。比如山之巔，水之湄，仙樂之聞，出塵之貌，瀟灑之神，浩然之氣，愴然沉鬱之感，歡愉希望之情均可出以具體、準確的形容描寫，使不知者怦然心動，使知者而不能說者一吐為快。如：山之巔：

臺下峰，如筆，如矢，如筍，如竹林，如刀戟，如船上桅，又如天帝戲將武庫兵仗散布地上，食頃，有白練繞樹楊，僧喜告曰：此雲鋪海也。初，濛濛然，鎔銀散棉；良

久，渾成一片。青山群露角尖，類大盤凝脂中有筍脯矗現狀。（袁枚〈遊黃山記〉）

水之湄：

小舟在平靜的水上真像一片樹葉，那樣的輕盈，又那樣的迅捷，……在近處看來，潭水是那樣平滑、柔軟，微微地起伏著，就似藍色的綢緞，……而向遠處望去，卻又微波萬疊，像一個美妙神奇的夢境。……那時的思想，有如湛碧的潭水，一澄底的清澈。而那時的心性，有如止水行雲，唯願似這般順流逐波，永不停留！（艾雯〈綠水三千〉）

仙樂之聞：

那王小玉便啟朱唇，發皓齒，唱了幾句書兒。聲音初不甚大，只入耳有說不出的妙境，五臟六腑裡，像熨斗熨過，無一處不伏貼；三萬六千個毛孔像吃了人參果，無一個毛孔不暢快。……漸漸越唱越高，忽然拔了一個尖兒，像一線鋼絲拋入天際，……那知她於那極高的地方，尚能迴環轉折；幾轉之後，又高一層，接著有三、四疊，節節高起，恍如由傲來峰西面攀登泰山的景象，……那王小玉唱到極高的三、四疊後，陡然一落，又極力逞其千迴百折的精神，如一條飛蛇，在黃山三十六峰半中腰裡盤旋穿插，……從此之後，愈唱愈低。愈低愈細，那聲音漸漸地聽不見了。……約有兩三分鐘之久，彷彿有一點聲音，從地底下發出。這一出之後，忽又揚起，像放那東洋煙火，一個彈子上天，隨化作千百道五色火光，縱橫散亂。……那彈弦子的，亦全用輪指，忽大忽小，同那聲音相和，有如花塢春曉，好鳥亂鳴，……忽聽霍然一聲，人弦俱寂。這時臺下叫好之聲，轟然雷動。（劉鶚〈明湖居聽書〉）

出塵之貌：

進來了一位年輕的公子，……面若中秋之月，色如春曉之花，鬢若刀裁，眉如墨畫，面如桃瓣，目若秋波。雖怒時而若笑，即瞋視而有情。（曹雪芹《紅樓夢》第三回）

瀟灑之神：

白露橫江，水光接天。縱一葦之所如，凌萬頃之茫然。浩浩乎如馮虛御風，而不知其所止；飄飄乎如遺世獨立，羽化而登仙。（蘇軾〈赤壁賦〉）

浩然之氣：比如文天祥〈正氣歌〉中「鼎鑊甘如飴」的磅礴正氣。

愴然沉鬱之感：

古人說，人生如萍，在水上亂流。那是因為古人未出國門，沒有感覺離國之苦，萍總

還有水流可以憑藉，以我看，人生如絮，飄零在此萬紫千紅的春天。（陳之藩〈失根的蘭花〉）

歡愉希望之情：

春天像剛落地的娃娃，從頭到腳都是新的，它生長著。春天像小姑娘，花枝招展，笑著，走著。春天像健壯的青年，有鐵一般的胳膊和腰腳，它領著我們上前去。（朱自清〈春〉）

(三)隱語暗示

以上「設喻說理」與「描擬形容」兩種功能都是借由明白、直接的比喻來表現，主要在達成說明與描寫。倘若換以微妙婉轉的比況說明，比如孟浩然〈題終南翠微寺空上人房〉：「瞑還高窗昏，時見遠山燒。」這兩句詩正是以「昏窗」、「燒山」暗喻「瞑色」。又如杜甫〈和裴迪登蜀州東亭送客逢早梅相憶見寄詩〉：「東閣官梅動詩興，還如何遜在揚州。此時對雪遙相憶，送客逢春可自由……。」前人評論此詩：「非真對雪，梅即雪也。非果逢春，梅即春也。」這裡以雪喻梅，以春代梅，都是迴避假借，利用譬喻，變文成辭，而出現著暗示、美化的功能。此外，有許多寓言、俗諺、歇後語，比如：莊惠「鵷鶵、鴟鴞」之喻，以及「三天打漁，兩天曬網」、「螳臂擋車」……等等常用俗語，都出現了隱喻暗示的意圖。

接著，我們要討論譬喻辭格的組合與類型。

「譬喻」辭格，總由「喻體」、「喻依」、「喻詞關係組」組構而成。所謂「喻體」是指所要說明解釋的「對象主體」；而「喻依」則是指用來輔助說明、或強調美化該「對象主體」的「譬喻客體」，這「喻體」與「喻依」的關係也正是上文所提到的「借彼喻此」的「此」和「彼」的關係。至於「喻詞關係組」則是指通過二者的類似點以喻詞繫聯喻體和喻依的語群。王夢鷗先生在《文學概論》中將「喻體」、「喻依」、「喻詞關係組」分別以A、C、B(B1+B2)表示，亦即是「譬喻法」必須有不同的兩個對象A、C；A和C中間至少共有一種以上的相關特質(B1)；即是此一相關特質(B1)加上譬喻語詞(B2)將二者A和C繫聯了起來。比如：「大絃嘈嘈如急雨」這個句子，「大絃」是「喻體」，即是A。「急雨」是「喻依」，即是C。「嘈嘈如」是屬於「喻詞關係組」的部分，也就是相關特質部分B(B1+B2)，其中「嘈嘈」是一種音喻(B1)，指稱「大絃」所發出的絃樂聲和「急雨」的聲音類似。「如」則是譬喻連接語詞(B2)。明白這樣辭格的組合成分，我們在理解的時候，方能正確的掌握住譬喻的要髓，便不致產生蘇軾〈日喻〉中所提到的：「盲者識日，以『日之狀如銅槃』的告喻，卻由聲音認鐘為日；以『日之光如燭』的告喻，卻由形狀認籥為日」的錯誤了。

由於譬喻法在使用的時候，喻依（C）這個部分無論繁簡，都不能省略；但是喻體（A）、喻詞關係組（B）或有省略改變的情形，在造句行文中可以表示出來，也可以不表示出來。根據這些使用變化，大致可將譬喻法歸納出幾個類型。

1.「明喻」：或稱為「直喻」。這是「喻體」、「喻依」、「喻詞關係組」三部分俱全的譬喻法。喻詞大都使用：如、有如、恍如、似、好似、恰似、若、有若、彷彿、好像等來繫聯「喻體」和「喻依」。我們先觀察一組簡短的例句：「君子之交淡如水，小人之交甜如蜜」。其中，「君子之交」、「小人之交」是「喻體」，「水」、「蜜」是「喻依」，「淡」、「甜」是「喻詞關係組」中的相關特質，「如」則是「喻詞」。這組譬喻分視的時候，上下兩句各是明喻；合視則成對喻。另外，繁詳的詩例如蘇子瞻〈和子由詩〉：「人生到處知何似？應似飛鴻踏雪泥。泥上偶然留指爪，鴻飛那復計東西？」一詩中，「人生到處」是「喻體」，「飛鴻踏雪泥」是「喻依」，「泥上偶然留指爪，鴻飛那復計東西」這兩句是「喻詞關係組」中的相關特質，「似」則是「喻詞」。至於「喻詞關係組」中，相關特質的部分也常有隱藏不說的情形，比如：「月光如水水如天」是「喻體」與「喻依」的連續比擬，其相關特質究竟指涉什麼，並未標明固定。所以我們或從其色澤，或從其流動的情態，或從其整體的氛圍衍生，可以進行廣泛的、自由的聯想。雖然大抵「明喻」多由具體以說抽象，但也有由抽象來描述具體的情形，如：「其聲嗚嗚然：如怨、如慕、如泣、如訴。」（蘇軾〈赤壁賦〉）又有由物思人的時候，比如白居易〈長恨歌〉：「芙蓉如面柳如眉，對此如何不淚垂？」「芙蓉如面柳如眉」原本是「面如芙蓉眉如柳」的，如今楊妃玉殞，是而喻體不得不翻轉為喻依，這正是藉著物物的連鎖比襯，以見情勢變化。是而下句「淚垂」，亦是痴情人想當然之舉。

「明喻法」裡更有細分；有使用兩者以上的「喻依」來形容「喻體」的，稱為「博喻」。例如：「（王小玉）那雙眼睛，如秋水，如寒星，如寶珠，如白水銀裡頭養著兩丸黑水銀。」（劉鶚〈明湖居聽書〉）又有上下兩句排比如「人如風後入江雲，情似雨餘黏地絮。」（周邦彥〈玉樓春〉）的「排喻」；皆可視為明喻法則中的變化使用。

2.「隱喻」：是具備著「喻體」與「喻依」，而用「是」「為」這一類的繫詞作為「喻詞」來銜接「喻體」與「喻依」的譬喻。比如：謝朓〈別王函僧孺〉：「花樹雜為錦。」中「花樹」與「錦」用「為」字串連了二者類似的錯雜之美。又如方苞〈左忠毅公軼事〉：「吾師肺肝，皆鐵石所鑄造也。」「皆」是「皆為」、「都是」的意思。另如徐志摩〈再別康橋〉中：「那河畔的金柳，是夕陽中的新娘。」鄭愁予〈錯誤〉：「你底心是小小的窗扉緊掩。」都是「隱喻」。至於兩者以上的「喻體」，僅用一個「喻依」來形容，稱為

「凝喻」。如：「築路的英雄們，都有不平凡的身世。一滴汗、一滴血，便是一個音符。」（季薇〈橫貫探幽〉）；此外，林煥彰〈花和蝴蝶〉：「花是不會飛的蝴蝶，蝴蝶是會飛的花。」中則是取以動靜相對的聯想進行比喻。又如：陳之藩〈寂寞的畫廊〉：「人類的聲音是死板的鈴聲，而人間的面孔是畫廊的肖像。每一個人，無例外的，在鈴聲中飄來，又在畫廊中飄去。」都巧妙地抓住形象與意象的相似點，而用「是」字連接起「喻體」與「喻依」。

3.「略喻」：「略喻」是省略「喻詞關係組」，只出現「喻體」與「喻依」的譬喻。比如李白〈送友人詩〉：「浮雲遊子意，落日故人情。」應是「遊子意（正如）浮雲，故人情（恰似）落日。」的略言，在這兩句詩中，「喻依」被調至「喻體」之上，於是這個比喻又兼有了形容的作用。另如：「黑雲堆墨未遮山，白雨跳珠亂入船。」（蘇軾〈六月二十七日望湖樓醉書〉）即說的是如堆墨般的黑雲以及如跳珠般的白雨。其他還有：「中年，人生的分水嶺。」（趙雲〈沒有故鄉的人〉）「時間，愛情的試金石。」（呼嘯〈家園戀〉）皆可作如是觀。

4.「借喻」：凡是把「喻體」與「喻詞關係組」都省略了，只留下「喻依」，就叫做「借喻」。比如：《論語・子罕》：「歲寒，然後知松柏之後凋也。」則是使用借喻，比喻省略的喻體「亂世，然後知君子之守正也」；二者中間的喻詞「猶」也省略了。再舉

《詩經・蓼莪》的例子：「缾之罄矣，維罍之恥。」是以「缾」喻「父母」，「罍」喻「子女」。全句在說父母年老未得奉養，是為人子女的恥辱。又如白居易〈女道士詩〉：「姑山半峰雲，瑤水一枝蓮。」是借「雲」、「蓮」（花）比喻「美人」。而蘇東坡的〈海棠〉：「朱唇得酒暈生臉，翠袖捲紗紅映肉。」又是借「美人」來比喻「花」了；另外，譬如「過去，我全然不知你的身世：荷蘭東印度公司的一頭好乳牛；封建王師暫寄軍旅的海陬；滿洲帝國戰敗求和的祭品；大和皇軍南進的根據地；……。」（李筱峰〈最後的戀人〉）喻體明顯的是「臺灣」的省略，其將每一階段的歷史進程換作譬喻，生動地記載了臺灣三、四百年來獨特的歷史承載。這些都是「借喻」的技巧。

有人說：「譬喻修辭法是一種『語境間的交易』。」善用譬喻，不但可以藉由移情共感，延伸了本體的意涵；更由於激盪想像，進而撞擊出了新的感悟。比如商禽這首〈逃亡的天空〉：

死者的臉是無人一見的沼澤
荒原中的沼澤是部分天空的逃亡
遁走的天空是滿溢的玫瑰
溢出的玫瑰是不曾降落的雪

未降的雪是脈管中的眼淚
升起來的淚是被撥弄的琴絃
撥弄中的琴絃是燃燒著的心
焚化了的心是沼澤的荒原

作者連續使用八個「喻依」來作譬喻，而在最後一個「喻依」又巧妙地回到了初喻，意象是這樣延伸著，意義乃如是撞擊開來。當然，比喻的綜合交錯，比如「霧中的街如水彩畫，行人是三兩個筆觸。」（紀弦〈晨步〉）上句是明喻，下句是隱喻，亦見傳神的創意。然而，進行譬喻固宜選擇熟悉的對象，但切忌失於淺俗；運用豐富的想像力創造新喻，更要避免怪異晦澀；仍然是我們所必須遵循、注意的。因為牽強、粗鄙的譬喻，不能切合情境，既無能引起注意，自然更不能達到說服人、感動人的目的。《世說新語・品藻》裡有著這樣的記載：謝太傅曾問「白雪紛紛何所似？」子弟們的回答：一曰「撒鹽空中差可擬。」一答「未若柳絮因風起。」在這個例子中，分別是用「鹽」、「柳絮」兩個名物來比況靜態的「雪花」；其間兩兩相關的特質涉及到體積大小、色澤和柔軟度的自由聯想；然後更複合以動狀詞彙「撒鹽」、「飄絮」作「飛雪」情態的動狀模擬，這兩個物象（「鹽」與「柳絮」）原為我們所熟悉，但是前者的譬喻失於淺俗，不如後者的真、新、切；因而出現了高下立判的藝術效果。另外，張愛玲在〈第一爐香〉中：「薇龍一夜也不曾合眼，便恍恍惚惚在那裡試衣服，試了一件又一件，毛織品，毛絨絨的像富於挑撥性的爵士樂；厚沉沉的絲絨像憂鬱的古典化的歌劇主題歌；柔滑的軟緞像『藍色的多瑙河』涼陰陰地匝著人，流遍了全身，才迷迷糊糊盹了一會，音樂調子一變，又驚醒了，樓下正奏著氣急吁吁的倫巴舞曲，薇龍不由想起壁櫥裡那條紫色電光綢的長裙子，跳起倫巴舞來，一踢一踢，淅瀝沙拉響。」是注重「神似」，將衣質與樂曲連結譬喻，除了把觸覺、視覺與聽覺等巧妙地串聯了起來；同時也描繪了小說人物的心境轉折，情節遂在精緻的譬喻文字中自然地流轉發展。這些都是鮮明精彩的譬喻。

第一八講

轉品

轉品是一種極為活潑的書寫。所謂「轉」意謂著一種轉變，「品」指的是詞性的品類。「轉品」就是改變了某一詞彙原本經常使用的詞性，靈活運用在語文之中，而出現豐富、跳脫的新意。比如：「魏安釐王三十年，公子使使遍告諸侯，諸侯聞公子將，各自遣將將兵救魏。」（司馬遷〈魏公子列傳〉）在這裡，「使」當做名詞「使者」，也可當做「派遣使者」這個動作使用。「將」也是一樣，既作名詞「將軍」，也用作「成為將軍」這個動狀的完成，更進而用作動詞「率領軍隊」——亦即一個將軍所身負最重要的職責的執行。這就是最常見到的「名詞用如動詞」的一種轉品格式。

因為漢藏族的語言系統屬於孤立語，不同於其他語系以字形變化決定詞性；譬如歐羅巴族的變形語系中的第三人稱因為格、性、數等不同的要求，出現有 she, he, it, they, her,

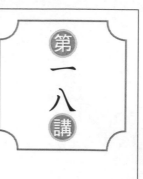

his, its, their, them 的用式，而伴隨其後的動狀詞也隨著時態、單複數而產生繁複的配套變化。至於漢語系統裡，詞類的屬性比較固定，也大都負責穩定的職務分工：比如名詞通常用作主語、賓語，動詞用作謂語，形容詞、副詞用作修飾語。然而，由於語言兼具著繼承的本質與發展的特性，漢語系統中詞彙在使用的時候，出現了「轉品」的現象；這種修辭法是根據著上下文中詞彙放置次序的不同，決定著不同詞性的使用，進而在字裡行間達到明易而有效的修辭功能。通常，「轉品」並不需要改變該字詞的字形，在有些情況下，它的讀音會發生改變，可以用來幫助區別詞性、詞義；以下面這個句子為例：「楊朱之弟楊布，衣（ㄧˋ）素衣（ㄧ）而出，天雨（ㄩˋ），解素衣（ㄧ），衣（ㄧˋ）緇衣（ㄧ）而返。」《韓非子》由此我們可以發現：當名詞作動詞使用時，都改變了原來的讀音。但是這種情形並非通例，所以不能完全依賴讀音來判斷詞性，以免發生閱讀釋義上的困惑。

以下我們分別就各種詞類間的轉換使用，做一舉例說明：

一、以名詞為動詞，如：

鬼神非人實親，惟德是依。《左傳・宮之奇諫假道》

於是齊侯以晏子之觴而觴桓子。〈錢公輔〈義田記〉〉

君子不器。　《論語．為政》

悲苦時高歌一節〈離騷〉，千古的志士淚湧如潮。　〈余光中〈淡水河邊弔屈原〉〉

世界上不應當有窮有富。可是窮人要是狗著有錢的，往高處爬，比什麼也壞。　〈老舍〈柳家大院〉〉

古代政治思想中的節儉教訓都總括在這一個公式裡，直接的範圍了中國財政兩千年之久。　〈胡適〈中古思想史長編〉〉

二、以名詞為形容詞，如：

錦衣玉食　〈司馬光〈訓儉示康〉〉

桂櫂兮蘭槳，擊空明兮泝流光。　〈蘇軾〈赤壁賦〉〉

伯母得意地說：「女大十八變，說不定將來還會變觀音面哩。」　〈琦君〈一對金手鐲〉〉

如果碧潭再玻璃些，就可以照我憂傷的側影，如果蚱蜢舟再蚱蜢些，我的憂傷就滅頂。　〈余光中〈碧潭〉〉

山風吹亂了窗紙上的松痕，吹不散我心頭的人影。　〈胡適〈祕魔崖月夜〉〉

當所有的大國小國都在排斥外貨以保障自己的利益時，我們還睜大眼睛夢大同世界。我愈來愈覺得大同世界很鏡花水月。　〈江玲〈坑裡的太陽〉〉

三、以名詞為限制詞，如：

天下雲集而響應，贏糧而景從。

有席捲天下，包舉宇內，囊括四海之意。（以上兩句見賈誼〈過秦〉）

力不足者中道而廢。《論語・雍也》

蠶食諸侯，使秦成帝業。（李斯〈諫逐客書〉）

七巧當真替長安裹起腳來，痛得長安鬼哭神號的。（張愛玲〈金鎖記〉）

聽風呼，聽海嘯，一隻低飛的海鳥便很尼采的棲立觀音竹高呼：我是飄泊者。（陳紹礎〈觀音竹的歲月〉）

四、以動詞為名詞，如：

有不虞之譽，有求全之毀。《孟子・離婁上》

半夜行軍戈相撥，風頭如刀面如割。（岑參〈走馬川行奉送封大夫出師西征〉）

轎夫與吹鼓手成行的走過，一路是華美的搖擺。（張愛玲〈鴻鸞禧〉）

紅木的大床，可以說明這對情侶的愛與眠；灰色的壁爐，可以說明他們的談與笑。（陳之藩〈寂寞的畫廊〉）

這光，多麼適於一嬰兒的獨泳。（鄭愁予〈甬廊〉）

但有時逃課，彷彿也是受了大海的引誘，一種不能抵抗的感召，慫恿我翻牆出去，……

我從前曾經因為看海被責罵，……只是責罵歸責罵，海總是要看的。（楊牧〈花蓮白燈塔〉）

五、以動詞為形容詞，如：

流水落花春去也，天上人間。（李煜〈浪淘沙〉）

歸花先委露，別葉乍辭風。（鮑照〈翫月城西門〉）

從落空的探索到探索的落實，我走著。（許達然〈探索〉）

枝柯掩映中，有露出一角飛簷峻宇，紅磚綠瓦，那是玄光寺。……那時的心性，有如止水停雲。（艾雯〈綠水三千〉）

我喜歡看列車停靠一個一個的大站小站，像一隻好性情的吐納巨獸。（艾雯〈一個人在旅途上〉）

六、以動詞為限制詞，如：

陰風怒號，濁浪排空。（范仲淹〈岳陽樓記〉）

垂死病中驚坐起，暗風吹雨入寒窗。（元稹〈聞樂天授江州司馬〉）

廣殺其二人，生得一人，果匈奴射雕者也。（《史記・李將軍列傳》）

季澤……望外走、長衫搭在臂上，晴天的風像一群白鴿子鑽進他的紡綢褲褂裡去，那兒都鑽到了，飄飄拍著翅子。（張愛玲〈金鎖記〉）

七、以形容詞為名詞，如：

縈青繚白，外與天際。（柳宗元〈始得西山宴遊記〉）

紅與白揉藍於晚天，錯得多美麗。（鄭愁予〈賦別〉）

也許因為身子單薄的關係，我對冬天有種顫慄的恐懼。……恍惚著，整個長長的一季都顫嗦著飄零的落寞。（白辛〈風帆〉）

橫貫公路的險和媚，與蘇花公路的豪和壯，正好配成一雙。（季薇〈橫貫探幽〉）

最是那一低頭的溫柔，像一朵水蓮花不勝涼風的嬌羞。道一聲珍重、道一聲珍重，那一聲珍重裡有蜜甜的憂愁。沙揚娜啦！（徐志摩〈沙揚娜啦一首〉）

人生中，即使是最得意的人們，有過英雄的叱吒，有過成功的殊榮，有過酒的醇香，有過色的甘美，而全像瞬時的燭光，搖曳在子夜的西風中，最終埋沒在無根的黑暗裡。（陳之藩〈寂寞的畫廊〉）

八、以形容詞為動詞，如：

親賢臣，遠小人。（諸葛亮〈出師表〉）

甘其食、美其服，安其居、樂其俗。（《老子》）

春風又綠江南岸，明月何時照我還。（王安石〈泊船瓜洲〉）

那一面的一滴眼淚她就懶得去揩拭，由它掛在腮上，漸漸自己乾了。（張愛玲〈金鎖記〉）

自從吾鄉的路，逐漸有了光彩。機器們匆匆的叫囂，逐漸陰黯了吾鄉，吾鄉恬淡的月色與星光。（吳晟〈路〉）

時至今日，世界語言在語法使用上多趨向省簡。轉品的修辭格使得語句新穎，而文意豐厚。我們看「老吾老以及人之老，幼吾幼以及人之幼。」這樣的句子：「老」原是形容詞，意為「年老的」意思。在句例中，後面的兩「老」與兩「幼」字正是「形容詞作名詞」的變化使用，意指年老的主體，意即「老者」。而第一個「老」和「幼」字則是由「形容詞轉品為動詞」，出現著「讓老者得以享有為老者的待遇，讓幼者得以享有為幼者的照顧」的訴求，亦正是「老有所終，幼有所養」的大同世界的理想境界的達成。而相對於其他的動詞的使用，如「尊」老、「孝」老；如「育」幼、「養」幼，皆又不如「老」

老、「幼」幼的包意周全。那麼，在「月光流著，已秋了，已秋得很久很久了。秋涼的河上，正凝為長又長的寒街。」（鄭愁予〈右邊的人〉）這樣的句子裡，「秋」字從名詞走到動詞，再凝住回攏成「形容」，你可感覺到了這纏綿涼寒的秋意？是而，「轉品」這個修辭術，使得我們藉由詞性的轉換運用，以原詞的意義為圓心，自然地圖繪出圓熟、煥發的文采。

第一九講 轉化

轉化是一種情趣盎然的修辭術。透過主觀的移情作用，我們在描述事物時，改變了它原來的性質，而轉化為不同的屬性或動作的一種形容敘述。大抵轉化可分為三種類型：「人性化」、「物性化」、以及「形象化」。

(一)「人性化」

「人性化」，是作者把主觀的意識、情感加諸於客體事物上面，藉著客體表現出來，進而製造出鮮活、生動的效果。比如「下山」這個例子（楊昌年《新詩研究》）：

晚鐘響了
是遊客們下山的時間到了
他們
沿著蔓生羊齒植物的小路
一路走下山去

這段文字是摘取遊客下山時所聞（晚鐘）、所見（羊齒植物），進行第三人稱客觀的描寫。現在，我們再比較一段不同的用筆：

晚鐘
是遊客們下山的路
羊齒植物
沿著白色的石階
一路嚼了下去　（洛夫〈金龍禪寺〉）

晚鐘譬喻成路，遊客們勢必踩著音階下山；而羊齒植物人性化，「齒」字在第五行中延展出動狀「嚼」字，生動地完成了遊客們下山的動作。

這類的轉化正是依賴著一種感情的移入，又稱為「擬物為人」的修辭法。大抵「擬人法」是轉化修辭中使用得最頻繁的一類，它又可分為「具體對象的擬人」，以及「抽象概念的擬人」兩種。

所謂「具體對象的擬人」，大多自景物中取樣，從事設身處境的觀察，再經過靈動、新敏的聯想；於是，盎然的情趣便躍然紙上。比如以「花」為例：

向人嬌杏花，撲人衣柳花，迎人笑桃花。（馬致遠〈東籬樂府〉）

顛狂柳絮隨風舞，輕薄桃花逐水流。（杜甫〈絕句漫興〉）

淚眼問花花不語，亂紅飛過秋千去。（歐陽脩〈蝶戀花〉）

只恐夜深花睡去，故燒高燭照紅妝。（蘇軾〈海棠〉）

不如桃杏猶解嫁東風。（張先〈一叢花〉）

桃花聽得入神，禁不住落了幾點粉淚，一片片凝在地上。（許地山〈春底林野〉）

我站在那紅如血的花前……原來生命是可以這樣揮霍的，它是在嘲笑、不屑於世人的拘謹，小心翼翼。（蔣勳〈鳳凰木〉）

以上這些句例，說明「花」從各方面習染了人的姿態或動作（嬌、迎、撲、睡、嫁、聽得、不語、嘲笑等），使得現實境域中「花不解語」的遺憾消除，而在詩文境域得到了

「解語花」的滿足。

至於「抽象概念的擬人」，如：

「煩憂」：

煩憂是一個不可見的天才雕刻家
每個黃昏他來了
他用一柄無形的鑿子
把我的額紋鑿得更深一些　（紀弦〈雕刻家〉）

「真理」：

真理可能被遮掩頃刻
真理他卻永不會彎腰　（臧克家〈勝利的狂飆〉）

「時間」：

歲月走過岩石
留下淺淺的綠　（魏偉莉〈歲月〉）

「死亡」：

當死亡的步子將我屋頂上的一抹虹踢斷。（洛夫〈石室之死亡〉第二十四首）

「靜寂」：

靜寂指著我垂垂的睫影說：那是你的
那是你的，小自在的天下（周夢蝶〈詠雀五帖〉）

這些例子，都是將看似不合理的「不可能」部分，以推人及物的心情進行「轉化」，結果出現「語妙意奇」的形容效果。此外，在詩文中不僅僅於局部特性、簡單動作的人性化；還有著全體、繁複的動作轉化，從全首的詩歌到一篇寓言或童話，把物象實體儼然當做人來進行對話或描摹。我們看林煥彰這首〈月蝕〉，便是一個充滿情趣的例子：

八點鐘，月在我二樓
企圖穿窗而過
十五那個晚上
我捉住了她

所以，你們
就有了一次月蝕
而午夜
她將衣服留在我床上
所以，那晚
她特別明亮

大抵「人性化」的運用，我們可以從名稱呼告上、性態情趣上、動作上三種途徑來認辨。所謂「名稱呼告」，即是指：「蘭友與梅兄」（高觀國〈金人捧玉盤〉）或「蜂媒蝶使」（周邦彥〈六醜〉）等以種種人稱詞（友、兄、媒、使）來稱呼物類，另外就是直接以人稱代名詞進行呼告，比如林煥彰〈月蝕〉中「我捉住了她」她就是指人性化了的「月亮」。而「性態情趣」上的人性化，比如上述花例中的「向人嬌杏花」、「顛狂柳絮隨風舞，輕薄桃花逐水流」的「嬌」、「顛狂」、「輕薄」等專用於人類的形容語直接或間接地修飾物類時，便完成了這類物的人性化。最後，是「動作」人性化的運用，在上述花例中的「花不語」、「花睡去」、「桃杏猶解嫁東風」、「桃花聽得入神」，以及「歲月走過岩石」、「真理他卻永不會彎腰」、「當死亡的步子將我屋頂上的一抹虹踢斷」都是例證。另外，舉如「那口渴的太陽汩汩地吸著海水，漱著，吐著，嘩嘩地響。」（張愛玲〈傾城之戀〉）「把一首／在抽屜裡鎖了三十年的情詩／投入火中／字／被燒得吱吱大叫／灰燼一言不發」（洛夫〈焚詩〉）都由於物類的人性化，給人留下了鮮活的印象。

(二)「物性化」

相對於「人性化」是一種「擬物為人」的修辭法；「物性化」則是一種「擬人為物」的冶鍊術。簡單地說，就是借用其他物類的屬性或動作加諸在人上的一種轉化。比如：〈古詩十九首〉中：「昔我同門友，高舉振六翮。」是把「同門友」比諸「鴻鵠振六翮」般地物化了。另外，張說在〈獄箴〉裡描述獄囚「求食搖尾，見吏垂頭。」即是把獄囚「犬」化了。

因此，在「物性化」的文句裡，明顯的可以看到作為主體的人自動的在屬性或動作上使用著物類所常用的動詞、修飾語，來形容自己的動態，於是隨即在二者可變的基點上，表達了「人與物同」的相似情境。但是，該動態所屬物類的物名並不在文句中出現，這使得「轉化」與「譬喻」產生了區隔。如：

世溷濁而莫余知兮，吾方高馳而不顧。（屈原〈九章・涉江〉）

「高馳」原指馬的奔馳。

宗楨斷定了翠遠是一個可愛的女人……你不要她，她就悄悄飄散了。（張愛玲〈封鎖〉）

作者在上下文間先用「一口氣」譬喻翠遠這個女人，一旦你不要她，她就隨之「氣」化般的飄散了。

尹雪艷總有她自己的旋律。尹雪艷有她自己的拍子。絕不因外界的遷異，影響到她自己的均衡。（白先勇〈永遠的尹雪艷〉）

在這裡，尹雪艷一如音樂，有了自己的旋律、拍子。

一個旅行者，他的生活總是處於出發與抵達之間。……一無所有的漂流。（北島〈搬家記〉）

旅行者的生活漂泊著，正如漂流於水。

八點半。吊橋還未醒／暑假剛開始，夏正年輕／大二女生的笑聲，在水上飛／飛來蜻

蜓，飛去蜻蜓／飛來你。如果你棲在我船尾／這小舟該多輕／這雙槳該憶起／誰是西施，誰是范蠡　（余光中〈碧潭〉）

笑聲的飛，你（人）的飛，你（人）的棲息，原都是飛禽類的動作，在這裡都是「擬人為物」的結果。

明月裝飾了你的窗子／你裝飾了別人的夢　（卞之琳〈斷章〉）

你（人）也成了裝飾品。

就像阿公和阿媽，為阿爸織就了一生綿長而細密的呵護。　（吳勝雄〈負荷〉）

「織就」、「呵護」是物性化。

(三)「形象化」

「形象化」是一種擬虛為實。包括有「擬人為人」、「擬物為物」兩種方法，主要在將抽象的概念具體化。于再春〈轉化論〉一文中認為「形象化」可從量詞或單位名的使用以及主體的動態的轉化兩方面來考量。以下我們即據此做一個綜合的觀察。

關於量詞或單位名的使用：例如「千門萬戶重疊成好一堆惘然。」（余光中〈慈雲寺俯眺臺北〉）「一場愁夢酒醒時，斜陽卻照深深院。」（晏殊〈踏莎行〉）「有時你橫架在她的秋水兩岸，看不盡她那柔情一汪。」（余光中〈伊人贈我一髮歌〉）其中「一堆」、「一場」、「一汪」分別形象化了「惘然」、「愁夢」、「柔情」。但是，我們還必須小心區分這樣的句子：「一絲楊柳一絲恨」（薛昂夫〈最高樓〉）、「一斛明珠萬斛愁」（吳偉業〈圓圓曲〉）其中「一絲恨」、「萬斛愁」固然是抽象概念的形象化；然而，「一絲楊柳」、「一斛明珠」卻是具體物類和其具有形容效果的量詞指稱的結合，並不能算做「形象化」。

至於，主體的動態的轉化，如：

徘徊於桂椒之間，翱翔於激水之上。（宋玉〈風賦〉）

上句「徘徊」形容風，是「擬物為人」，下句「翱翔」則是風模擬鳥的動狀進行轉化，是「擬物為物」。

我沒有夸父的荒誕，但晚景的溫存卻被我這樣偷嚐了不少。（徐志摩〈我所知道的康橋〉）

「晚景的溫存」因為「偷嚐」而被形象化了，是「擬物為物」。

一蓬蓬一蓬蓬的小花，窩在參天大樹上，壁栗剝落燃燒著，一路燒過去，把那紫藍的天也薰紅了。（張愛玲〈傾城之戀〉）

花如火般的燃燒，是「擬物為物」。

你的嘆息，應該被快樂絞殺，面對著明天的歌唱。（楊喚〈短章〉）

「絞殺」使得人的情緒「嘆息」「快樂」形象化，是「擬人為人」。

如果蚱蜢舟再蚱蜢些，我的憂傷就滅頂。（余光中〈碧潭〉）

「憂傷」因為「滅頂」而化虛為實，是「擬人為人」。

為何在眾燈之中，獨點亮那一盞茫然。（洛夫《外外集．煙之外》）

「點亮」的動作和「一盞」的量詞使用，都使得「茫然」具體化，是「擬物為物」。

轉化這個修辭法，穿梭於人、物之間，乍看之下，極易與「譬喻」法相混，但是細分起來，又確實有別。大抵譬喻是就不同事物的相似點著筆，而轉化是就不同事物的可變處著筆。我們看下面這個例子，即是取相同的意涵，做不同的修辭。比如：「愛情像風箏斷了線」，是「譬喻」；把「像風箏」三個字刪除，「愛情斷了線」，這樣的句子就變成了物性轉化了。

由此可知，「移情」與「聯想」可說是「轉化」的一雙翅膀；前者情深，後者思富。「移情」是做著推己及人、設身處地的模擬；「聯想」則是大膽地交換情境，創造新的經驗體會。比如「我見青山多嫵媚，料青山，見我應如是。」（辛棄疾〈賀新郎〉）正是做到了由出人意表的移轉到貼切有味的融合。另外，有率性移情的，比如「風，正用了童話的手法，把兩岸的側影捕捉下來，交給江水一波一波的印」（鄭愁予〈側影的捕捉術〉）；還有的是生動的調度，比如「從散步開始，漸漸地要踏青，然後要登山，……要聽，聽一聽泥土與雙腳絮絮話舊。」（亮軒〈泥中吟〉）都透過句詞的轉化呈現了鮮活跳脫的情趣。如此一來，平凡簡單的事物一旦置身於「轉化」的鎔爐，經過巧妙的串聯，將「不可能」化為「可能」，「無理」成為「無理而妙」，在在都將使得這個語言文字所構成的世界充滿了親切、新奇與感動。

第二〇講 類疊

「類疊」所操縱的是一種「數大」的美學，所管轄的是接二連三重複出現的字詞語句。所謂「疊」的方式是「連續重疊」；而「類」的原則是「隔離反覆」；在漢語系統的圖譜裡，依著「字」、「詞」、「句」的排列組合，我們依序可以看到「疊字」、「疊詞」、「疊句」、「類字」、「類詞」、「類句」等不同的設計。

以下便是我們的採樣和說明：

㈠疊字

首先看：

尋尋覓覓冷冷清清淒淒慘慘戚戚。

李清照〈聲聲慢〉用了十四個疊字。

其次看：

風飄飄，雨瀟瀟，便做陳摶也睡不著；懊惱傷懷抱，撲簌簌淚點拋。秋蟬兒噪罷寒蛩兒叫，淅零零細雨打芭蕉。（關漢卿〈大德歌・秋〉）

大約「疊字」的部分經常被使用的有三種款式：即「AA」、「ABB」、「AABB」。比如：「飄飄」、「瀟瀟」是「AA」式，還有「滾滾」長江東逝水、蛺蝶「深深」見、蜻蜓「款款」飛、一「葉葉」、一「聲聲」等都是。而「撲簌簌」、「淅零零」、「輕飄飄」、「陰森森」、「火辣辣」、「黏糊糊」、「軟趴趴」、「鬧哄哄」等則屬於「ABB」式。

又其次看：

驚蟄一過，春寒加劇。先是料料峭峭，繼而雨季開始，時而淋淋漓漓，時而淅淅瀝瀝，天潮潮地溼溼，即連在夢裡，也似乎拿把傘撐著。而就憑一把傘，躲過一陣瀟瀟的冷雨，也躲不過整個雨季，連思想都是潮潤潤的。每天回家……雨裡風裡，走入霏霏令人想入非非，想這樣子的臺北淒淒切切，完全是黑白片的味道。（余光中〈聽聽那冷

雨〉）

在這裡，除了「霏霏」、「非非」（ＡＡ式）、潮潤潤（ＡＢＢ式），另外出現了「ＡＡＢＢ」式：比如「淋淋漓漓」、「淅淅瀝瀝」、「淒淒切切」等，此外「堂堂正正」、「浩浩湯湯」、「轟轟烈烈」、「牽牽絆絆」也都是這樣的用法。

再其次看：

踢踢踏，踏踏踢，給我一雙小木屐，讓我把童年敲敲醒。　（余光中〈小木屐〉）

是「ＡＡＢ」的疊式，但不多見。

接著看：

桃花落，閑池閣，山盟雖在，錦書難託，莫！莫！莫！　（陸游〈釵頭鳳〉）

路有千條條條在呼喚著我／樹有千根根根在呼喚著我　（白萩〈路有千條樹有千根〉）

使用「ＡＡＡ」連三疊的形式。其中，陸游在藉連續否定嘆詞來表達萬事皆休的無奈，並隱約透露著不甘。而白萩的詩在字義認讀上可作成「路有千條，條條在呼喚著我」的區隔，此處詩人斷處不斷，無非是意圖藉著音節的重複與字形的重複，來喚起特殊的感應。

最後看：

這臉臉臉臉臉的重疊　（辛鬱〈臉的變奏〉）

封鎖了，搖鈴了，「丁玲玲玲玲玲」每一個玲字是冷冷的一小點，一點一點連成一條虛線，切斷了時間與空間。（張愛玲〈封鎖〉）

其中單字的重疊都超過三次；這樣的疊字在字音上，代表著一種強力呼告；而在字形上，則構成了視象擴張。

(二)疊詞

如：

微之，微之，如何！如何！天實為之，謂之奈何！（白居易〈與微之書〉）

「微之」是名詞重疊，「如何」是形容詞重疊。

團扇，團扇，美人病來遮面。玉面憔悴三年，誰復管絃商量？絃管，絃管，春草朝陽

路斷。（王建〈調笑令〉）

「團扇」「絃管」都是名詞重疊。

知了知了你知不知／島上的夏天有多長／多長是夏天的故事／鋸齒鋸齒又鋸齒／拉你天真的金鋸子／試試夏天有多長。（余光中〈聽蟬〉）

「知了」是名詞，「鋸齒」是名詞又是狀聲詞的重疊。

離別已裝滿行囊／我已不能流浪／我寧願依著影子向草垛／夜夜，夜夜／任你把我的生命，零星地／不經意地／織進網（鄭愁予〈琴心〉）

「夜夜」疊字又疊詞。

我們站著站著站著如一支入土的／樁釘，固執而不動搖（白萩〈樹〉）

「站著」是動詞重疊。

風的剪刀／把我的童年／裁成一隻一隻的／一隻一隻的風箏／在風中愉快的／飛舞著（洪志明〈風的剪刀〉）

「一隻一隻的」形容詞重疊。

然後時間加速，越來越快，越來越快，繁絃急管轉入急管哀絃。……（張愛玲《對照記》）

「越來越快」限制詞重疊。

(三)疊句

如：

斯人也，而有斯疾也！斯人也，而有斯疾也！（《論語・雍也》）

少年不識愁滋味，愛上層樓，愛上層樓，為賦新詞強說愁。而今識得愁滋味，欲說還休，欲說還休，卻道「天涼好個秋！」（辛棄疾〈醜奴兒〉）

一個空皮囊，包裹著千重氣；一個乾骷顱，頂戴著十分罪。為兒女施盡了拖刀計，為家私費盡了擔山力，您省的也麼哥？您省的也麼哥？這一個長生道理何人會？（鄧玉賓〈叨叨令〉）

那是夜。在黎明的雞啼裡，卻是有去無來，有去無來，悽悽地，寂寂地，淡了下去；……（張愛玲《對照記・被窩》）

只有斜陽仍是／當日的斜陽 可是／有誰 有誰 有誰／能把我重新埋葬 （席慕蓉〈樓蘭的新娘〉）

振豐還沒等老姑母講完，便衝動的，一下子跑到母親的靈堂，趴伏在棺木上，捶打痛喊著說：「我可以走大門，那麼就讓我媽連著我走一回大門吧！就這麼一回！就這麼一回！」 （林海音〈金鯉魚的百襉裙〉）

(四)類字

如：

是故無貴、無賤、無長、無少，道之所存，師之所存也。 （韓愈〈師說〉）

「無」是類字，「所存」是類詞。

欲寄君衣君不還，不寄君衣君又寒，寄與不寄間，妾身千萬難。 （姚燧越調〈憑闌人〉）

其中「君」字重出共四次，「寄」重出共兩次（「不寄」亦同）。這是由音調上的連綿相承，延展到情意上的連綿相承。又如：

我把生命呀，釀成美酒
曾頻頻地送到你的唇邊
一盞、兩盞、三盞……　（馮至〈風夜〉）

行到水窮處
不見窮，不見水——
卻有一片幽香
冷冷在目，在耳，在衣。
……
乍醒。驚喜相窺
看你在我，我在你；
看你在上，在後在前在左右；
回眸一笑便足成千古。　（周夢蝶〈行到水窮處〉）

我們彼此拜訪彼此關切／相連相依相解相溶之情／絕非星期日曆，所能想像　（羅青〈床前的月亮〉）

主要是沒什麼玩兒的，沒書、沒電、沒電影兒。去那兒也不容易，老在這溝兒裡轉，悶得無聊。　（鍾阿城〈棋王〉）

你愛穿什麼就穿什麼；扮一個牧童，扮一個漁翁，裝一個農夫，裝一個走江湖的吉卜者，裝一個獵戶；……（徐志摩〈翡冷翠山居閒話〉）

(五)類詞

如：

不讀書有權，不識字有錢，不曉事倒有人誇荐，老天只任忒心偏。……

不讀書最高，不識字最好，不曉事倒有人誇俏，老天不肯辨清濁。……　（無名氏中呂〈朝天子〉）

「不讀書」、「不識字」、「不曉事」等同一元素分別作間隔性的出現。

那對眸子彷彿是個獨立的個體似的滴溜溜的轉來轉去，時而笑，時而怒，時而悲傷，時而灰黯。（村上春樹著，賴明珠譯《挪威的森林》）

其中，「時而」是「類詞」，而「滴溜溜的」是「疊字」，「轉來轉去」則是「類字」，這是綜合使用「類疊」的例句。又如：

怕黃昏忽地又黃昏，不銷魂怎地不銷魂。新啼痕壓舊啼痕，斷腸人憶斷腸人。（王實甫中呂〈十二月過堯民歌〉）

這些似乎熟悉又不熟悉的風景。熟悉，是因為萍水相逢，我與風景，不過都在流浪途中。不熟悉，是因為每一分一秒都在告別，那車窗外不斷飛逝而去的風景與歲月，我何曾留住點點滴滴。（蔣勳〈今宵酒醒何處〉）

也不顧海闊、風緊、樓高
竟留我一人夜讀曹操
獨飲這非茶非酒，亦茶亦酒
獨飲混茫之漢魏
獨飲這至醒之中之至醉（余光中〈夜讀曹操〉）

在濤聲中喚你的名字而你的名字
已在千帆之外　（洛夫〈煙之外〉）

㈥類句

如：

子曰：「天何言哉？四時行焉，百物生焉，天何言哉？」（《論語・雍也》）

傷心秦漢經行處，宮闕萬間都做了土。興，百姓苦。亡，百姓苦。（張養浩中呂〈山坡羊〉）

我不願意！嗚呼嗚呼，我不願意，我不如徬徨於無地。（魯迅〈影的告別〉）

我不知道風是在哪一個方向吹，
我是在夢中，
在夢裡的清波裡依洄。
我不知道風是在哪一個方向吹，

我是在夢中，
她的溫存，我的迷醉。
我不知道風是在哪一個方向吹，
我是在夢中，
甜美是夢裡的光輝。　（徐志摩〈我不知道風是在哪一個方向吹〉）

給我一片雪花白啊雪花白
信一樣的雪花白
家信的等待
是鄉愁的等待
給我一片雪花白啊雪花白　（余光中〈鄉愁四韻〉）

由以上的例子觀察，「類疊」這個修辭技巧的經營，是在如何圓熟的掌控「間隔」與「頻率」這兩個元素，進而在組詞練句、行文成章之際出現一種整齊的、醒目的美感，以及一段和諧的、奇妙的節奏。其中，「疊」這種無間隔性的複疊，正藉著齊一的多數，工整的頻率，製造出團結與飽滿的感覺；另一方面，音響也支配了語言意義的內容和方向。比如紀弦的詩作：「使天地戰慄如同發了瘧疾；／並刮起涼風颯颯的，颯颯颯颯颯的：／這就是一種過癮。」（〈狼之獨步〉）這「颯颯颯颯」疊出，不正形成了一種「過癮」。至於「類」，則是一種間隔性的重出，經由暫隱而復現的錯綜，固定拍節的秩序，結果是以回音的姿態，強化了閱讀的熟悉感；另一方面首尾前後的呼應，也帶來了廣延的效果。這正如佛洛伊德所說：「一件事經過我們一再複述之後，就容易駕馭。」以下面這首古樂府為例：「公無渡河，公竟渡河，渡河而死，將奈公何。」之中類字「公」重出三次，與同樣三次呈現的類詞「渡河」，分別強調著作為主角的「人類」以及象徵著主人翁所面臨的「大自然的挑戰」，民歌之中「渡河」又作疊詞形成頂真，然後，結局隨即呈現：最後悲劇終於發生。這十六個字即是以複沓的節奏來經營一個故事，撞擊著我們的心絃。

　此外，要特別注意的是：類疊固然是以「多數的劃一」造成美感；但是缺乏控制的、無謂的重複行為將帶來機械、單調、沉悶、甚至窒息的感覺；必然會產生閱讀的倦怠與疏離。比如葉維廉的〈絡繹〉中連續使用一六九個「蝗」字，意圖形成一大片蝗災，以製造出駭人的視覺效果。然而，文字行走的步調無可避免的卻被冗緩下來，類疊於是可能淪為一種無節制的書寫，將帶來閱讀上的不快。相反地，準確地掌握節奏，巧妙地運用類疊的規律，便可以經營出這樣的調子：

　　秋天，秋天什麼也沒留下

只留下一個暖暖
只留下一個暖暖
一切便都留下了　（瘂弦〈秋歌〉）

第二一講 倒裝

「倒裝」是在語文中特意顛倒文法的常態順序的一種修辭法。

那麼，什麼是文法的「常態順序」？

根據王力先生的《中國語法理論》，約整出了兩項律則：一種是「主語先於謂語」；另一種則是「目的語後於其敘述語」。因此，當我們在造句行文的時候，如果放置語詞的順序與此不同，即出現了所謂「倒裝」的行為。前者如白樸〈沉醉東風〉中：「點秋江白鷺沙鷗」，這一句正常語序應為「白鷺沙鷗（主語）點秋江（謂語）」；後者如《莊子・養生主》裡提到「依乎天理，批大郤，導大窾，因其固然。技（枝）經肯綮之未嘗，而況大軱乎！」其中「技（枝）經肯綮之未嘗」應為「未嘗（敘述語）技經肯綮（目的語）」的倒裝。

對於文句中這種倒裝的現象，究其䖒源，大致可析為「非刻意倒裝」與「刻意倒裝」兩種情況。所謂「非刻意倒裝」，是指自然的隨語倒裝。因為人類思想的生發，先天上即有著龐雜、顛倒、紊亂的趨勢，表達的時候並不是處處合乎邏輯規律的。因此，在物象落入思維而成心象，心象展轉復發為文象的過程裡，語言文字的遞解、輸送，常常因為「緩急語態」，而移動了本然的字詞的位置，改變了原有的敘述順序。比如：「誰呀？那敲門的。」是著重於此時此刻對聲音製造者的好奇，所以立即問「誰？」原句正常語序應是「那敲門的（是）誰呀？」又如《戰國策・趙策》中：辛垣衍怏然不悅曰：「嘻，亦太甚矣，先生之言也。」原句應為「先生之言亦太甚矣。」此處先出現不滿之語：「亦太甚矣」（實在太過分了），正是著意強調著辛垣衍的不悅。這些都是人類處於緊急或是疏忽的狀態下，語態一如思維，以「重急輕緩」的順序表達，也就是把第一關心者優先說出，而並不曲全文法上的常規。

至於「刻意倒裝」，則是指「變言倒裝」，這是一種特意的文句經營，是由於「音響和韻」、「刻意造奇」等不同的需求，以及「歐化語法」的影響而產生了字詞句的倒裝。

我們先看為了「音響和韻」所產生的倒裝，其方式又可分兩種：一種是為了平仄相協，一種是為了韻響相合。

一、由於古典文學中平仄合律的要求，因此往往出現為了「平仄相協」而出現的倒裝。例如：杜甫〈江漢〉詩中「片雲天共遠，永夜月同孤」，原句應為「片雲共天遠，永夜同月孤」。由於依照仄起五律的規式，這兩句的平仄應為「仄平平仄仄，仄仄仄平平」；如果是「片雲共天遠，永夜同月孤」平仄就成「仄平仄平仄，仄仄平仄平」，便不協了。另外如江淹〈別賦〉中：「使人意奪神駭，心折骨驚」，後句「心折骨驚」原意應為「骨折心驚」，但是因為配合對仗與平仄的格律美，「心」對「意」，平對仄；「骨」對「神」，仄對平，於是出現了倒裝。

二、至於因為韻腳的合韻而採用的倒裝句，無論是古典詩或現代詩都有這樣的情形，我們分別看下面兩個例子：王維〈山居秋暝〉：「空山新雨後，天氣晚來秋。明月松間照，清泉石上流。竹喧歸浣女，蓮動下漁舟。隨意春芳歇，王孫自可留。」其間「竹喧歸浣女，蓮動下漁舟。」原句應為「竹喧浣女歸，蓮動漁舟下。」因為遷就「秋」、「流」、「舟」、「留」協韻而作倒裝。另外如：

這雙槳該憶起
誰是西施，誰是范蠡
那就划去太湖，划去洞庭
聽唐朝的猿啼

划去潺潺的天河
看你濯髮，在神話裡　〈余光中〈碧潭〉〉

最後一句本為「看你在神話裡濯髮」因為協「ㄚ」韻的關係而顛倒詞序。另外，為了消除讀者因為「想當然耳」式的閱讀所帶來的平板疲厭，所以在字句的安置上故意錯落原有的次序，造成變化。一方面助增文章的波瀾，一方面一新讀者的耳目；便出現「刻意造奇」式的倒裝。以下分別舉用杜甫以及鄭愁予詩中的名句：杜詩：「香稻啄餘鸚鵡粒，碧梧棲老鳳凰枝。」〈秋興八首之八〉明顯地，詩人故意違反了「目的語後於其敘述語」的原則：「香稻粒」原當是「鸚鵡啄餘」的對象，而「碧梧枝」原當是「鳳凰棲老」的對象。而鄭詩〈錯誤〉中：「恰若青石的街道向晚。」原應是「恰若向晚的青石街道」，「向晚」的移至句末，無疑地將青石的街道上的暮色籠罩做了漸層式的描圖處理。

至於現代詩語受到歐化語式影響的情形很多。比如：穆木天〈蒼白的鐘聲〉：「軟軟的　古鐘　飛蕩隨　月光之波」本為「軟軟的古鐘隨月光之波飛蕩」。又如余光中〈敲打樂〉：

何時
才停止無盡的爭吵，我們
關於我的怯懦，你的貞操？

原句應為「關於我的怯懦、你的貞操，我們何時才停止無盡的爭吵？」以及鄭愁予〈夜歌〉：

這時，我們的港真的已靜了。當風和燈
當輕愁和往事就像小小的潮的時候

原句應為「當風和燈，當輕愁和往事就像小小的潮的時候，（這時）我們的港真的已靜了。」等等都是。

現在，我們進一步檢視倒裝的幾種款式：

(一)字詞的倒裝

如：

子曰：「吾誰欺？欺天乎？」（《論語・子罕》）

應為「吾欺誰？」的倒裝。

白日依山盡，黃河入海流。（王之渙〈登鸛雀樓〉）

應為「黃河流入海」的倒裝。

蕩胸生層雲，決眥入歸鳥。（杜甫〈望嶽〉）

根據吳瞻泰《杜詩提要》中的解釋：應為「望層雲生而胸為之蕩，望歸鳥入而眥為之決」的字詞錯置。

我那正義的侶伴啊／請心安（黃林雙不〈夢回臺灣〉）

「侶伴」應為「伴侶」的倒裝。「心安」應為「安心」的倒裝。

四十歲後還挺著一枝筆／已經，這是最後的武器（余光中〈守夜人〉）

應為「這已經是最後的武器」的倒裝。

你記得也好，最好你忘掉，在這交會時互放的光亮！（徐志摩〈偶然〉）

應為「你記得在這交會時互放的光亮也好，最好你忘掉在這交會時互放的光亮！」

(二)句的倒裝

如：

傲殺人間萬戶侯，不識字煙波釣叟（白樸〈沉醉東風〉）

這二句正常語序應為「煙波釣叟不識字，傲殺人間萬戶侯」。

春風如夢草萋萋，萬里巴山更向西。不許行人頭不白，嘉陵江上杜鵑啼！（易順鼎〈題嘉陵驛〉）

應為「嘉陵江上杜鵑啼，不許行人頭不白。」的倒裝，此為因果倒置，為的是要塑造詩中警醒的聲勢。

遠送從此別，青山空復情，幾時杯重把，昨夜月同行。（杜甫〈奉濟驛重送嚴公四韻〉）

應為「昨夜月同行，幾時杯重把？」的倒裝，是一種時序的倒挽，進而烘托出曲折的淒涼的別意。

就像死亡那樣肯定而真實
你躺在這裡。（周夢蝶〈十月〉）

應是「你躺在這裡，就像死亡那樣肯定而真實。」的倒裝。

步雨後的紅蓮，翩翩，你走來
像一首小令
從一則愛情的典故裡你走來
從姜白石的詞裡，有韻地，你走來（余光中〈等你，在雨中〉）

應是「步雨後的紅蓮，你像一首小令翩翩走來；你從一則愛情的典故裡走來；你從姜白石的詞裡有韻地走來。」的倒裝。

一隻伊索匹亞來的，骨瘦如柴的孩童的手，此刻，從第四版邊欄的角落，無力的伸了

出來。　（杜十三《地球筆記・報紙》）

原句應是「此刻，從第四版邊欄的角落，一隻骨瘦如柴的伊索匹亞（來的）孩童的手，無力的伸了出來。」的倒裝。

(三)段的倒裝

段與段的次序前後顛倒，例子並不常見。詩人渡也曾經舉用席慕蓉〈一個畫荷的下午〉來說明「段的倒裝」：

我的一生　本來可以有
不同的遭遇　如果
在新雨的荷前
你只是靜靜地走過
在那個七月的午後　如果
如果你沒有　回頭

翻為原句，應是「在那個七月的午後，如果你沒有回頭，如果你只是在新雨的荷前靜靜地走過；（那麼）我的一生本來可以有不同的遭遇。」此詩重點在強調「我的遭遇已然不同」，繼而才提示原因：那是因為你的回頭，那是因為你沒有靜靜地走過的關係。

由於倒裝是種不按牌理出牌的一種修辭法。有時，看似次序錯置的字詞語句，卻正是在忠實地捕捉著人類隨時竄流著，到處氾濫著的情思！比如：巴金〈懷念蕭珊〉這篇散文中說到他的妻子蕭珊在罹患癌症逝世前，十分安靜，兩隻眼睛始終睜得大大的。巴金這樣寫他的妻子：「眼睛很大，很美，很亮，我望著，望著，好像在望著快要燃盡的燭火。我多麼想讓這對眼睛永遠亮下去！」如果寫成「我望著（她那）很大、很美、很亮的眼睛，好像在望著快要燃盡的燭火。我多麼想讓這對眼睛永遠亮下去！」一旦「眼睛」這個主角被正常語序（「望」這個動作）收編成行，蕭珊逝世前所留下的那雙明亮眼睛的意象，便將大打折扣了。當然，「倒裝」也將使得句子因為顛倒順序而顯得俏皮活潑，如白萩的〈皮或衣〉：

穿了又脫脫了又穿
忘了它叫皮或衣
……

總是脫了又穿穿了又脫
有時是妻子有時是女人

如果我們把它還原成為：「忘了它叫皮或衣，穿了又脫脫了又穿。……有時是妻子有時是女人，總是脫了又穿穿了又脫。」動作的情緒先確定，動作的主體先出場，該動作所能歧出的想像範圍隨即限定；那麼，詩語本存的多義性所閃爍著的開放空間可能就消失了。但是，「倒裝」這個效奇之法畢竟不是個作文造句的萬靈丹。千萬不宜過度使用，以免變成招搖過市，醜人作怪；而且也不宜多用，以免淪為詰屈聱牙，如同嚼蠟。要記住，「倒裝」是在統一中求變，在破壞中創新的一種主張。

卷肆

首尾前後巧安排——謀篇布局方法

喜歡看美國職籃NBA大賽嗎？是否對前公牛隊「禪師教練」傑克森印象深刻？籃球場上前鋒、中鋒、後衛各有所司，教練依球員的特性與專長布置攻守陣勢，使全隊戰力充分發揮，這需要高明的「布局」功夫。

不僅打球講究布局，舉凡下棋、繪畫、裁縫、建築、作戰……，無不需要先全盤規劃、運籌帷幄，才能立於不敗之地。

寫作也是如此。文章的「布局」又稱「結構」、「章法」或「篇法」，是把文章寫作比喻為「棋戰」，強調為文時要用心於篇章結構的組織和安排。劉勰在《文心雕龍》中則稱之為「附會」，並解釋：「何謂附會？謂總文理，統首尾，定與奪，合涯際，彌綸一篇，使雜而不越者也。」說明它是總攬文章的辭采與義理，統貫篇章的開頭與結尾，確定文稿的增加或刪削，彌縫前後段落的承接關係，使文章的言辭雖多、思理或繁，卻能脈絡一貫，不踰越主題的一種寫作方法。法國小說家莫泊桑也說：「布局只是一連串巧妙地導向結局的匠心組合。」

可見一部作品或一篇文章，從開頭到結尾一系列的「匠心組合」，都是布局的工作。其過程是：按照一定的原則和要求，以各種手段有主次、有步驟地組織文章的材料，調遣文章的內容，使之成為嚴密、有機、統一的整體。具體地說：像如何開頭與結尾，如何安排層次與段落，怎樣進行過渡與照應等，都是「布局」所要認真思考、解決的事情。

就組成部分而言，文章有開頭、正文和結尾，類似籃球場上的前鋒、中鋒和後衛。三個部分各有其主要作用、任務，而三者之間又要組織嚴密、聯絡照應、協調合作。以下就分：文章開頭、文章鋪陳、文章結尾、銜接與照應等四講來討論。

第二二講 文章開頭

人們常說：萬事起頭難，對作者來說，一篇文章的開頭往往最須費心斟酌，常躊躇再三而無法下筆；人們又說：嘗一臠而知九鼎，就讀者來說，一篇文章的開頭是否「美味」，往往是決定是否繼續閱讀的關鍵。

理想的文章開頭，應具備三個條件：有利於表達文章的主題，能拓展作者的思路，又能吸引和引導讀者閱讀。如同精心設計的遊覽區入口，本身既能讓遊客眼睛一亮，又有適切的導覽設施，提高遊客尋幽探勝的興趣。

只要能掌握上述的原則，文章的開頭其實有各種不同的變化，運用之妙，端看作者的巧思。不過，歸納而言，開頭的方式約有三種：其一是以一、二句話為開頭，其二是以一段文字為開頭，第三是以一個故事或一封書信為開頭。

以一、二句話作為開頭，往往最能達到簡捷、醒目的效果，例如：

乘騎者皆賤騾而貴馬。（劉大櫆〈騾說〉）

戲就這樣散了。（洪醒夫〈散戲〉）

臣聞吏議逐客，竊以為過矣。（李斯〈諫逐客書〉）

成功不是必然會對人們有益的，失敗也不必然有害。（曾昭旭〈失敗的價值〉）

這樣簡明而精警的開頭，一開始便予讀者深刻的印象，而且，它們只引出話題，便戛然而止，讀者基於好奇心理，自然想進一步知道作者怎麼說。如〈騾說〉言：「乘騎者皆賤騾而貴馬」，那麼為何一般人賤騾而貴馬？難道作者認為馬賤而騾貴嗎？〈散戲〉說：「戲就這樣散了」，讀者自然想知道戲是「怎樣」散的？而〈諫逐客書〉開篇便說：「臣聞吏議逐客，竊以為過矣。」究竟李斯認為逐客之令有何過錯？而〈失敗的價值〉開頭說：「失敗也不必然有害」，這道理又該怎麼說呢？可見這些開頭雖簡短，卻都具有立總綱與起下文的功用。

多數的文章是以一段文字來作為開頭，例如：

夫當今生民之患，果安在哉？在於知安而不知危，能逸而不能勞。此其患不見於今，

將見於他日；今不為之計，其後將有所不可救者。（蘇軾〈教戰守策〉）

我心中一直有一對手鐲，是軟軟的十足赤金的。一隻套在我自己手腕上，另一隻套在一位異姓姊姊卻親如同胞的手腕上。（琦君〈一對金手鐲〉）

〈教戰守策〉是蘇軾應宋仁宗制科考試時寫的論文，他鑑於北宋治平日久，人民驕惰脆弱，論戰鬥之事則縮頸而股慄，將使國家陷於危險的境地。因此，他主張要「教戰守」，讓人民在平時接受軍事訓練，以應付不時之需。首段便開門見山提出全文的中心論點，指出當今之患在於「知安而不知危，能逸而不能勞。」若不設法及早謀劃，未來將無可彌補，而補救之道就是教人民戰守之方。文字看似複雜，但只要掌握「患」字，便顯得乾淨俐落：先自問自答，指出「患」之所在，進而強調此「患」影響深鉅，不容小覷，同時也埋下正文所提救「患」之道的伏筆。琦君〈一對金手鐲〉寫一對金手鐲所牽繫的兩個親如同胞姐妹的情誼，兩人戴同樣的金手鐲，而命運與人生際遇卻截然不同。既是「一對」手鐲，因此，開頭便先交代這一對（兩隻）手鐲的佩戴者；至於金手鐲從何而來？現在流落何處？這對手鐲對作者而言有什麼意義等等，都是讀者想要知道的問題，而這些可能的發展，都在開頭就提供了線索。

還有一些文章是以故事來開頭，再引出以下的敘述或說理。而所說的故事，可能是親身經歷，可能發生在別人身上，也可能是虛構的寓言。例如：

吾本寒家，世以清白相承。吾性不喜華靡，自為乳兒，長者加以金銀華美之服，輒羞赧棄去之。二十忝科名，「聞喜宴」獨不戴花。同年曰：「君賜不可違也。」乃簪一花。……（司馬光〈訓儉示康〉）

浦陽鄭君仲辨，其容闐然，其色渥然，其氣充然，未嘗有疾也。他日，左手之拇有疹焉，隆起而粟，君疑之，以示人。人大笑，以為不足患。既三日，聚而如錢，憂之滋甚，又以示人，笑者如初。又三日，拇之大盈握，近拇之指，皆為之痛，若剟刺狀，肢體心膂無不病者。……（方孝孺〈指喻〉）

從前有一隻龍，牠好奇地問蜈蚣：「我用一隻腳走路，已經覺得忙不過來，你那麼多隻腳，又如何安排出腳順序呢？」蜈蚣答道：「我從沒想過這問題，只是自然的行走。」（潘台成〈安排〉）

〈訓儉示康〉文中，司馬光以自己「為乳兒」時棄去華服，以及「二十忝科名」時獨不戴花的往事，印證其「性不喜華靡」的個性，正表現出他以儉訓子，先求以身作則的用心。〈指喻〉則藉鄭仲辨發病、求醫、用藥的經過，推演出謀國治天下的道理：「余因是思之：天下之事，常發於至微，而終為大患；始以為不足治，而終至於不可為。」以小喻大，以近喻遠，而開頭的故事正是推演道理的基礎。至於潘台成〈安排〉一文，則是藉寓言以寄意，許多事情，刻意安排、費心經營反而手忙腳亂，而如果以平常心看待，心理沒有負擔，反能自自然然把事做好。以龍問蜈蚣的故事做文章的開頭，顯然具有高度的趣味性，而能引人入勝。

以書信作為文章的開頭，是較為特殊的寫法，因而更能表現創意。例如蕭蕭的〈父王〉一文，便是以作者二弟的來信為開頭：

大哥：

最近父王常感頭昏，醫生也未說明原因，目前正在吃藥，略有好轉跡象，父王要你們不必掛意。

你需要的玄天上帝護身符，父王已在昨天深夜求得，縫好香囊，再讓美暖為你帶去。

父王交代：一定要掛在車內顯眼的地方，不可帶進廁所等不潔之處，請注意。

二弟謹上

「父王」是作者二弟信中對父親的稱呼，透露著敬畏和親暱。而信中提到父親雖身體不適，卻叮囑子女不要掛意，並為作者「深夜」求玄天上帝護身符，且交代要把護身符掛在車內顯眼的地方，這些都充分表現出父親對子女無限的愛護與關懷。全篇文章以開頭的書信為起點，以書信中流露的「父愛」為線索，歷敘父子相處的種種往事，寫出溫馨的天倫之情。可見這封書信在全文中的關鍵地位。

從外在形式看，文章開頭或為一句，或為一段，或為故事、書信，有時也可能引哲人雋語、詩人佳句為開頭。不同方式的開頭，各有其優點，端看作者如何巧妙運用。而從內容實質看，文章開頭的寫法又可分為「破題」法和「冒題」法兩種。

「破題」法或稱「開門見山」法，是指文章一起筆就很快、很明確的提出論點（題旨），然後在正文中全力去論證、說明。例如：

古之學者必有師。師者，所以傳道、受業、解惑也。人非生而知之者，孰能無惑？惑而不從師，其為惑也終不解矣！（韓愈〈師說〉）

六國破滅，非兵不利，戰不善，弊在賂秦。賂秦而力虧，破滅之道也。或曰：「六國互喪，率賂秦耶？」曰：「不賂者以賂者喪。」蓋失強援，不能獨完。故曰弊在賂秦也。（蘇洵〈六國〉）

我與父親不相見已二年餘了，我最不能忘記的是他的背影。（朱自清〈背影〉）

炎夏溽暑，到處是燥熱與喧囂，坐下來，在綠樹蔭裡輕搖著一把圓扇，讓我們來談談這個美妙的字——靜。（張秀亞〈談靜〉）

〈師說〉首句言「古之學者必有師」，用以對照下文「今之眾人，其下聖人也亦遠矣，而恥學於師」，意在標舉古人風範，以藉古諷今。接著指出「師」的功用在傳道、受業、解惑，而解惑即解決傳道、受業中產生的疑惑，因而繼續論「師」與「惑」的關係，循著人生必有惑，有惑務求解惑，解惑務須從師的推論順序，充分凸顯「師」的重要性，而使文章的論點鮮明突出。〈六國〉也是在起筆即提出論點，認為六國敗亡的原因在於「賂秦」，而為了更具籠括力，再分兩線說明，一為賂者力虧而破滅，一為不賂者失強援而不能獨完，復以「故曰弊在賂秦」為小結，使論點更為明晰。這兩篇文章的開頭轉折多姿而綱領曉然，足為論說文破題的典範。而朱自清〈背影〉開頭便言不能忘記父親的背影，記敘中有抒情；張秀亞〈談靜〉以夏的燥熱與喧囂，反襯出所要談的「靜」的美妙，融記敘、抒情、論說於一爐。二文都能以輕鬆自然的筆調引入話題，且於文章開頭便點出全文主旨所在。

「冒題」法又稱「冒頭」法或「埋兵伏將」法，是指文章開頭不直接觸及本題，而是步步深入、層層逼進，直到適當的地方才顯現出題旨。例如：

信義行於君子，而刑戮施於小人。刑入於死者，乃罪大惡極，此小人之尤甚者也。寧以義死，不苟幸生，而視死如歸，此又君子之尤難者也。（歐陽脩〈縱囚論〉）

古之所謂豪傑之士者，必有過人之節。人情有所不能忍者，匹夫見辱，拔劍而起，挺身而鬥，此不足為勇也。天下有大勇者，卒然臨之而不驚，無故加之而不怒。此其所挾持者甚大，而其志甚遠也。（蘇軾〈留侯論〉）

車子愈往南駛，我愈覺得不對勁。司機始終不懷好意地透過後視鏡瞅著我，有幾次似乎再也忍不住了，居然微偏著頭，眼睛向後掠。（黃林雙不〈槍〉）

〈縱囚論〉的主旨在結尾「不立異以為高，不逆情以干譽」兩句，指出唐太宗縱囚之事不足以作為常法。但文章首段並未涉及「縱囚」的問題，只是以旁敲側擊的方式，點到為止地提示：入於死刑者乃罪大惡極之小人，能視死如歸者乃君子中之君子，可見縱囚來歸之不合人情，不過，進一步的剖析和闡述且留待正文，這一段開頭的功用重在「蓄勢」，所謂：「行文能蓄勢，則神氣自足。蓄勢在多作翻騰之筆，而翻騰必在題目之前，方有高屋建瓴之勢。」蓄勢亦即埋伏，目的在使文章神氣充足、翻騰而富變化。

「將軍欲以巧勝人，盤馬彎弓故不發」，〈留侯論〉用的也正是這種技巧。文章旨在論留侯張良，但開頭全段卻硬是不提張良，而在「豪傑之士」、「能忍者」、「大勇者」、「所挾持者甚大，而其志甚遠」等方面作文章，反過來說，表面上首段無一字提及張良，實際上卻無一字不是針對張良而說，直到第二段：「夫子房受書於圯上之老人也，其事甚怪」，拉滿的彎弓才陡地發射，而具有揭石穿雲、沛然莫禦的氣勢。

〈槍〉旨在描寫一位乘客與計程車司機一路上互相猜疑的心理過程。起初，乘客一直懷疑司機找機會要傷人越貨，感覺司機「始終不懷好意地透過後視鏡瞅著我」，而愈想心裡愈麻，一路上思緒翻湧，冷汗直冒，直到末段謎底揭曉，原來司機一路上也被乘客旅行袋中凸出的一截槍管嚇著，而在乘客下車伸手到旅行袋掏錢時，早已驚惶地駕車逃走。小說一開頭便製造懸疑、緊張的氣氛，令人神經緊繃，只是不知道與「槍」有何關聯，直到結尾才恍然鬆一口氣。這樣的開頭的確具有強烈的吸引力。

不論文章作如何的開頭，都必須先對所描寫的對象、所涉及的論題有深刻而正確的理解，並且有真正出於自己的獨到見解，理出頭緒，控覽情源，如同文與可畫竹，胸有成竹，又如庖丁解牛，以神遇而不以目視，這樣自然能意到筆隨，遊刃有餘，技進於道了。

另外，值得一提的是，古人認為文章開頭應如「鳳頭」，以靈動簡捷為佳。《朱子語類》中說：「歐公文多是修改到妙處。頃有人買得他〈醉翁亭記〉原稿，初說『滁州四面有山』，凡數十字，末後改定，只曰『環滁皆山也』五字而已。」這固然強調修改的重要，也啟示我們開頭宜求精簡。

第二三講　文章鋪陳

文章除開頭與結尾外，即為鋪陳部分，亦稱為中間或正文，這是全文的主體，如同人的軀幹，心肺肝腸脾胃，無不包羅其中。前人認為文章的中間要如「豬肚」，無所不包，面面俱到。不過，正文固然應講求材料豐富、觀點圓融周到，更應注意材料的有機組合。

文章的正文，或一段，或兩段，或多段，而以二至四段者較為常見。不論分段的多寡，文章的鋪陳都應有其邏輯順序，才不致顯得雜亂無章。較常用者為：

㈠正反兼顧

能將事物的正反兩面分別加以鋪敘、描寫，可使文章內容更具概括力，且由於正反的強烈對比，而增加文勢的頓挫、變化。如范仲淹〈岳陽樓記〉中間兩段便是抒寫兩種截然不同的景象與心境：

若夫霪雨霏霏，連月不開；陰風怒號，濁浪排空；日星隱耀，山岳潛形；商旅不行，檣傾楫摧；薄暮冥冥，虎嘯猿啼；登斯樓也，則有去國懷鄉、憂讒畏譏、滿目蕭然，感極而悲者矣！

至若春和景明，波瀾不驚，上下天光，一碧萬頃；沙鷗翔集，錦鱗游泳，岸芷汀蘭，郁郁青青。而或長煙一空，皓月千里，浮光躍金，靜影沉璧，漁歌互答，此樂何極！登斯樓也，則有心曠神怡，寵辱偕忘，把酒臨風，其喜洋洋者矣！

作者以「霪雨霏霏」和「春和景明」兩段寫景文字相對照，情由境生，前者使登樓之人「感極而悲」，後者則使人「其喜洋洋」，透過正反兩面的鋪陳，使文章跌宕有致，鮮明深刻。

歸有光〈項脊軒志〉亦是運用正反之法來鋪陳。文中言：「然余居此，多可喜，亦多可悲」一句，說明全篇所記包含「可喜」與「可悲」兩方面，寫借書滿架、偃仰嘯歌，庭階寂寂，小鳥啄食，「三五之夜，明月半牆，桂影斑駁，風移影動，珊珊可愛」，是「可喜」者；寫人事變遷，「瞻顧遺跡，如在昨日，令人長號不自禁」，是「可悲」者，以悲映喜，益顯喜之難得而短暫；以喜襯悲，益覺悲之深切而綿長。可見正反兩面鋪陳，具有深化主題的作用。

(二)今昔對比

事物的正反和時間的今昔，都可以形成鮮明的對比，而今昔對比，往往藉昔之是，以對比今之非，達到借昔諷今的效果，如司馬光〈訓儉示康〉，便是以昔日之儉樸對照近日之侈靡：

> 近歲風俗尤為侈靡，走卒類士服，農夫躡絲履。吾記天聖中，先公為群牧判官，客至未嘗不置酒，或三行、五行，多不過七行。酒酤於市，果止於梨、棗、柿之類；肴止於脯醢、菜羹，器用瓷漆。當時士大夫家皆然，人不相非也。會數而禮勤，物薄而情厚。近日士大夫家，酒非內法，果、肴非遠方珍異，食非多品，器皿非滿案，不敢會賓友；常數月營聚，然後敢發書。苟或不然，人爭非之，以為鄙吝。故不隨俗靡者蓋鮮矣！

以「當時」（天聖中）跟「近日」士大夫家，宴客所用的酒、果、肴、器用等方面作具體的對照，以見昔日「會數而禮勤，物薄而情厚」的淳良風俗，相對地諷刺近日物厚而情薄的侈靡風尚。

蘇軾〈教戰守策〉亦以今昔對比鋪陳其意，第二段言：「昔者先王知兵法之不可去也，是故天下雖平，不敢忘戰。秋冬之隙，致民田獵以講武，教之以進退坐作之方……」對照第三段所言：「及至後世，用迂儒之議，以去兵為王者之盛節。天下既定，則卷甲而藏之。數十年之後，甲兵頓敝，而人民日以安於佚樂；卒有盜賊之警，則相與恐懼訛言，不戰而走。」先王利用農暇教民戰守之方，使人民遇盜賊之變而不至於驚潰。可惜後人不了解先王用心，而妄議去兵，使得人民遇亂則獸奔鳥竄，相形之下，「教戰守」的重要性就非常清楚了。

(三)分條列舉

在敘述事物的特色或說明自己的觀點時，常會用到列舉式的鋪陳方法。「列舉」就是把這些特色或觀點條列標舉，使全文眉目清晰。例如梁啟超〈學問之趣味〉：

諸君要嘗學問的趣味嗎？據我們所經歷過的，有下列幾條路應走：

第一、無所為——趣味主義最重要的條件是「無所為而為」。……

第二、不息——「鴉片煙怎樣會上癮？」「天天吃。」……

第三、深入的研究——趣味總是慢慢的來，越引越多；像倒吃甘蔗，越往下才越得好處。……

第四、找朋友——趣味比方電，越摩擦越出。……

作者以親身經歷，列舉出通往學問趣味的四條路，先標綱目，再分別加以解說，使讀者能迅速掌握文章的主軸，明瞭作者的論點。不過，列舉未必要標一二三四，如朱光潛〈我們對於一棵古松的三種態度〉，即是先指出實用的態度、科學的態度、美感的態度，再分別以「先說實用的態度」、「科學的態度則不然」、「注意力的集中，意象的孤立、絕緣，便是美感的態度的最大特點」等三段申說，既保有條理，又避免呆板。

(四)敘議並重

論說之文不能徒託空言，而要舉事印證；記敘之文也不能止於記人事寫景物，而要悟理興情。因此，記敘文中往往夾有論說，論說文亦多離不開記敘。理是抽象的，事是具體的。因為具體，所以容易明白；因為抽象，所以不拘時空，而可推求他事，放諸四海。可見文章應事理相生、敘議並重。王安石〈遊褒禪山記〉的二、三段，即是藉事以推理：

其下平曠，有泉側出，而記遊者甚眾。所謂前洞也。由山以上五、六里，有穴窈然，入之甚寒，問其深，則其好遊者不能窮也，謂之後洞。余與四人擁火以入，入之愈深，其進愈難，而其見愈奇。……

於是予有嘆焉。……夫夷以近，則遊者眾；險以遠，則至者少。而世之奇偉瑰怪非常之觀，常在於險遠，而人之所罕至焉。故非有志者，不能至也。……

前洞平曠，故記遊者甚眾；後洞甚深，故遊者少，然而其進愈難而所見愈奇。作者藉這番遊山的實際體驗，而興發聯想與感慨，以託寓較為抽象的為學與立身之道。主觀的記敘和客觀的議論層層相關、結合無間。而先秦諸子的文章中，更是經常夾敘夾議以說理，如《呂氏春秋．察今》，藉荊人襲宋而循表夜涉、楚人渡江而刻舟求劍等故事，來申明今世之主不可法先王之法，因為時徙勢異，所以賢主須因時變法。將故事穿插於議論之中，增強了文章的形象性與說服力。

(五)循序遞進

記敘文在記事或寫景時，往往會依時間、空間的順序，做有條理的鋪陳。如李清照〈金石錄後序〉，便是依時間先後順序來記敘。

余建中辛巳始歸趙氏。……每朔望謁告出，質衣取半千錢，步入相國寺，市碑文、果實歸，相對展玩咀嚼，自謂葛天氏之民也。

後二年，出仕宦，便有飯蔬衣綀，窮遐荒絕域，盡天下古文奇字之志。……

後屏居鄉里十年，仰取俯拾，衣食有餘。連守兩郡，竭其俸入以事鉛槧。……

收書既成，歸來堂起書庫大櫥，簿甲乙，置書冊。……

由「建中辛巳」而「後二年」、「後屏居鄉里十年」、「收書既成」，將時間的遞進關係，建立在金石書畫的收集進程上，如此一來，趙、李夫婦購買碑文、蒐購古文奇字、亡詩佚史、書畫奇器的來龍去脈，便清楚分明了。

蘇轍〈黃州快哉亭記〉則是依空間的遠近來鋪陳，作者記登亭所見：「濤瀾洶湧，風雲開闔。晝則舟楫出沒於其前，夜則魚龍悲嘯於其下，變化倏忽，動心駭目，不可久視。」這是近景；接著記「西望武昌諸山，岡陵起伏，草木行列；煙消日出，漁夫樵父之舍，皆可指數。」這是遠景。從大江變化萬端的近景，推向岡陵迤邐起伏的遠景，將視野空間作大幅度的拓展。至「長洲之濱，故城之墟」一節，更由山水景物，進而想像史事、緬懷古人。由近而遠，由實而虛，使時空延伸無盡。

以上所談正反、今昔、列舉、敘議、遞進等鋪陳方法，有時一篇文章單用一種，有時則可能兩種或多種並用，形成文章的狡獪變化。如韓愈〈師說〉便是兼用正反、今昔與敘議，先言：「古之聖人，其出人也遠矣，猶且從師而問焉；今之眾人，其下聖人也亦遠矣，而恥學於師。」這是古今、正（聖人、從師而問焉）反（眾人、恥學於師）的對照；接著藉巫、醫、樂師、百工之人不恥相師，孔子不恥下問等古今事例，印證今之眾人恥學於師的錯誤心態，這是敘議的結合。

如同所述，正文是文章的主體，包含的內容也就較為複雜，因此，必須透過適當的分段，使各層內容間的承接、轉折、強調、補充等關係醒目易辨。各段落的長度固然不必刻意求齊等，但除非有特別需要，應避免長短懸殊。一篇之中，段落少而長，容易破壞段意的單一性；段落多而短，又顯得零散碎亂。

第二四講　文章結尾

結尾是文章的收束部分。俗話說：「編筐編簍，全在收口。」精警有力的結尾，可使文章首尾圓合、通篇靈動；若草率收兵，鬆懈乏力，則難免被譏為虎頭蛇尾。

結尾的主要作用有兩個，第一是綰結全文：理想的結尾要能「滄海回瀾」，使洋洋灑灑、說古道今的文章在適當處收住。或籠括全篇觀點，或揭示過程結局，或昇華作者感情，使讀者有完整、明晰的理念。第二是留有餘味：美人的「臨別秋波」最是勾人心魄，文章的結尾也是如此。葉紹鈞在《文章講話．開頭和結尾》中說得好：「結尾是文章完了的地方，但結尾最忌的卻是真個完了。須要文字雖完了而意義還沒有盡，使讀者好像嚼橄欖，已經嚥下去而嘴裡還有餘味，又好像聽音樂，已經到了末拍而耳朵裡還有餘音，那才是好的結尾。」

論說文的結尾方式主要有兩種：

(一)歸納重申，畫龍點睛

經過正文詳加論說後，結尾將全文主要觀點加以歸納或重申，足以加深讀者的印象。但它不是簡單的重述，而是以精鍊透闢的文句來畫龍點睛。例如：

一夫作難而七廟隳，身死人手為天下笑者，何也？仁義不施，而攻守之勢異也。（賈誼〈過秦〉）

以上不過是略舉幾件事，說明上文所說的「社會的不朽」，「大我的不朽」。這種的不朽論，總而言之，只是說明個人的一切功德罪惡，一切言語行事，無論大小好壞，一一都留下一些影響在那個大我之中，一一都與這永遠不朽的「大我」一同永遠不朽。（胡適〈社會的不朽論〉）

所以我們同情別人不應存有優越感。把自己當做對方，與他有「同」樣的「情」感，才是真正的「同情」。（劉靜娟〈與他「同情」〉）

〈過秦〉針對秦國自孝公起如何強盛，秦始皇時更是「威振四海」，胡人不敢南下牧馬，士不敢彎弓報怨，以至陳涉攘臂一呼，強秦很快被滅的史實，做概括性的描述，直到結尾才點出秦亡的根本原因是「仁義不施」，不知攻守異勢（即攻天下時憑武力，守天下則需仁義）的道理。〈社會的不朽論〉旨在說明小我的不朽寓於大我的不朽之中，因此，小我必須謹慎自己的作為，對大我的不朽負責。作者以「總而言之」領起的一段，正是典型的歸納全篇主要觀點的方式。〈與他「同情」〉一文中的「同情」是指一種不存有優越感，對他人的遭遇、感覺懷有感同身受的心理，而不同於一般所指有「憐憫」意義的同情。文中「同情」一詞共出現十次，前九次不離世人「憐憫」之義，結尾才是作者心目中「同情」的真諦，這同樣具有點睛之妙。

(二)藉古諭今，因事寄慨

古人視文章為「經國之大業，不朽之盛事」，而文人「窮則獨善以垂文，達則奉時以騁績」，因而在作品中託古諷今，抒懷寄意，正是感世憂時的表現。論說文的結尾，往往因為這種感性的融入，而更具餘韻，如：

策之不以其道，食之不能盡其材，鳴之而不能通其意，執策而臨之曰：「天下無馬。」嗚呼！其真無馬也？其真不知馬也！　（韓愈〈馬說〉）

夫六國與秦皆諸侯，其勢弱於秦，而猶有可以不賂而勝之之勢；苟以天下之大，下而從六國破亡之故事，是又在六國下矣！　（蘇洵〈六國〉）

舊病才去，可能新病又來，然而總比舊痾新恙一時併發要好一些。最可怕的是，倡言守舊，其實只是迷戀骸骨；唯新是鶩，其實只是摭拾皮毛，那便是新舊之間兩俱失之了。　（梁實秋〈舊〉）

〈馬說〉以馬喻人，藉馬說人，控訴中唐社會黑暗、英才沉埋的現實，字裡行間滲透著作者懷才不遇的憤激與不平。結尾寫養馬者不能知馬識馬，卻執馬鞭（喻執政者操持用人大權）對世人宣稱「天下無馬」，作者則慨嘆：「嗚呼！其真無馬也？其真不知馬也！」真是寄慨遙深，一唱三嘆。〈六國〉首段即揭示六國敗亡，「弊在賂秦」的論點，末段一方面承正文的論述，指出六國猶有「可以不賂而勝之之勢」；一方面筆鋒轉入現實，暗諷北宋朝廷媚敵求和的不當，警戒為政者勿重蹈六國之覆轍，將關懷時局的精神，表現在溫婉含蓄的諷諭之中。〈舊〉的結尾顯然也是針對時弊而發，作者身處新舊文化交替之際，有人眷戀傳統，堅決守舊；有人鄙棄傳統，窮力追新，因而指出守舊不能只「迷戀骸骨」，騖新不能只「摭拾皮毛」，的確是發人深省。

記敘文的結尾主要有三類：

(一)交代事件的結局作結

記敘文用以記事情的緣起、經過與結果，因此以事件的結局作文章的結尾，是最自然、最樸素的方式。如陶淵明〈桃花源記〉寫武陵人入桃花源後，「既出，得其船，便扶向路，處處誌之。及郡下，詣太守，說如此。太守即遣人隨其往，尋向所誌，遂迷不復得路。南陽劉子驥，高尚士也，聞之，欣然規往，未果，尋病終。後遂無問津者。」以事件的後續發展及「後遂無問津者」的結局作結，餘味悠然不盡。再如林文月〈蒼蠅與我〉，由「晚餐桌上，有一隻不大不小的蒼蠅營營地飛來飛去」寫起，經過一個與蒼蠅獨處的夜晚，展開一連串的觀察與辨析，結尾是：

翌晨，我進書房清理昨夜零亂攤放的書籍和稿件等雜物，卻赫然發現檯燈左側有一個黑點。細看，竟是一隻死蒼蠅。牠的身體倒翻了過來，兩排細腿朝上蜷曲著。由那不大不小沒有特色的形態判斷，我知道那必是昨夜陪伴我的蒼蠅無疑，遂有一種如今只有我自己明白的孤寂之感襲上心頭。

隔天清晨，蒼蠅死在檯燈左側，結束了「蒼蠅與我」的物我關係，文章也自然要收束了。而作者一方面以「不大不小」來與首段相呼應，一方面又輕輕勾出蒼蠅死後自己心頭襲來的孤寂感，使結尾充分發揮縮結與含蓄的功能。

(二)融情於景作結

記遊寫景一類的文章，雖然重在記錄遊蹤、描繪景物，但卻不應只停留在客觀景物的描寫，而應進而抒發個人因景所生的情志，也就是由記遊寫景而興情悟理。這種情理的啟悟，有時會穿插於正文之中，但多數是表現在文章結尾。例如：

> 引觴滿酌，頹然就醉，不知日之入。蒼然暮色，自遠而至，至無所見，而猶不欲歸。心凝形釋，與萬化冥合。然後知吾嚮之未始遊，遊於是乎始，故為之文以志。（柳宗元〈始得西山宴遊記〉）

已而夕陽在山，人影散亂，太守歸而賓客從也。樹林陰翳，鳴聲上下，遊人去而禽鳥樂也。然而禽鳥知山林之樂，而不知人之樂，人知從太守遊而樂，而不知太守之樂其樂也。醉能同其樂，醒能述以文者，太守也。太守謂誰？廬陵歐陽脩也。（歐陽脩〈醉翁亭記〉）

柳、歐這兩篇遊記名作，都歸結於夕陽西下、暮色蒼茫、遊人醉而歸的畫面。這是遊目賞景的休歇，卻是心物交感、情思湧動的高潮。柳宗元興發「心凝形釋，與萬化冥合」，天地與我為一的闊然心境，可見山水景物使他貶謫、受傷的靈魂得到撫慰，而能從個人得失之中超脫出來。歐陽脩則扣緊「樂」字逐層深化，以禽鳥之樂、人之樂、太守之樂三者區別境界的高下。禽鳥之樂是一種無知之樂，眾人之樂只是從遊宴飲之樂，而太守之樂呢？太守以遊人之樂為樂，點明「與民同樂」的主旨。文末以「醉能同其樂，醒能述以文」，描摹「醉翁」風流儒雅的神采意態，使結尾顯得顧盼含情。

有些遊記的結尾則偏重知性的感悟，而以說理作結，如范仲淹〈岳陽樓記〉歸結於嚮慕古仁人「不以物喜，不以己悲」，「先天下之憂而憂，後天下之樂而樂」的襟懷；王安石〈遊褒禪山記〉歸結於「學者不可以不深思而慎取之」；蘇轍〈黃州快哉亭記〉歸結於「士生於世，使其中不自得，將何往而非病？使其中坦然，不以物傷性，將何適而非快？」在觀覽山川、遊賞勝境之餘，體悟立身行道、為學處事的理則，給後人寶貴的啟示。

(三)以論贊作結

司馬遷作《史記》，以「本紀」記帝王，「世家」記諸侯，「列傳」記公卿將相，成為後代「紀傳體」之祖。「紀傳體」是以人物為中心，記載傳主一生的勳跡事業，而文末例以「太史公曰」對其功過加以評論褒貶。後代的史書多沿襲這種形式，即使是文人為市井小民所寫的傳記，也加以沿用，藉「某某曰」來評得失、抒感慨，作為全文的總結。例如王安石〈傷仲永〉，敘述天才兒童方仲永，由於父親「不使學」，以致淪為「眾人」的事實，文末藉「王子曰」評論：「仲永之通悟，受之天也；其受之人也，賢於材人遠矣；卒之為眾人，則其受於人者不至也。……」說明仲永雖有好的天資，但後天沒有受到良好的教育，成就仍無法超過一般人；若先天稟賦不佳再加上不受教育，勢必更無才無識，比一般人還不如了。

再如宋濂〈秦士錄〉和歸有光〈項脊軒志〉的結尾：

史官曰：「弼死未二十年，天下大亂，中原數千里，人影殆絕。玄鳥來，亦失其家，競棲林木間。使弼在，必當有以自見，惜哉！弼鬼不靈則已；若有靈，吾知其怒髮上衝也！」（〈秦士錄〉）

項脊生曰：「蜀清守丹穴，利甲天下，其後秦皇帝築女懷清臺。劉玄德與曹操爭天下，諸葛孔明起隴中。方二人之昧昧於一隅也，世何足以知之？余區區處敗屋中，方揚眉瞬目，謂有奇景。人知之者，其謂與埳井之蛙何異？」（〈項脊軒志〉）

〈秦士錄〉歷敘鄧弼的武藝、才學、驍勇、際遇，而對其懷才不遇、抑鬱以終深致惋惜。作者藉「史官曰」說明弼死後天下大亂的慘象，並假設「使弼在，必當有以自見，惜哉！」又想像若弼鬼魂有靈，見元末亂世，必定怒髮上衝。才士生不逢時，令人徒呼負負。〈項脊軒志〉記作者書齋項脊軒的沿革變遷，而以對祖母、母親、妻子的懷念貫串其間，文末，仿《史記》論贊筆法，借蜀清與孔明的典故，表達自己的胸襟志節，以及對前途的自信。後又補記亡妻在軒中的生活片斷，而將深刻的悲痛寄寓於一棵枇杷樹，觸目傷懷，情韻無限。

文士所作的傳記文章，論贊的形式雖來自史傳，而內容則往往融入更多的抒情成分。

筆記欄

第二五講

銜接與照應

(一)銜接

銜接是指文章的層次與層次或段與段的連接，如同人的關節，扮演搭橋接榫的功能，其目的在增強文章的外部黏合力和內部凝聚力。古人稱之為「過文」，今人亦稱為「過渡」。文章有「過文」，才能前後連貫，構成整體。唐彪在《讀書作文譜》中說：「過文乃文章筋節所在，已發之意賴此收成，未發之意賴此開後。此處聯絡最宜得法。或作波瀾用數語轉折而下，或只用一二語直捷而渡。反正長短，皆所不拘，總要迅疾、矯健，有兔起鶻落之勢方佳。不然，雖前後文極精工，亦減色矣。」這充分說明了「過文」的重要性。

常用的銜接形式，有詞的銜接、句的銜接和段的銜接。詞的銜接，在古文中諸如：「若夫」、「至若」、「已而」、「是故」等；今文中如：「因此」、「然而」、「此外」、「總之」等。〈醉翁亭記〉中的二、三、四段即分別以「若夫」、「至於」、「已而」作為銜接詞，是很好的轉折典範。陳之藩〈哲學家皇帝〉：

> 雖然，眼前景色這樣靜，這樣美，……我昏沉沉的頭腦中得到一個結論：「這樣拚命的工作，這個國家當然要強。」……
>
> 然而，我在湖邊凝想了半天，我總覺得，這個美國青年畫幅裡面還缺少了一些東西。
>
> ……

其中的「雖然」、「得到一個結論」、「然而」等，也都靈活運用詞的銜接，使文章轉折自然有致。

句的銜接，即是以某句作為承前啟後，過渡搭橋的句子，如酈道元〈水經江水注〉中每段例以「江水又東逕巫峽」、「江水又東逕宜昌縣北」、「江水又東逕黃牛山」等開頭，即具銜接句的功能。又如楊牧〈山谷記載〉後段寫道：

> 這些是我對一個山谷的記載。我用這些文字記載一個山谷，懷念一塊土地，和一段日

子。……

「這些是我對一個山谷的記載」這句，除了總結前面各段的記敘外，也領出旋踵而來的抒情成分。所以，它仍扮演銜接句的角色。

段的銜接即是作為銜接的部分本身自成段落，這種銜接段落通常相當簡短，有時甚至只是一個獨立成段的句子。例如：

弗聽，許晉使。（《左傳·宮之奇諫假道》）

他們先後離去，偌大的房子就只剩下我一個人。（林文月〈蒼蠅與我〉）

「弗聽，許晉使。」一方面總結前面「晉侯復假道於虞以伐虢」，虞公不聽宮之奇的勸諫，答應晉使的要求這整個過程，一方面也預示虞國的命運將急轉直下。果然如宮之奇預言「虞不臘矣」，是年冬，晉伐虢之後，又在回師之際將虞滅掉。這兩句自成一段，旨在凸顯其承上啟下的銜接作用。而〈蒼蠅與我〉重點在描寫作者在一個與蒼蠅「獨處」的夜晚，獲得一段奇特而深度的觀察、省思經歷。因為是獨處，所以才有機會、有閒情作這麼細微、深刻的辨析與體會，故而家人出門，「偌大的房子就只剩下我一個人」，這樣的處境便成為全文發展的關鍵。

從外部看，「銜接」是用來連結文章各部分的一種形式或手段；但從內在實質看，它體現著思路的變化，所以，理論上凡是思路改變的地方都應考慮銜接的問題。一般而言，下列情形宜運用銜接手段：

1. 時空、事件發生變化。
2. 推理的內容、步驟發生變化。
3. 抒情、議論與敘述、描寫相互轉換。
4. 由合到分或由分到合相互轉換。

至於銜接的技巧，有正接與逆接、急接與緩接、近接與遙接、明接與暗接等等的變化，若能廣泛借鑑、靈活運用，自能使所作文章血脈活絡，氣韻生動。

(二)照應

銜接是由單獨的詞語、句子、段落構成；照應則必須由成雙成組的詞語、句子或段落構成。通常是：交代在前，呼應在後；暗示在前，挑明在後；伏筆在前，應筆在後。

劉勰在《文心雕龍・章句》中談到文章照應的要領：「啟行之辭，逆萌中篇之意；絕筆之言，追媵前句之旨；故能外文綺交，內義脈注，跗萼相銜，首尾一體。」意思是說：文章的開頭，要預先埋伏線索，暗示中段的文意；文章的結尾，要檢討過脈，回應前文的要旨。這樣的作品，從外在文辭看，是綺麗交錯；從內在思想看，則脈絡貫注。好比美麗的花朵，花瓣承於萼，萼承於跗，彼此密切相接，首尾連貫，結合為一個整體。

宋朝陳善在《捫虱新話》中也說：「桓溫見八陣圖，曰：『此常山蛇勢也。擊其首則尾應，擊其尾則首應，擊其中則首尾俱應。』予謂此非特兵法，亦文章法也。文章亦應宛轉回覆，首尾俱應，乃為盡善。」今人錢鍾書將這種謀篇布局的方法稱為「蟠蛇章法」，他在《管錐編》中說：「近人論小說、散文之善於謀篇者，線索亦近圓形，結局與開場復合接，類蛇之自銜其尾，名之曰：『蟠蛇章法』。」

常見的照應形式有三種：開頭與結尾相照應、文章和標題相照應及行文中前後照應。

1. 開頭與結尾相照應

首尾照應可使結構完整、主旨突出。如朱自清〈背影〉旨在寫最令他難忘的父親的背影，首尾照應的句子是：

我與父親不相見已二年餘了，我最不能忘記的是他的背影。（首）

在晶瑩的淚光中，又看見那肥胖的青布棉袍、黑布馬褂的背影。唉！我不知何時再能

與他相見。(尾)

若以「不相見」為甲,「背影」為乙,那麼,首的順序是甲乙,而尾則以乙甲的順序逆轉遙接,這種「應承之次序與起呼之次序適反」的呼應方式,可使布局富有變化,而避免平板之弊。

再如劉大櫆〈騾說〉,首句言「乘騎者皆賤騾而貴馬」,尾以「嗚呼!此騾之所以賤於馬歟?」相照應,前句為現象的陳述,後句為辯證的結論,兩句意同而句法不同,使主旨更為突出。而楊牧〈山谷記載〉以「我們來記載一個山谷罷」起首,以「我停止記載一個山谷」收束,也是具有匠心的首尾照應。

2. 文章和標題相照應

文章標題往往標示全篇主題所在,因此,行文之中自不免須與標題照應,如白居易〈長恨歌〉最後兩句是:「天長地久有時盡,此恨綿綿無絕期。」這是結尾照應標題,能幫助讀者更精確地把握長詩的主題。又如錢公輔〈義田記〉,旨在記述范仲淹以俸祿購置義田,濟助親族的高風亮節,文章便扣緊「義」字,像寫范仲淹死後,「惟以施貧活族之義,遺其子而已」;又評論說:「觀文正之義,賢於平仲」;稱讚:「公之忠義滿朝廷」；最後以「獨高其義，因以遺於世云」終篇，處處以「義」字顯眼，即是處處照應標題，顯豁主旨。再如蘇轍〈黃州快哉亭記〉，旨在論張夢得不以貶謫為憂，故能享受快哉之樂。作者擒住題面「快」字，在敘事、狀物、論理、抒情各方面都以此為基調。首段記張夢得築亭黃州，蘇軾名之曰「快哉」的經過；次段先寫亭中觀山水之「所以為『快哉』者也」，後寫睹遺跡之「足以稱快世俗」；三段轉入議論，引用宋玉和楚襄王「快哉此風」的對問，既點明此亭命名之出處，同時也引發人之遭遇，即憂樂所以生的感慨；末段拈出主旨，指出人若「不以物傷性，將何適而非快？」並以張君能敞開胸懷，「無所不快」，和一般騷人思士悲傷憔悴，「烏睹其為快也哉」對比作結。全篇「快」字凡七出，勾勒翻騰，曲折有致，而潮去潮回，時時照應標題。

3.行文中前後照應

清人毛宗崗謂：「善圃者，投種於地，待時而發；善弈者，下一閑著於數十著之前，而其應在數十著之後。文章敘事之法亦猶是已。」說明行文之中前後照應的關係。以陳之藩〈哲學家皇帝〉為例，文章開頭說：「到此作工已半月，不像是作工，像是恢復以前當兵的生活。」第三段寫道：「今天下工後，已近黃昏，我坐在湖邊對著遠天遐想。」這是以「作工」為線索的近照應；而第十一段寫：「然而，我在湖邊凝想了半天，我總覺得，這個美國青年畫幅裡面還缺少了一些東西。」第三和十一段，又形成以「湖邊凝想」為線索的遠照應。文章結尾（十五段）：「晚風襲來，湖水清澈如鏡，青山恬淡如詩，我的思想也逐漸澄明而寧靜。天暗下來，星星一個一個的亮了。」則更遙應第三段「在湖邊對著遠天遐想」的說法，因為作者此時注意到「天」暗下來，天上的星星一個個亮了。當然，它和第十一段的照應關係也是同時存在的。

再如王鼎鈞〈失樓臺〉，文章中對「鴿子」的描寫，便是一組照應文字，藉以烘托家族的興衰：

> 這座樓唯一的用處，是養了滿樓的鴿子。自從生下舅舅以後，二十幾年來，外祖母沒再到樓上去過，讓那些鴿子在樓上生蛋、孵化，自然繁殖。……
>
> 舅舅走得很祕密，他就像平常在街上閒逛一樣，搖搖擺擺的離開了家。外祖母依著門框，目送他遠去，……她哭我也陪著她哭，……我們哭著，院子裡的鵓鴿也發出哭聲。

前一段寫舅舅出生、鴿子滿樓；後一段寫舅舅離家，大人哭、小孩哭，鴿子也哭的景象，形成意象鮮明的呼應效果。兩段中間，「鴿子」不斷出現：「喜歡這座高樓的，除了成群的鵓鴿，就是我們這些成群的孩子」、「天高響起一陣呼嚕呼嚕的聲音，把水煙袋的聲音吞沒，把鴿子的叫聲壓倒」、「外祖母吞吐她的水煙，樓上的鴿子也用力抽送牠們的深呼吸」、「天已經亮了，一大群鴿子在院子裡叫個不停」、「樓變成了院子裡的一堆碎磚，幾百隻鵓鴿站在磚塊堆成的小丘上咕咕地叫」。作者刻意把鴿子擬人，鴿子的命運正象徵家族的命運，而牠們同時也是信使，傳遞照應的信息，使文章嚴謹而統貫。

文章有開頭、鋪陳和結尾，如同人有頭、軀幹和四肢，但光有頭、軀幹、四肢，也有可能是僵屍，必須有筋絡血脈的貫串，才能成為活生生的人，文章也必須注意銜接與照應，才能靈活生動。

結語

陳滿銘

俗語說：「人同此心，心同此理」，人要是能把握住這個貫通萬彙的「心」和「理」，透過各種媒介來和人作情意之溝通，則必可產生共鳴的效果。而文學就是其中最重要的媒介之一，它的重要性，如同音樂與美術，是不會因為「物換星移」而有所改變的。無論一般作家或學生，在主動或被動的情況下，用文字綴句成篇，以表達此「心」此「理」的，都可稱之為「作文」。通常作文的好壞，可由下列三個層面加以評斷：

寫什麼？

怎麼寫？

好在哪裡？

其中「寫什麼」，是看作者表達了什麼「心」和「理」？這是就內容（眼力）來說的；「怎麼寫」，是看作者用什麼方式來表達此「心」此「理」？這是就形式（手法）來說的；而「好在哪裡」，是看作者在內容與形式上將「心」和「理」表達得是否最好、最真、最美？這是就鑑賞（包括眼力與手法）來說的。這些當然是從結果來看的，如探其緣由，那就關涉到作者的基本素養、內容構思，和遣詞造句、謀篇布局的能力與技巧了。

作者的素養與構思能力，是決定作品內容好壞的主要因素。梁啟超的〈最苦與最樂〉，特以「責任」來貫通「最苦」與「最樂」，得出結論說：

盡得大的責任，就得大快樂；盡得小的責任，就得小快樂。你若是要逃躲，反而是自投苦海，永遠不能解除了。

只要是人，無論扮演何種角色，都脫離不了這種「責任」的影響與支配，苦與樂即由此而生，這種「眼力」，不得不令人豎起大拇指。而范仲淹的〈岳陽樓記〉，從《孟子・梁惠王下》尋得根源，握定「樂以天下，憂以天下」的義旨來寫，以為「古仁人」一定：

先天下之憂而憂，後天下之樂而樂。

這個主旨本與岳陽樓扯不上關係，而作者卻將這種「古仁人」的憂樂，與一般騷人墨客面對岳陽樓不同景觀所產生的憂樂之情，作成了強烈的對比。這樣，「先憂後樂」的主旨便與岳陽樓融成一體，不但寬慰、激勵了滕子京，也寬慰、激勵了天下所有的讀書人，可見作者是有著非凡的「眼力」的。無疑地，這種「眼力」來自於作者的素養，為構思的原動力，可藉以看出作者「寫什麼」而又「好在哪裡」。

遣詞造句，指的是字句的鍛鍊；而謀篇布局，說的則是篇章的修飾。作者要將一篇文章的內容作最好的表達，字句不但要鍛鍊得生動有致，篇章更要修飾得有條不紊，合於秩序、變化、聯貫、統一的四大要求。以字句的鍛鍊而言，劉鶚的〈明湖居聽書〉有節文字形容白妞說：

那雙眼睛，如秋水，如寒星，如寶珠，如白水銀裡頭養著兩丸黑水銀。

這節文字，不但設喻巧妙，又連帶地使它產生類疊、排比的效果，把白妞黑白分明的眼珠和靈活無比的眼神，描繪得極為生動，這樣不是已把字句作了最好的鍛鍊嗎？以篇章的修飾而言，李斯的〈諫逐客書〉一開篇就先破題說：

臣聞吏議逐客，竊以為過矣。

接著針對這個主旨，舉秦國之用客、用物與五帝三王之兼容並包為證，從反面加以說明；到了最後，才逐一收拾中間鋪陳的部分，回應篇首的主旨作結。如此形成「凡（總括）、目（條分）、凡（總括）」的結構，條理極為清晰。這種字句的鍛鍊與修飾篇章的「手法」，得自於多看、多讀、多練習，要看作者「怎麼寫」而又「好在哪裡」，全在這上頭。

所謂「取法乎上」，作文是必定要有好的指引的。本書依序由范宜如先生談「作者基本素養」、由石曉楓先生談「作文內容構思」、由譚潤生、嚴紀華兩位先生談「遣詞造句技巧」、由顏瑞芳先生談「謀篇布局方法」，由「眼力」而及於「手法」，就是希望顧全作文最重要的環節，提供最佳指引，以幫助大家寫好作文，適切地表達一己之「心」與「理」，與人共享。

附錄　升大學應考作文攻略

陳慧英

壹、有言在先

作文，常是多數師生共同的痛——每每，學生寫不出來，老師也改不下去！偏偏，作文在大考時，幾佔國文總分的一半。聽天由命嗎？不甘心，也不放心。盡其在我嗎？胸中無物，筆下缺墨，又有何「在我者」可盡？人盡皆知，作文要好，須靠「養樂多」——多見、多聞、多想、多背、多讀、多寫、多記、多用……但這是平時，無「試」，自可細細磨、慢慢練。而今，戰時、有「試」，急驚風哪等得了慢郎中？這會兒，「多」字改成「速」字，須得「速食麵」或「大力丸」，才能救急又救窮。

問題是——速食麵未必對味，大力丸也得親自消化。

真要命中紅心，猜對題目，實是大海撈針，不可遇也不可求。

唯有鑑往知來，由古觀今，或許尚有一線蛛絲馬跡可尋。

貳、後事之師

一、歷屆學科能力測驗非選擇題一覽表

配分＼年度		98
9分	題型	語譯
	題目	〈出師表〉
	字數	
18分	題型	意見闡述
	題目	綜合評論 蘇麗文、邱淑容
	字數	250～300
27分	題型	引導寫作
	題目	逆境
	字數	不限

97	文章解讀	統整印證邱坤良〈移動的觀點〉	150～200	應用寫作	新聞報導晏子使楚	250～300	引導寫作	如果當時……	不限
96	文章分析	余光中〈記憶像鐵軌一樣長〉	100～150	闡釋與表述	玫瑰、日日春	300～350	引導寫作	走過	不限
95	語文修正	火星文		議論評述	分別論述親師生的觀念	不限	情境寫作	續寫雨季的故事	不限
94	判讀	條列說明穴鳥叫聲的意義	不限	闡述	對穴鳥的感想或看法	不限	命題寫作	失去	不限
93	描寫與擬想（佔14分）	描寫蛙與人神態，擬想蛙與人想法	50字1、2句	判讀（佔14分）	條列求職信的訴求重點和理由	不限	閱讀寫作（佔24分）	以第一人稱設想何義士臨終想法	不限
92	閱讀寫作（佔24分）	自己讀書生涯的感想（佔12分）				200	閱讀寫作	香米碑	不限
		擬寫閱讀推動計畫（佔12分）				200			
補考92	閱讀寫作（佔24分）	評論減重宣導引發的校園暴力事件				不限	閱讀寫作	外地旅行者看家鄉	不限

87	88	89	90	補考91	91
			簡答（佔8分）	資料判讀	圖表判讀
			省略主語及主語判讀 1. 杜甫〈贈衛八處士〉 2.《戰國策・楚策四》	條列昆蟲的族群變化紀錄	條列傳染病發生率
閱讀寫作（佔12分）	短文寫作	文章賞析		書信撰寫	文章改寫
鄭燮〈遊江〉八面玲瓏	1. 餐桌上的魚 2. 水族箱中的魚	陳列〈八通關種種〉		呼籲支持喜憨兒烘焙屋	告白情書
不限	200～300		6小題	300	
論證作文（佔28分）	引導寫作	引導寫作	引導寫作（佔36分）	命題寫作	情境寫作
追求流行表現自我／迷失自我	假裝	我最投入的事 我的嚮往	最遙遠的距離 快與慢	河流	以第一人稱擴寫老人日誌
不限	不限	不限	不限	不限	不限

86				閱讀寫作	人與自然的共生關係（佔30分）各家文字風格擇一賞析（佔20分）				600、400
85				閱讀寫作（佔20分）	再生紙	400	命題作文（佔20分）	樹	400
84				文章擴寫（佔15分）	孟子「山徑之蹊間」句	200～300	命題作文（佔25分）	網 青春	不限
83	選答（佔12分）	字詞成語	6小題	文章縮寫（佔10分）	豐子愷〈車箱社會〉	120	命題作文（佔30分）	夢 兩代之間	不限

綜觀上表可知：

1. 從83年到現在，各種新式題型幾已考遍，如：縮寫、擴寫、改寫、續寫、摘寫，論辯、闡述、評議、報導、書信，詞語的修正、潤飾、翻譯，文章的解讀、賞析，資料、圖表的判讀和統整，以及看圖寫作、情境寫作、閱讀寫作、引導寫作、命題寫作等。其中，閱讀寫作與引導寫作幾佔七、八成，仿寫和廣告則是迄未上場的題型。

2. 命題的形式和內容既已現代化、活潑化、多元化，題材也多選自實際生活，並且越來越重視個人經驗與感受的陳述，舉凡天地自然、週遭環境、眼前現象，大大小小的學習領域、點點滴滴的生活細瑣，無一不可入題。

3.最近五年的題目已固定為兩小題一大題，測驗重點分別是知（語文基礎）、意（文意理解）、情（情感抒發）。佔分比例則依次為9分、18分、27分。

因此，從高一就要熟讀課內教材，養成每天看報、一月至少一本課外書的閱讀習慣；上高二後就開始練習歷年的考古題，掌握各種題型的寫作技巧，多觀摩好文章、背記名言錦句；到了高三，要熟練在限定時間內寫作完成兩小題（約四十分鐘）及一大題（約四十分鐘）。

二、歷屆指定科目考試非選擇題一覽表

年度	題型	題目	配分
97	擴寫	項莊舞劍（《史記》）	18
	引導寫作	專家	27
96	翻譯	〈諫逐客書〉（駢文）	18
	命題作文	探索	27
95	簡答	君子三樂（《孟子》）	18
	引導寫作	想飛	27

94	簡答	割雞用牛刀《論語》	9
	引導寫作	回家	36
93	國字改錯	改寫6國字，訂正6錯字	6
	引導寫作	偶像	27
93補考	國字改錯	改寫6國字，訂正6錯字	6
	引導寫作	朋友	27
92	引導寫作	猜	30
91	短文寫作	屈原、陶潛、蘇軾	18
	引導寫作	對鏡	27

透過上表可以很清楚的發現，除了92年是單一題佔30分以外，其餘皆是一小題短文寫作或語文基礎題，搭配一大題引導寫作；並且在最近三年，都固定為18／27的配分比例。

以指考國文科的考試時間80分鐘計算，如果順利答完24題選擇題（最近四年固定的題數），寫作非選擇題的時間也僅剩不到50分鐘。因此，第一小題要在10分鐘內完成，第二大題則需40分鐘左右寫成約五、六百字的文章。如何又快又準的切題發揮，考前一定要練出「手感」才行。

至於引導寫作的題目，還是92年比較另類以外，其他年度的題目竟全都是兩個字，三種身分（專家、偶像、朋友），四個動作（探索、想飛、回家、對鏡）。故而若要考前猜題，也可舉一反三，自訂如「選擇、誘惑、意外、老師、對手……」等題目，加以模擬練習。

三、以98年為例

98年的三道非選擇題為：

㈠語譯題：檢測基本的語文應用能力。

㈡意見闡述：檢測知性的統整判斷能力。

㈢引導寫作：檢測情意的感受抒發能力。

既分別切合語文表達的三大測驗目標，且可窺知新趨勢，故試作分析。

㈠語譯（佔9分）

請將框線內的文言文譯為語體文，並注意新式標點的正確使用。

宮中府中，俱為一體，陟罰臧否，不宜異同。若有作姦犯科，及為忠善者，宜付有司，論其刑賞，以昭陛下平明之理，不宜偏私，使內外異法也。（諸葛亮〈出師表〉）

除了96年的指考考過「語譯題」以外，這是學測有史以來第一次出現語譯題。本來「引共同選文入題，以提高課內教材的佔分比例」是命題的原意。在今年考生「多見訓詁不當、詞彙貧乏、句子不聯貫等問題」，普遍譯寫情形不佳後，今後將加強評量課內學習的成就，再見語譯題的機率，就更為提高了。

所以，平時要熟讀各版教科書的共同選文，應考時更要句句落實，重要字詞須適切翻譯，並按題目的標點逐句標示清楚，再注意譯文的文理及流暢度，自能掌握得分之鑰。

下列大考中心發布的評分標準，可為參考：

題文分為六小節：①「宮中府中，俱為一體」、②「陟罰臧否，不宜異同」、③「若有作姦犯科，及為忠善者」、④「宜付有司，論其刑賞」、⑤「以昭陛下平明之理」、⑥「不宜偏私，使內外異法也」，每一小節佔一分。各小節譯文如有重要字詞翻譯錯誤，或有漏句、跳句情形，則扣一分。另外，標點符號佔一分。整體文理及流暢度，斟酌給予零至二分。

㈡意見闡述（佔18分）

請綜合框線內的兩個事例，提出你的看法。文長限二五〇字—三〇〇字。

> (一)蘇麗文在北京奧運跆拳道銅牌爭奪賽中，強忍左膝受傷之痛，十一次倒下仍奮戰到底，令全場動容。回國後，數所大學爭取她擔任教職。
>
> (二)邱淑容參加法國18天超級馬拉松賽，途中腳底破皮受傷，仍堅持跑完全程。送醫後，因細菌感染引發敗血症，右腳截肢，左腳腳趾摘除。

這一類限制型的題目，一定要注意：①題目要求，②字數限制。

題幹要求「綜合」，即須兼顧兩事例，絕不可只關照其中之一。作答時，可先分析比較兩事例的共同點或差異處，再從異同中得出結論，最後抒發自己的體悟；或可分述兩事例，然後再綜合討論。

至於題旨既在「意見闡述」，要求考生「提出看法」，作答時，便不宜偏重事例本身的敘述，而應「敘述少，闡述多」。若引述題幹過多，幾乎沒有看法，至多僅有C級成績；若「敘述多，闡述少」，則至多僅能得到B級成績。

在闡述內容方面，題幹既未限制思維方向，故作答觀點開放，考生持正反意見均可，只要言之成理、結構清楚、層次分明、意見中肯，即可得到高分。

還有，關於字數的要求，絕不可輕忽。例如本題文限二五〇字至三〇〇字，便以25

字為彈性空間，超過或不足25字者，不予扣分，超過此一標準者則酌降一級。

換句話說，一行以25字論，不足9行（二二五字）、超過13行（三二五字），都將降一級。

㈢引導寫作（佔27分）

人生有如一條長遠的旅途，其間有寬廣平坦的順境，也有崎嶇坎坷的逆境。你曾經遭遇到什麼樣的逆境？你如何面對逆境，克服逆境？請以「逆境」為題，寫一篇文章，可以記敘、論說或抒情，文長不限。

既是引導寫作，便須注意引導文字給予的條件或要求，也就是要留心引導文字中的問號。

第一個問號是：「你曾經遭遇到什麼樣的逆境？」，文中即須指出「逆境的具體事項」。第二個問號是：「你如何面對逆境，克服逆境？」，筆下便要提及「突破逆境的方法」。處理這兩個問號，再加上少不了會提到的「為什麼會遭遇逆境的原因」，就是我們一般寫作幾乎都會放入內容的「三W」：WHAT、HOW、WHY。只要一個個述說清楚，加上首尾完足的結構，則可說「雖不中，亦不遠矣」！

最怕是「不符合題意要求，內容貧乏，辭不達意，一段成文，文未終篇，錯字百出」，這樣要得到基本分也難了！

另外要注意的是：本題在引導文字中限制以「你」的立場敘述，就要實寫自己的經驗，不宜虛擬角色，轉換人稱，才算切題。

叁、他山之石

在許多師生多年的引領期盼、千呼萬喚後，大考中心終於在今年首次公佈學測的十二篇佳作，並附各篇評語及評分標準。因篇幅限制，原卷、評語和評分原則，詳見大考中心網站（http://www.ceec.edu.tw/98學測/98學測國英佳作/98學測國英佳作.htm），在此僅就十二篇佳作可以攻錯之處，略作簡析。

1. 第一眼即先贏得好感、引人入勝

擁有賞心悅目的「外在美」，是十二篇共同的特色：

(1)卷面都很乾淨、絕少塗改。

(2)字體大小適中、書法清秀端整。（其中第九篇的字體稍嫌小些、第十篇的書法特別俊秀）

(3)篇幅長短合宜。（除了第四篇近八百字、第九篇近一千字以外，其餘各篇約在五五○～六五○字之間）選用一枝好寫（不斷水、不暈開）、好看（正藍色、非螢光）

的筆，把字寫好，分數也會看好！

2.結構完整，分段恰當，俱能首尾呼應

⑴分四段佈局，是六百字文章的「黃金律」，十二篇中即有八篇分四段。（其他較長的四篇分五段）

⑵每一篇的開頭都見匠心，並不忘在結尾前後呼應，正是標準的「鳳頭」、「豹尾」！

3.均能扣住題意發揮，文有重心，條理分明

如第一篇以「老家的那盞燈」貫串全文，那盞燈的「昏黃」，象徵「沒有溫度、沒有笑」的童年；既帶出開頭的「因諒解而寂寞」，也鋪展到最後「學習人生最重要的愛與原諒」！在辭意的照應上，綿密細膩，靈活有致！

相對地，第十一篇首尾以「白絹中的黑」呼應外，第二段寫個人的經歷，第三段引長輩的教誨，前實後虛，夾敘夾論，則是中規中矩的佈局。

4.取材平凡者有辭采，身世特殊者見真情

無獨有偶地，除了第十二篇出以議論外，其餘各篇的取材，約可分為四小組兩大類：

⑴身世特殊者：①無親可依的孤兒弱女：第一篇（母逝父酗酒）、第四篇（11歲即無任何親人）

②尋求文化認同的原民：第三篇和第七篇

(2)取材平凡者：③病痛：a.第二篇（桌球）、第六篇（舞蹈）的運動傷害。

b.第五篇（車禍）的顏面傷殘。

c.第十篇（壓力）的調適不良。

④人際：第八篇、第九篇、第十一篇

第一類因具「故事性」較易感人，第二類要「從平凡中見偉大」，一須用心真誠、二須辭采生動。難得的是或記敘或抒情的十一篇，都能坦誠的面對自我、忠實的回顧成長歷程，故皆斐然成章。

5.善為修辭，處處流光溢彩

所謂「文似看山不喜平」，要在成千上萬的考卷中脫穎而出，豈能不修邊幅、平鋪直敘？

(1)多數佳作的遣詞造句，時見錯綜轉化，起伏生姿，連韻律都展現和諧之美，如：

第六篇：突然間「啪⋯⋯」的一聲，我倒地了，教室寂靜了，疼痛蔓延了，韌帶撕裂了。

第十篇：我終於贏回了自己，這是令我最感驕傲的一場戰役，更是人生中的轉捩點，那些痛的記憶，開在春泥裡滋養了大地，開出一個名為珍惜的美麗花季。

(2)又如第五篇首段，雖然措詞並不清新也不華麗，但短短一百字即用了五種辭格，仍見跌宕之致：

有句俗話說：「人生不如意，十之八九。」（引用）的確，人生未必一切順遂，總會有些瓶頸你無法突破：短跑選手無法突破秒數，作家靈感枯竭，經濟無止境地蕭條（排比），像失去翅膀的鳥滑落（譬喻）。而原本熾熱的心、沸騰的血（對偶），在不知不覺中冷卻（映襯）。

(3)還有材料雖平凡、簡單，卻可以放慢節奏，細細描摹，以「刻畫入微」取勝。如尋常的一個發球，一般可能只寫「當球升起又落下的瞬間」，一句話就交代過去，但第二篇卻是這樣寫的：

球升空，「叩」的一響，球賽開始了，汗水順著臉頰一顆接一顆的落下，就在汗水離開臉頰的那一刻，對手的球飄了過來，是一個會落在桌角的球，但當球落下，它卻沒反彈，反而以一百二十度的方向向桌下彈去，而這又是顆攸關輸贏的球……。

對大考趨勢既以描敘生活經驗、感受為主，而考生卻大多生活平淡，無從發揮；這種「細化」、「深化」的寫作技巧，是很實用的。

6.造境不俗，創意可喜

在急促的時間壓力下，若有獨到的見解、精警的雋語，乃至創新的佈局，必然讓人眼睛一亮，具有加分效果。

(1)如第五篇的精警句皆非引用，而是來自自身的體悟，尤為可貴：

「失去笑容等於失去了一部份的自己」、「最大的逆境就是逃避逆境」、「一旦你面對逆境，逆境就不再是逆境」

(2)如第十篇擷取李白的〈將進酒〉，各拆出兩句插入開頭、結尾，也特別具有巧思創意。

首：彷彿黃河之水天上來，時間流過人的一生，在得與失之間擺渡，在美麗與哀愁中浮沉，然而終將奔流到海不復回，面對人生不如意十之八九，該如何披荊斬棘，從逆境中走出呢？

尾：「天生我材必有用，千金散盡終復來。」未來遙不可及，然而終將抱持樂觀向前行，突破每一個逆境。

總之，正如大考中心的評閱說明：

選擇描寫記敘，應求筆致細膩，以具體事實、文學筆法及稍微複雜的轉折呈現巧思；

選擇論說議論，則應能具有相當的思想高度；

選擇抒發情懷，若筆下能有深刻的感受、動人的力量，加上結構完整，文字順暢等優點，即能得到高分。

考生注意：

十二篇的形式與內容，辭采與情意，的確各有獨到。不過，白璧微瑕，還是要提醒

1. 出現兩個以上的錯別字，就可能扣分降級。第二篇有六個錯別字，顯然「太超過」了。(「悠」關→攸，「摒」息→屏，送「近」→進，腳「䠩」→踝，「暴」躁→暴，「亨」受→享)

2. 第七篇自始至終都未點出題目，在應考時可能會有兩極評價。如把文中出現兩次的「障礙」，都改成「逆境」兩字，就無可挑剔了。

3. 雖然題目寫著「可以論說」，但引導文字又明明提問「你曾經遭遇什麼」?「你如何面對」?這時像第十二篇出以泛論，毋寧是比較不討好的。

肆、臨陣磨槍

下列考前叮嚀，或可視為上陣的通關密碼：

1. 仔細判讀試題上的引導文字、作法說明及要求

這一小段文字是得失分的關鍵，一定要逐字逐句研讀審思，標出寫作的重點。它能告訴你：

(1) 寫什麼：究竟是要描寫神情，或是發揮想像、或是記敘經驗……都需遵守規範，才不致走偏方向，導致「失焦」或離題。

(2)怎麼寫：在內容上，提供構思或聯想的線索；在形式上，決定怎麼分段或字數多寡。

2.不可輕忽字數的限制

同一個題目，不同的字數所表現出來的「思想的張度」或「情感的凝聚力」或「氛圍的營造」絕對不一樣。因此：

(1)限制字數的小作文，下筆前最好在標準行做個記號，控制篇幅在加減一行以內。

(2)「文長不限」的字數，仍以六百字最適中。

3.下筆前，不打草稿但宜草擬綱要

看到題目就埋頭猛寫，或打全草稿才逐字抄錄，都是過猶不及。最好花個三分鐘審題、抓重點、設計表現方式。將浮現的靈感，分「思想內容」和「修辭形式」草擬綱要，但只消用幾個字簡單作記，自己看得懂即可。

4.避免直接引用引導文字或全盤照抄

在開頭複述引導文字，或甚至全盤照抄，將被嚴重扣分。即使給材料的作文，也須統整重組，抓住原材料中的關鍵詞語，讓人知其大意就行了。

5.要儘快入題

不管是「限制式」的小作文或「擴展式」的大作文，掌握主題之後，要儘快點破。

尤其小作文的篇幅有限，更以立即切入中心為宜。

6. 不必預設立場，說場面話

新式題型的特色就是「生活化」，只要真心誠意寫作，就有機會感動別人；而且文章的評等只談「好不好」，不論「對不對」，不必刻意揣度、迎合閱卷老師的心意；也不能暴露身分，在試卷上問候老師。

7. 避免動不動就發表議論

除非是表現「邏輯思維」或是「立論辯證」類的作答需求，一般有字數限制的小作文，或是需要抒發個人經驗、感受的試題，要避免一抓到某點，即旁生枝節，大發議論。如描寫有特殊回憶的「鞋子」，或難忘的、熟悉的「味道」，就不必在「鞋子」的種類、「味道」的香臭上大發議論，而忘了「感性地抒發」。

8. 用字要精確，避免平鋪直敘，措詞繁瑣重複

突顯創意、表現文采，自然是寫作的最高境地。但一般人的文章，多是淺淺泛泛，平鋪直敘，說不出大毛病，也談不上小成就。要避免這種流水帳似的通病，其實可以從章法與修辭上下手。

(1) 章法上：

①抓住主題，從相關材料中加以篩選，突出重點，加強點襯或渲染。

②設計佈置好一條敘述的主線，以主線為發展的路向，組合有關的人、時、事、地、物。

③大膽嘗試插敘或倒敘的方式。

(2)修辭上：

一篇文章要運用至少三種以上的修辭，尤其是設問、譬喻、排比、對偶、誇飾最好用。

9. 避免使用網路語言或過度口語化

除非是特殊的應對場合，如文案、海報等，使用字詞語句還是要純正合度，避免夾雜日式、西式或網路語言。

10. 避免錯別字和塗抹改畫

錯別字太多，無異暴露語文程度之不足，將影響得分。隨意塗抹改畫，未能保持卷面的整潔，亦有損印象。不會寫的字，換個說法，不可注音。使用修正液擦掉的字，要記得補上。即使不能寫得一手好字，若能呈現乾淨完整的卷面，應有助於加分。

11. 注意掌握時間和配分

無論學測或指考，都是大小題搭配，佔分比例依序遞增。如果在小作文上花費太多構思的時間或寫作的篇幅，以致影響大作文只能匆促下筆或敷衍了事，那就是因小失大，得不償失了。因此，要注意配分的輕重，適當控制各題寫作的時間。

12. 不可語意未完，戛然收筆

如果時間到了，還沒有將原構想寫完，千萬不要執意繼續，留下不成章句的痕跡自暴其短。這時要穩住情緒，趕快用一兩句話呼應開頭，或再一次點出題目，總須使結構完整，最後以「句號」作收。

※兩字題舉隅

1 壓力	11 競爭	21 形象	31 勇氣	41 追尋
2 牽掛	12 出錯	22 遺憾	32 智慧	42 放下
3 等待	13 誘惑	23 成長	33 希望	43 執著
4 傾聽	14 意外	24 學習	34 失敗	44 堅持
5 感動	15 界限	25 感恩	35 自由	45 機會
6 時間	16 幸福	26 態度	36 網路	46 命運
7 青春	17 缺陷	27 老師	37 世界	47 生活
8 忍耐	18 完美	28 考試	38 改變	48 藉口
9 創新	19 角度	29 選擇	39 財富	49 力量
10 傳統	20 位置	30 規矩	40 誠信	50 回報

提升閱讀及寫作能力的大補帖

比整個世界還要大

本書由中山女高國文科教師群，精選三十九篇當代經典散文，起自一九二〇年代魯迅《野草》題辭，終於二十一世紀初張輝誠的〈蝸角〉，展現白話散文的多樣風貌。透過本書之精心選文，不只能增進學子閱讀以及習作能力，更讓他們看見，比課本還多、比世界還大、比生命更長久的，永恆的力量！

神探作文——讓作文變有趣的六章策略

What（是什麼）、Why（為什麼）、How（如何做）、else（反之如何）四個辦案步驟如何和寫作文扯上關係？本書的主角福爾摩斯接到德文郡警長的邀請，請他到德文郡來解決一件奇案。隨著案情越來越離奇，福爾摩斯面對這些懸疑難解的問題，竟然採用「作文」這個武器來與歹徒周旋！到底福爾摩斯如何利用寫作技巧來破案呢？藉由本書，學子們將跟著福爾摩斯一起成為「作文神探」！

歷代文學家小檔案

本書收錄了從先秦如老莊、孔孟到近代如魯迅、徐志摩、琦君等共一百二十位文學家的小檔案，內容生動有趣，包括作家的家世簡介、成長歷程、軼聞趣事、文章風格、與時人交遊情形等等，讓學子們在課本之外，能重新認識歷代文學大家、更加熟悉了解這些文學家的生平與寫作風格。

國文閱讀理解三〇〇則（增訂二版）

本書主要提供教師作為課外補充教材以及學生課後閱讀，目的在開拓閱讀空間，提升賞析及理解的能力。

書中選文多為歷代經典名著中，具有代表性的精緻小品。每篇均備有注釋、語譯及自我評量，最新增訂版更增加「經典導讀」一項，有助於學生更深入地了解文章內涵。同學如能精心閱讀此書，於推理、分析、思考、資料判斷、整合語文資訊各方面，皆能厚植實力，便於因應日趨多元靈活的試題。

國文PISA HOT閱讀60篇

選文豐富新穎，網羅各類文本，九大單元除了歸納大考常見選文方向兼納文言與白話佳文外，亦選錄生活化文本。以PISA題型測驗文章的基礎認識，再用大考模擬題練習深度理解，最後加上最新大考題型，拓展語文邏輯力與綜合分析力，六十篇文章，一天一篇的分量，既不會增加課業負擔，又能累積閱讀能力，先修大考最容易。

PISA領航——從閱讀理解到下筆成文

用PISA翻轉思維，破解閱讀策略，勇敢下筆成文。全書分為二部分，第一部分「閱讀理解」，以PISA閱讀階段分為三個單元：「檢索訊息」、「統整解釋」、「省思評鑑」，每單元各有五篇文章並有選擇以及手寫練習題，期望透過手寫題型加強學生思索及手寫論述的能力。第二部分「下筆成文」，則有五個單元，依序介紹基本作文結構，讓使用者能扣合題旨與結構寫出有力度的文章。本書結合閱讀與寫作，內容明快精要，是高一閱讀與寫作最佳的銜接輔材。

引文入勝——大考作文攻略寶典

簡單入門，快速上手
掌握作文致勝關鍵

一看到作文就驚慌失措，不知從何下筆嗎？有別於一般作文書連篇累牘的弊病，《引文入勝》拋棄冗長的文字敘述，使用大綱式的說明，清晰明瞭，讓你輕鬆學會作文小撇步！

本書內容豐富，從基本文句到各式大考題型的作法介紹，應有盡有。各單元搭配二～四張學習單，讓你實際演練作文方法並附上範文，以資參考。只要一步一步跟著引文入勝的腳步，絕對讓你事半功倍，作文得心應手！